*Kernmayr* · Der Mann mit dem goldenen Knopf im Ohr

# Der Mann mit dem goldenen Knopf im Ohr

Bekenntnisse des
Hans Gustl Kernmayr

Econ Verlag · Düsseldorf · Wien

1. Auflage 1970
© Econ Verlag GmbH, Düsseldorf
Alle Rechte der Verbreitung in deutscher Sprache,
auch durch Film, Funk, Fernsehen,
fotomechanische Wiedergabe, Tonträger jeder Art
und auszugsweisen Nachdruck, sind vorbehalten.
Gesetzt aus der 10 Punkt Aldus
der Linotype GmbH
Gesamtherstellung Mohndruck Reinhard Mohn OHG, Gütersloh
Printed in Germany – ISBN 3 430 15375 1

*Für Florentina Marina*

*Mit einer Kindheit voll Liebe kann man das halbe Leben hindurch für die kalte Welt aushalten.*

Jean Paul

Heute, am Faschingsdienstag, schreibe ich zum neunzehnten Male: »Der Schnee ist krank!« Noch jeder Lektor hat mir diesen Satz aus dem Manuskript herausgestrichen. Aber der Schnee ist heute wirklich krank. Ein Matsch ohnegleichen. Es schneit – es regnet...
Es ist genau 22 Uhr. Der Himmel könnte gar nicht kitschiger sein als an diesem Abend, er ist voller Sterne, und auf dem Kalenderblatt steht: 10. Februar 1970.

Heute vor siebzig Jahren kam in Graz, der Landeshauptstadt der grünen Steiermark in der k. u. k.-Monarchie, in der Schörgelgasse ein Büblein zur Welt. Meine Winzigkeit.

Der Bub hatte zwar einen Vater, aber dieser war nicht zur Hand. Frau Maria Theresia, geborene Hess, hatte ihn zur Hebamme geschickt.

Die Hebamme wohnte in der Nähe. Mein Vater, der Fleischhauer- und Selchermeister Gustav Johann, kam nicht zurück. An dem Weg zur Hebamme lagen drei Wirtshäuser. Die suchte er nacheinander auf.

Als ich frisch gewindelt an der Brust der Wöchnerin lag, kam er nach Hause, liebenswert, aber nicht mehr ganz nüchtern.

Heute habe ich meinen siebzigsten Geburtstag gefeiert. Mit Marie Louise, meiner fünften Frau. Sie ist die beste Frau. Zugegeben, sie wirft mir bei jeder Gelegenheit vor, daß sie meinetwegen aufgehört hat zu rauchen, daß sie meinetwegen katholisch geworden ist, daß sie mir eine Tochter Florentina Marina geschenkt hat, daß ich ein Sklaventreiber sei, daß sie zufrieden war, bevor sie mich kennenlernte, daß sie dreitausendzweihundert Mark auf der Bank hatte und mit 250 Mark im Monat gut auskam. Ich stelle Marie Louise vor: rothaarig; am ganzen Körper. Im Sommer voller Sommersprossen. Sie ist dreiundzwanzig Jahre jünger als ich. Sie trägt eine Brille und ist dem Aussehen nach eine Intellektuelle. Sie ist fesch. Hübsch. Mollig. Den Altersunterschied wirft sie mir nie vor.

Marie Louise ist aus Düsseldorf. Sie weiß in der Grammatik Bescheid, denn sie hat Theaterwissenschaft und Germanistik studiert. Sie weiß genau, wo ein Beistrich, ein Bindestrich, ein Punkt oder ein Ausrufungszeichen hinkommt. Auch mit dem Fragezeichen weiß sie Bescheid.

Viele meiner Freunde behaupten, das sei der Grund gewesen, warum ich Marie Louise geheiratet hätte. Ich weiß nämlich bis heute nicht, wohin ein Beistrich kommt, wechsle Gegenwart und Vergangenheit gleich Hemden.

Es war die Liebe.

Ich werde um Marie Louise sehr beneidet. Kritiker schreiben über sie als von einer gehobenen Unterhaltungsschriftstellerin. Vor allem verdient sie so viel, daß sie sich einen so teuren Mann wie mich leisten kann.

Ich habe ihr zum Beispiel erlaubt, mir meine sämtlichen Jugendwünsche zu erfüllen. Und ich habe viele Jugendwünsche. Von den Barockengeln angefangen bis zum vergoldeten Holzpferdekopf von einer Pferdefleischhauerei aus Paris vor unserem Haus. Von meiner k. u. k. österreichisch-ungarischen Tschakosammlung ganz zu schweigen. Ich bin überhaupt so nach und nach ein Snob geworden.

Ich bin nicht nur der Besitzer dieser erfolgreichen Schriftstellerin, ich bin auch ihr vor dem Altar angetrauter Gatte. Dreimal war ich beim Heiligen Vater, um das Glück für unsere Ehe zu erbitten.

Da ich gerade in Gedanken in Rom bin: Ich habe bis heute abend 22 Uhr gewartet, daß Seine Heiligkeit Papst Paul VI. mir seinen väterlichen Segen zu meinem 70. Geburtstag schickt. Ich habe den Segen erwartet, obwohl ich wußte, daß er nicht kommen würde. Denn ich liege mit dem Vatikan im Streit.

Der Heilige Vater soll eigenhändig, und das ist schon etwas Bemerkenswertes, auf die Nummer 1 der Zeitschrift ELTERN den Namen des Chefredakteurs, Peter Bachér, und meinen Namen mit Fragezeichen dahinter geschrieben haben. Als Peter Bachér, meine Frau Marie Louise, meine Tochter Florentina Marina und ich in einer Spezialaudienz bei ihm waren, hat er gesagt, ELTERN sei eine gute Sache. Dann wurde fotografiert: der Heilige Vater mit der ersten Ausgabe von ELTERN und Peter Bachér. Mit diesem schönen Foto hat Peter Bachér in der Nummer 1/1970 den Erstabdruck aus meinem Buch »Auch Päpste waren Lausbuben« angekündigt.

Hätte der Heilige Vater vorher in der Zeitschrift ELTERN geblättert, hätte er gewußt, daß sie für die Pille eintritt und in Sexaufklärung macht. In einer solchen Zeitschrift erschien der Erstabdruck von »Auch Päpste waren Lausbuben!« Wer war schuld? Ich!

Man verlangte, ich solle schreiben »Auch Päpste waren Wildfänge«. Aber das ist doch kein Titel.

Trotzdem, die Begegnung mit dem Heiligen Vater bleibt mir ein unvergeßliches Erlebnis.

Es war am 29. Oktober 1969 im Petersdom zu Rom.

Eine tausendköpfige Menge, gekommen aus aller Welt, alle Hautfarben waren vertreten, klatscht in die Hände. Sie ruft: »Il Papa! Il Papa! Viva il Papa!«

Die Schweizergarde in ihren dekorativen, angeblich von Michelangelo entworfenen Uniformen, jung, hochgewachsen, in der rechten Hand die Hellebarde. Der Hauptmann hält den gezogenen Säbel vor der Nase. Die fast zwei Meter langen Carabinieri in Paradeuniform nehmen Haltung an. Offiziere, goldbetreßt, Augen rechts, stehen unbeweglich. Männer in rotem Damast, weißen Strümpfen, schwarzen Schnallenschuhen, Bundhosen sorgten umsichtig für Ordnung.

Die Pilger klatschen in die Hände: »Il Papa! Il Papa! Viva il Papa!«

Das goldene Kreuz auf der Brust des Stellvertreters Christi auf Erden leuchtet.

Jeder Pilger glaubt, der Heilige Vater habe ihm allein in die Augen gesehen. So faszinierend war der Mann in Weiß.

Salvatorianerpater Joseph Spellucci an der Seite des Heiligen Vaters rief die Pilger aus Deutschland, aus Österreich, aus der Schweiz, aus den deutschsprechenden Teilen Italiens auf.

Lehrerinnen aus dem steirischen Graz stimmten ein Lied an. Der Papst sprach Deutsch. Er dankte allen, die gekommen waren: »Liebe Söhne und Töchter! Christus sprach: ›Bleibt in meiner Liebe!‹ Das will bedeuten: Nicht mehr ich lebe, sondern Christus lebt in mir. Denn ›Wer in der Liebe bleibt, bleibt in Gott und Gott in ihm‹. Ein Wort besonderer Begrüßung richten Wir an die Gruppe von Abgeordneten des deutschen Bundestages und deutscher Bürgermeister. Sehr geehrte Damen und Herren! Sie folgten einer Einladung der Vereinigung CUNCTI GENS UNA. Diesem Namen liegt ein tiefer christlicher Gedanke zugrunde: Alle Völker und Nationen bilden in Gott eine einzige große Menschheitsfamilie. Wir wünschen Ihren Arbeiten in der hohen verantwortlichen Stellung, die Sie bekleiden, für die Durchführung der unersetzbaren Werte der Freiheit, der Gerechtigkeit und des Friedens vollen Erfolg.«

Der Heilige Vater segnete die Pilger: »Im Namen des Vaters, des Sohnes und des Heiligen Geistes.«

Ich hatte eine Einladung in die vatikanische Residenz, ausgestellt von der Anticamera Pontificia. Schwarz auf weiß stand da zu lesen: »Sua Santità ricevrà in audienza il Signore Hans Gustl Kernmayr e Famiglia. Vaticano, 29 ottobre 1969.«

Marie Louise, Florentina Marina und ich waren in großer Erwartung.

Wir wurden von einem in roten Damast gekleideten Hofbeamten in den Paramentensaal geleitet. Pater Spellucci führte uns in den nächsten Saal. Seine Heiligkeit empfing uns auf einem etwas erhöhten Stuhl. Wir küßten den Fischerring an seiner Hand. Er ließ es nicht zu, daß wir vor ihm das Knie beugten.

Ich hatte damals schon das Manuskript zum ersten Band »Auch Päpste waren Lausbuben«, der sich mit der Kindheit der Päpste Johannes XXIII., Pius XII. und Pius X. befaßt, fertiggestellt und begonnen, nach Unterlagen eines in Rom ansässigen österreichischen Kollegen der Feder, Joanelli, über die Jugend von Papst Paul VI. zu schreiben.

Zu meiner freudigen Überraschung sprach mich der Heilige Vater auf diese Arbeit an. »Ich habe gehört«, sagte er, »daß Sie meine Kindheitsgeschichte schreiben wollen, und ich muß Ihnen offen sagen,

daß ich mich durch dieses Vorhaben sehr geehrt fühle. Ich möchte Sie aber doch bitten, davon Abstand zu nehmen, sich mit meinem privaten Schicksal zu befassen, denn ich bin dessen nicht würdig.«
Daraufhin bemühte ich mich, Seiner Heiligkeit so wortgewandt wie möglich klarzumachen, für wie wichtig ich es halte, den Menschen, und ganz besonders den Kindern, die Persönlichkeit der Päpste näherzubringen, damit sie aufhören, die Nachfolger Petri als unnahbare, hohe Würdenträger zu sehen, sondern verstehen lernen, daß immer ein ganzer Mensch dieses hohe Amt versieht.
Papst Paul lächelte und wiederholte: »Ich bin dessen nicht würdig.«
»Ihre Bescheidenheit ehrt Sie, Heiliger Vater«, beharrte ich. »Es wäre mir sehr lieb, wenn Sie selber mir einige Fragen, die Ihre Kindheit betreffen, beantworten würden.«
So war es damals gewesen. Und was war daraus geworden!
Ich habe umsonst gehofft, der Chef im Vatikan würde mir ein Geburtstagstelegramm schicken.
Ich sitze mit Marie Louise in der Privatklinik Jägerwinkel in Bad Wiessee. Wir haben gut gegessen und getrunken, haben uns über zweihundertfünfzig Telegramme und viele Briefe, Blumen und schöne Geschenke gefreut. Sogar der Bundeskanzler hat gratuliert:
»Lieber Herr Kernmayr, wenn wir uns auch lange nicht haben sprechen können, so möchte ich wenigstens nicht versäumen, Ihnen zur Vollendung Ihres 70. Lebensjahres aufrichtige Glückwünsche zu schicken. Willy Brandt.«
Es telegrafierten der Landeshauptmann der Steiermark und sein Stellvertreter.
Ich rühme mich dessen, weil ich eitel bin. Aber leider kam kein Professorentitel, kein Doktor h.c., kein Hofrat, kein Bundesverdienstkreuz. Ich wußte schon, daß Bundespräsident Heinemann auf die ehemaligen Nazis nicht gut zu sprechen ist. Genauso wie ehemals der Herr Lübke.
Von meiner engeren Heimat Österreich stand ohnehin nichts zu erwarten, denn dort muß man erst gestorben sein, um anerkannt zu werden. Vielleicht hat es die Österreicher gestört, daß ich in meiner Jugend nur vier Jahre lang die Volksschule besucht und dann Fleisch-

hauerei und Metzgerei studiert habe. Ein richtiger Gauner war ich schließlich auch. Man weiß ja nie genau, was die anderen an einem stört.

Ich beklagte mich bei einem Freund, einem glücklichen und liebenswerten Benediktiner-Mönch. Er schrieb: »Sei froh, daß Du nicht Commendatore geworden bist. Merk Dir eines: Was nicht sein soll, soll nicht sein. Man weiß nie, für was es gut ist. Merk Dir auch: Man kann leider nicht soviel fressen, wie man kotzen möchte. Kotz Dich aus, und es ist Dir leichter.« Ich befolgte seinen Rat. Ich schrieb mir alles vom Herzen.

Siebenmal habe ich meine Lebensgeschichte geschrieben. Gleich nach 1945. Diese erste Lebensgeschichte war rosarot gefärbt. Ich habe alle Schuld den anderen gegeben. Das zweibändige Manuskript habe ich schließlich als Unikat der Grazer Landesbibliothek, dem Joanneum, gestiftet. Dort habe ich überhaupt viele handgeschriebene Manuskripte hinterlegt, weil ich glauben möchte, wenn ich einmal gestorben bin, wird womöglich jemand auf die Idee kommen, über mich eine Doktorarbeit zu schreiben. Eitel und eingebildet wie ich nun einmal bin.

Dann habe ich immer wieder angefangen, meine Lebensbeichte zu Papier zu bringen. Jedesmal bin ich ein bißchen ehrlicher mir selbst gegenüber geworden. Ganz ehrlich war ich aber nie.

Der bekannte Buchverleger Paul Zsolnay (in seinem Verlag sind einige Bücher meiner Frau und einige von mir erschienen) wollte, daß Marie Louise einen erotischen Roman schreibe. Marie Louise war noch sehr jung, ich war zwar nicht mehr ganz so jung, aber was die Erotik betraf, war noch alles in Ordnung. Da haben wir uns gesagt, wenn schon ein erotisches Buch, dann schreiben wir ein Buch über mich, da ist genug Erotik drinnen. Aber damit sind wir auch nicht zurechtgekommen. Erotik und Liebe allein, und das noch übertrieben, nein – das Manuskript ging daneben.

Vor fünf Jahren habe ich es nochmals versucht. Ich hatte einen Verlag gefunden. Der Geschäftsführer bat mich zu warten, bis er selber als Geschäftsführer ins Handelsregister eingetragen wäre: »Dann kann ich Verträge machen.« Er hat einen Vertrag mit mir gemacht. Eines Tages hat er mir einen handgeschriebenen Brief geschickt; er bat mich, ich möge von dem Vertrag zurücktreten. Der Vertrag sei nicht aktenkundig; er habe ihn seinem Chef nicht gezeigt. Schließlich – so schrieb er – müßte ich an meine Verwandten, Kinder und Enkelkinder denken. Weil ich mir gerade vorgenommen hatte, in Anmut alt zu werden und tolerant zu sein, habe ich den Vertrag mitsamt dem Manuskript in den Kamin geworfen. (Klar, daß ich einen offenen Kamin habe.) Und ich habe mir damals geschworen: nie wieder Lebensgeschichte.

Dann kam der Augenblick, der mich umgestimmt hat. Der Verleger Erwin Barth von Wehrenalp schickte mir auf einer Zeitungsseite mit einem Beitrag zu dem Fall Däniken folgende handgeschriebene Notiz: »Großer Meister, Dank für das bezaubernde Foto und das Selbstbekenntnis. Dies als *Ermunterung*, Euren ungeschminkten Lebenslauf diesem Verlag anzuvertrauen ... Bitte Ablieferungstermin 1. 2. 1971, Erscheinungstermin 1. 7. 1971, Umfang 400 Seiten. Honorar sogar möglich.«

Später bot er mir das in seinem Verlag übliche Honorar an. Der Verleger schien überrascht, daß ich keinen Vorschuß verlangte; mein Steuerberater hatte mich in diesem Jahr vor zusätzlichen Geldeinnahmen gewarnt.

Wie gesagt, mein siebzigster Geburtstag hat mir keinen Professoren-, keinen Doktor-, keinen Hofrat-, keinen Kommerzialrattitel, keinen Segen vom Heiligen Vater eingetragen. Ich brauchte auf niemanden mehr Rücksicht zu nehmen. Ich setze mich hin und schreibe aus meinem Leben, wie es wirklich war.

\*

Eine Ehrung zu meinem Geburtstag ist doch noch gekommen. Mein Jugendfreund, der Fleischhauermeister Rudolf Ninaus, er hat heute in Graz eine Wurstfabrik, rief mich an: »Gustl, wann kommst du nach Graz? Wir haben für dich eine Ehrung. Du sollst Ehrenfleischhacker und -metzger vom Landesverband der Fleischhauer, Metzger und Wursterzeuger der Steiermark werden. Dann haben wir noch ein paar kleine Ehrungen. Es ist uns auch gelungen, für dich eine Pickelhaube und einen Säbel von der Städtischen Polizei von 1914 aufzutreiben. Komm bald.«

Nachdem ich auf die Fleischhauer- und Metzgergenossenschaft der Steiermark keine Rücksicht zu nehmen brauche, schreibe ich weiter die Wahrheit. Ich weiß nicht, ob die Leute wissen, wie schwer es ist, überhaupt die Wahrheit schriftlich niederzulegen. Angeklagt ist leicht einer. Die meisten Menschen sagen, sie lieben die Wahrheit, aber man muß sie nicht lieben, sondern vertragen. Manchmal stinkt mir schon selber manches, wenn ich nachdenke, was so alles in meinem Leben vorgekommen ist. Heute weiß ich, daß nur derjenige ein Ehrenmann sein muß oder Charakter haben kann, der satt ist. Wenn einer hungrig ist oder wenn es ihn friert oder er hat nichts anzuziehen, wie in den sogenannten goldenen Jahren, wo ein Arbeiter in der Woche nur ein viertel Kilo Fleisch mit Knochen und Leber sich hat leisten können: in dieser Zeit war es sehr schwer, einen guten Charakter zu haben und anständig zu sein.

*

Wir haben in Törwang am Samerberg ein schönes Anwesen. Die Leute glauben, Törwang, das sei am Arsch der Welt. Wenn sie aber einmal bei uns waren und gesehen haben, wie schön es da ist, dann verstehen sie uns. Wir wohnen in Oberbayern zwischen Rosenheim und Prien.

*

Seit ich Abschied genommen habe vom Liebhaber, bin ich statt dessen anderen Passionen nachgegangen. Nachdem ich Barockengel gesammelt habe und meine k. u. k. Tschakosammlung auch schon beachtlich ist, möchte ich einsam werden. Am liebsten als Eremit leben. Ein Vorbild habe ich, den heiligen Bruder Klaus. Das ist der einzige Heilige, den die Schweizer aufzuweisen haben. In Sachseln, Kanton Obwalden, trug er, obwohl er verheiratet war, zehn Kinder hatte, Bauer, Amtmann und Soldat war, schon zu Lebzeiten den Beinamen »heiligmäßiger Bruder Klaus«. Das Tollste aber: Er verließ seine Dorothea, eine geborene Wyss, und seine zehn Kinder, als das jüngste vier Monate alt war. Er hat sich eine kleine Hütte gebaut, eineinhalb Kilometer von seinem Bauernhof entfernt. Dann hat er gesagt, er will nichts mehr essen und nichts mehr trinken, sondern nur heiligmäßig leben. Das hat er wirklich getan. Kardinäle und Könige sollen zu ihm gekommen sein und ihn um Rat gebeten haben. Daß die Schweiz heute eine Eidgenossenschaft ist, verdankt sie eben diesem Bruder Klaus. Die Schweizer hatten sich untereinander so zerstritten, daß sie sich am liebsten gegenseitig aufgefressen hätten. Bruder Klaus schickte einen Kaplan zur Tagsatzung nach Stans. Sie lautete: »Ich bringe den Frieden.« Daraufhin haben sie Frieden geschlossen. In der Kirche mit dem Grab des heiligen Nikolaus von der Flüe steht: »Pater de Patria – Vater des Vaterlandes.« Wenn ein Krieg ausbrach, kamen Staatsmänner und beteten um Frieden. So haben sie es 1914, so haben sie es auch 1939 gemacht. Dieser Bruder Klaus imponiert mir, weil er den Mut gehabt hat, seine Frau zu verlassen »in Gehorsam zu Gott«. Aber weiß man, ob das stimmt?

Man hat mir in Sachseln erzählt, der Bruder Klaus sei von seiner Frau weggegangen, weil sie ein bisserl rechthaberisch war. Das muß nicht stimmen. Schließlich weiß man, wie die Nachbarn über einen reden.

Ich habe meinem Freund, dem Benediktinerpater Paulus in Rom, geschrieben, er möge mir eine kleine Kapelle bauen lassen und mir eine Wohnung suchen, selbstverständlich mit Zentralheizung. Ich weiß nicht, ob ich das Essen und Trinken ganz aufgeben kann, aber heiligmäßig möchte ich leben. Und mich dabei fotografieren lassen. Dann könnte man meine Bilder in einer Devotionalienhandlung verkaufen. Damit würde ich mein bescheidenes Leben finanzieren.

Zuvor aber will ich meine Lebensgeschichte schreiben.

Manchmal wache ich mitten in der Nacht schweißüberströmt auf. Ich habe geträumt, ich bin der Fleischhauergeselle Gustav Johann, stehe hinter dem Ladentisch und frage: »Was darf's heut' sein, gnä' Frau? Ein Tafelspitz? Ein Rindsfilet?«

Wenn meine Fleischhauerkollegen aus Graz mich heute auch als Vorbild hinstellen – ich mochte diesen Beruf nicht.

Warum mußte ich ausgerechnet Fleischhauer werden, ja, warum? Weil meine Eltern es so bestimmten. Ich selber wollte Förster werden, Jagdgehilfe oder Gärtner. Wenn ich schon die k. u. k. I. Staatsrealschule nicht geschafft hatte, dann sollte ich eben das werden, was die Hess'schen, die Vorfahren meiner Mutter, auch gewesen waren: Fleischhacker, Metzger, Selcher, Kälberstecher.

Meinem Vater war es ganz ähnlich ergangen wie mir. Er war ein gelernter Glasergeselle, als er meine Mutter kennenlernte. Jahrelang war er auf Wanderschaft gewesen.

So kam er in die Nähe von Graz in das Anwesen der Fleischer- und Selcherfamilie Hess. Der alte Hess war vermögend. Er hatte vierzehn Kinder. Eines davon hieß Theresia. Sie verliebte sich in meinen Vater. Mein Vater schlug jeden Tag ein paar Fensterscheiben ein. So hatte er immer Arbeit. Dann war es soweit, daß man ihm das Angebot machen mußte, die Theresia zu heiraten, damit die Leute nicht sagen konnten: Was ist denn mit der Resi los – mit der Vorbeterin in der Marianischen Jungfrauenkongregation? Bekommt sie vielleicht ein Kind?

Kaum geheiratet, kam ich zur Welt. Mein Vater erlernte die Fleischhauerei. In den Augen meines Großvaters war Glaser kein Beruf.

Großvater Josef Hess hatte meiner Mutter und dem eingeheirateten Schwiegersohn in der Schörgelgasse eine schöne Metzgerei mit Wurst- und Rauchküche eingerichtet. Es war Ostern, die beste Zeit, in der Schinken, Kassler, Rauchfleisch und Würste einen lebhaften Absatz finden.

Das wußte auch mein Vater, und er richtete sich danach. Er hängte die eingesalzenen, in zartem Rot glänzenden Fleischstücke in die Räucherkammer – zwanzig Schweine hatten dafür sterben müssen –, machte darunter, wie man es ihm gezeigt hatte, ein Feuerchen, legte große, stark duftende Buchenscheite darauf und erstickte nach einer guten Stunde – so ist es richtig – dieses Feuer durch genäßte Buchenspäne. Nicht das Feuer, nicht die Hitze, nein, der Rauch macht das Rauchfleisch.

Die Arbeit in der Räucherkammer ist eine heiße Arbeit. Der Durst quälte meinen Vater sehr. Er band eine reine weiße Schürze vor und ging zusammen mit seinem einzigen Gesellen in das Haus gegenüber, in dem das Ehepaar Schloffer eine kleine Kneipe unterhielt. Dort gab es gutgekühltes Reinighauser Bier vom Faß und ein Stoßbillard. Mein Vater atmete tief durch, als er das erste Glas durch die Kehle geschüttet hatte – das Wirtshaus war der Ort, an dem er sich immer am allerwohlsten fühlte. Er fand erst wieder in den rauhen Alltag zurück, als – es war kurz vor Mitternacht – ein mit vier Pferden bespannter Feuerwehrwagen durch die Straße rasselte. Der Wirt, der Geselle, die anderen Gäste und auch mein Vater stürzten vor die Haustür. Und da sahen sie, was geschehen war.

Mein Vater blieb vor Schreck wie angenagelt stehen. Die Räucherkammer im Haus Schörgelgasse 32 brannte lichterloh. Meine Mutter im Flanellnachthemd hielt mich in den Armen und weinte. Buchstäblich ohne einen Heller standen wir, das heißt meine Eltern – ich war ja noch zu klein, um zu stehen – auf der Straße.

Nachdem der erste Schrecken sich gelegt hatte, fand mein Vater rasch wieder seinen Gleichmut zurück. »Na ja, so was kann jedem passieren«, erklärte er, »du hast Glück, Resi, daß ich nicht nur Fleischhauer bin, sondern auch gelernter Glaser.«

Vaters Bruder Hans, der Erstgeborene, hatte studiert. Schon in jungen Jahren hatte er sich eine Stellung als Hauptkassierer in der Grazer Glasfabrik erobert und außerdem ein Mädchen mit Vermögen geheiratet, meine schöne Tante Hedwig. Ihre Eltern besaßen einige Häuser und eine große Gärtnerei; sie hatten dem jungen Paar eine hübsche Wohnung eingerichtet. Hans und Hedwig bekamen einen Sohn, den sie auf den damals nur bei Aristokraten üblichen Namen Erich taufen ließen.

Mein Onkel Hans also war es, der meinem Vater alsbald eine neue Arbeit besorgte, und zwar in der Grazer Glasfabrik. Mein Vater war kein Glasbläser, es drängte ihn auch nicht zu einer schweren, sondern zu einer leichten Arbeit, und so wurde er Flaschensortierer. Er mußte die schlechten von den guten Flaschen trennen. Das war beileibe keine anstrengende Arbeit, aber sie machte durstig, jedenfalls meinen Vater. Von den sechs bis sieben Gulden, die er in der Woche verdiente, brachte er nicht viel nach Hause. Das meiste Geld blieb in der Kantine der Glasfabrik. Meine Mutter mußte für die Ernährung sorgen. Sie tat es, als sei es die selbstverständlichste Sache von der Welt. Tagtäglich stand sie um fünf Uhr in der Frühe auf und fuhr zum Jakominiplatz, wo sie ihrer Freundin, der Fleischermeisterin Schuhofer, beim Verkauf half, winters wie sommers. Zum Umfallen müde, naß vor Schweiß oder mit blaugefrorenen Händen kam sie nach Hause, aber jedesmal brachte sie ein Stück Fleisch mit, so daß unsere Hauptmahlzeit immer gesichert war. Sie verdiente sechzig Kreuzer am Tag, das waren eine Krone zwanzig Heller, ein schönes Stück Geld in der damaligen Zeit.

Wir wohnten seit dem Brand in der Bienengasse 28, einem mehrgeschossigen Miethaus, das dem Zimmermeister Ott gehörte, von dem die Leute sagten, daß er ein Kapitalist wäre. Er besaß sechs Häuser, in denen er Monat für Monat die Miete einkassieren konnte.

Trotz der Gulden, die mein Vater verdiente – und vertrank, und der Heller, die meine Mutter nach Hause brachte, waren wir arme Leute. Und es war damals in der guten alten Zeit schlimm, arm zu sein. Ich habe sie erlebt. Alles war damals billig, aber wenn man sich ein Paar Schuhe kaufen wollte, kostete es einen Wochenlohn.

Damals gab es wenige reiche, aber viele sehr arme Leute. Es gab viele, die kein Dach über dem Kopf hatten. Sie gingen in Lumpen. Wer von der ›guten alten Zeit‹ redet, hat sie entweder nicht gekannt, oder die Erinnerung hat sie ihm vergoldet.

Im Leben meiner Eltern ging es immer rauf und runter. Ging es uns gut, so machte sich das für mich sogleich dadurch bemerkbar, daß ich nicht mehr mit den Straßenkindern spielen durfte. Ging es uns schlecht, mußte ich in der »Kommune« einkaufen und anschreiben lassen.

Anders sah es in der Familie meines Onkels Hans aus. Er war ein angesehener Mann. Er blieb es, solange er lebte. Ich habe ihn bewundert und geliebt. Jeden Sonntagmorgen wartete ich auf ihn an der Straßenbahnhaltestelle. Mein Herz schlug höher, wenn er Punkt neun Uhr, den hellbraunen Halbzylinder auf dem Kopf, den Spazierstock mit der silbernen Krücke in der Hand, herangeschlendert kam. Ich lief auf ihn zu und grüßte: »Küß die Hand, Onkel Hans!«

»Na, wie geht's denn, Lauser?«

»Schlecht!« sagte ich.

Worauf Onkel Hans in die Tasche griff und mir zehn Kreuzer gab. Diese zehn Kreuzer mußte ich zu Hause abliefern. Manchmal aber gelang es mir, fünf davon für meinen eigenen Bedarf abzuzwacken, indem ich behauptete: »Der Onkel hat nur ein Fünferl einstecken gehabt!«

Das so ergatterte Fünferl legte ich beim Kaufmann Preisker an der Ecke Hackhergasse in sauren Gurken und eingelegten Fischlein an.

Für mich war Onkel Hans, der all diese Herrlichkeiten mit einem Griff in die Hosentasche herbeizaubern konnte, soviel wie der Kaiser von China. Manchmal tätschelte er mir die Wange und sagte: »Schönen Gruß zu Hause ... sag dem Vater, er soll mal bei mir vorbeikommen!«

Mein Vater kam sehr selten bei Onkel Hans vorbei, weil er genau wußte, daß er dort nicht viel mehr als eine moralische Abreibung holen konnte. Onkel Hans machte meinem Vater Vorhaltungen, daß er zuwenig Zeit bei der Arbeit und zuviel in der Kantine verbrachte.

Mein Vater war ein Ehrenmann. Er war nicht der kleinsten Unehrlichkeit fähig. Er hat meine Mutter niemals betrogen. Aber er trank. Er trank mit Wonne. Er hatte auch etwas davon.

Wenn man zu ihm sagte: »Ich bitte Sie, wie kann man denn alle vierzehn Tage einen Rausch haben! Das ist doch schädlich ... und Sie haben ja nichts davon!« – dann antwortete mein Vater mit einem verschmitzten Lächeln: »Mir schmeckt's!«

Ja, so war es. Ihm schmeckte es. Oft blieb er acht, zehn, ja vierzehn Tage zu Hause, ging nicht einen Schritt vor die Tür, trank fast gar nichts, und meine gute Mutter hoffte immer wieder, daß er sich nun doch geändert hätte. Dann aber – meist an einem Samstag – zog er ein weißes Hemd an, band eine gewirkte Krawatte um, putzte und schniegelte sich, ließ sich vom Friseur den Schnurrbart aufzwirbeln, die Haare locken, stellte sich vor den Spiegel und rief begeistert: »Bin ich nicht ein fescher Mann?«

Worauf meine Mutter prompt antwortete: »Ein eingebildeter Affe bist du!«

Ich sagte gar nichts, denn ich wußte, daß jetzt zwei aufregende Tage bevorstanden. Je länger mein Vater ausblieb, um so wütender wurde meine Mutter. Ich erinnere mich noch, wie sie einmal mit einem großen Brotmesser in der Küchentür stand und schrie: »Wenn er jetzt kommt, der Kernmayr ... ich steche ihn ab!«

Aber als er dann nach Hause kam, von zwei Trinkkumpanen geführt, da warf sie das lange Messer fort, fiel ihm um den Hals und sagte aufseufzend: »Kernmayr ... was bin ich froh, daß du wieder zu Hause bist!« – Meine Mutter hat meinen Vater von ganzem Herzen geliebt.

Obwohl mein Vater so gut wie nichts zum Haushalt beitrug, wäre er bestimmt sehr verwundert und tief gekränkt gewesen, wenn man ihm das gesagt hätte. Er pflegte uns mit dem Brustton der Überzeugung zu drohen: »Wart's nur, ihr werd's noch erleben! Wenn ich einmal von Euch gehe, müßt ihr verhungern!«

Er war gewiß kein Vorbild eines sorgenden Familienvaters, aber ebenso gewiß ein Ehrenmann. Wie gut erinnere ich mich noch an seine Briefe, die er mir später, als ich schon lange aus dem Hause war, schrieb. Fein säuberlich mit Haar- und Schattenstrichen stand da: »Lieber Gustl, diesen Brief schreibe ich mit meinem Herzblut. Ich bitte dich, bleib ein anständiger Mensch!«

Mein Vater konnte wunderbar schreiben. Er war ein Kalligraph. Leider wendete er dieses Talent immer nur für andere an. Er konnte Gesuche aufsetzen, konnte jedem Fremden und Bekannten einen guten Rat geben, war über alles, was in der Weltgeschichte vor sich ging, orientiert. Nur sich selber konnte er nie helfen. Trotzdem war er von seinen Fähigkeiten sehr überzeugt. Wenn wir ihm zu widersprechen wagten, machte er uns stets mit der Behauptung mundtot: »Was ihr immer wissen wollt! Seid froh, daß ich mich überhaupt mit euch unterhalte, denn schließlich bin ich ja ein Akademiker.«

Meine Mutter wollte ihn dann ärgern und fragte: »Was bist du? Ein Akademiker?«

Aber mein Vater ließ sich weder durch die Worte noch durch den abfälligen Ton einschüchtern. »Gott sei Dank«, sagte er, »jawohl! Du hast wohl vergessen, daß ich die Handelsakademie besucht habe.«

Tatsächlich hatte er drei Monate lang Abend für Abend im Hause der Handelsakademie einen Kurs für Maschinenschreiben und Buchführung mitgemacht. Seit dieser Zeit hielt er sich für einen Akademiker.

Freunde und Feinde behaupten von mir, ich sei ein Lügner. Aber die haben meinen Vater nicht gekannt. Gemessen an ihm, bin ich ein Wahrheitsfanatiker. Wenn wir sonntags vormittags nach dem Kirchgang in ein Bierlokal gingen, bekam ich eine Papiermütze auf den Kopf gestülpt, zwei Salzstangen in die Hand gedrückt, und mein Vater stellte sich vor: »Gestatten, Gustav Johann, spreche Französisch und spiele Klavier!«

Ich habe meinen Vater bewundert. Denn er konnte weder das eine noch das andere.

Schade war nur, daß er sogar seine Begabung zum Schwindeln niemals nützlich anzuwenden verstand. Wenn es darum ging, aufs Finanzamt zu gehen, sagte mein Vater: »Resi, geh' du! Vor dir haben sie Angst! Du weißt, daß ich ein dummer Mensch bin!«

Wenn der Vater, betrunken nach Hause gekommen, endlich ins Bett geschafft worden war, und ihn dann die Mutter fragte: »Hast noch einen Wunsch?«, sagte er: »Bring mir eine Zigarette!« Während er rauchte, tönte er: »Heut' hab' ich ein großes Geschäft gemacht, Resi! Wirst dich wundern! Jetzt haben wir ausgesorgt. Wir brauchen überhaupt nicht mehr zu arbeiten!«

Am nächsten Morgen, nachdem er seinen Rausch ausgeschlafen hatte, drängte meine Mutter: »Na, erzähl schon, was ist das für ein großes Geschäft, was du gestern gemacht hast?«

»Wieso?« fragte mein Vater erstaunt. »Was soll ich für ein Geschäft gemacht haben?« Zu mir gewandt, sagte er: »Siehst du, so ist deine Mutter. Jetzt will sie mir einreden, ich hätte ein großes Geschäft gemacht!«

In den Wirtshäusern war mein Vater überall gut gelitten. Denn er war ein gemütlicher Gesellschafter und famoser Erzähler. Man hörte ihm gern zu, wenn er von seinen Wanderjahren erzählte oder auch das Blaue vom Himmel schwindelte; er lud gern die anderen ein, Bekannte und Unbekannte. Sie ließen ihn hochleben, und er freute sich. Ohne mit der Wimper zu zucken, ließ er die goldene Kette und die goldene Uhr, die er von seinem Schwiegervater bekommen hatte, als Pfand zurück, wenn er nicht zahlen konnte. Selbst auf seinen Hut und seinen Rock verzichtete er in solchen Fällen.

»Morgen komm' ich wieder und lös' alles aus!« pflegte er beim Abschied zu sagen.

Es war immer meine Mutter, die die Sachen auslösen mußte. Manchmal dauerte es vierzehn Tage, bis es soweit war. Das Geld mußte erst verdient werden.

Stumm legte meine Mutter die Sachen vor meinen Vater auf den

Tisch. Mein Vater schlang den Arm um ihre Hüften, zog sie an sich und sagte: »Resi, du bist nicht nur die liebste, du bist die beste Frau auf dieser Welt!«

Nicht immer machte er meiner Mutter den Hof. Wenn ihm etwas nicht paßte, konnte er auch andere Seiten aufziehen.

»Wenn du so bist, ziehe ich fort! Die Maria in Wien freut sich nur, wenn ich zu ihr komme!«

Von dieser Maria hat er viel erzählt. Als er Glasergeselle war, hatte er sie eines Sonntagnachmittags kennengelernt, und zwar im Wiener Prater, wo sie vor dem Käfig stand und die Äffchen neckte. Plötzlich biß einer der kleinen Affen zu, Maria schrie auf, ihr Finger blutete. Mein Vater, Kavalier wie immer, nahm sich des Mädchens an. Er hatte zwar weder Arbeit noch einen Kreuzer in der Tasche, aber das hinderte ihn nicht, Maria ritterlich zu beschützen und sie zur Polizeiwache zu bringen. Sie kamen ins Gespräch, und sie verstanden sich so gut, daß sie auch nach dem Besuch auf der Polizeiwache zusammenblieben. Maria, eines von vielen Kindern einer Kleinbauernfamilie, stammte aus der Nähe von Wien. Jetzt stand sie bei einer »Gnädigen« als Mädchen für alles in Diensten. Sie war jung und, wie mein Vater erzählte, zum Anbeißen schön. »Die Maria... die ist gleich auf mich geflogen!« pflegte er zu sagen.

Schnell waren sie ein Herz und eine Seele. Als es sieben Uhr schlug und Marias freier Nachmittag vorbei war, fing sie an zu weinen.

»Was hast du denn?« fragte mein Vater erschrocken. »Tut der Finger wieder weh?«

»Ach nein, das nicht ... nur ... die Gnädige wird mich bestimmt hinauswerfen!«

»Warum denn? Du bist doch ein gutes, fleißiges Mädchen?«

»Aber wenn die Gnädige meinen verbundenen Finger sieht«, schluchzte Maria, »wird sie sich denken, ich kann nicht mehr arbeiten ... und dann wird sie mich gleich rauswerfen! Jeden Tag stehen die Mädeln ja vor der Tür und betteln um Arbeit!«

Das wußte auch mein Vater. Tag für Tag kamen junge Mädchen vom Land nach Wien, wo sie Arbeit suchten, um sich eine Aussteuer zusammensparen zu können.

Trotzdem warf er sich in die Brust: »Reg dich nicht auf, Maria, ich werd' die Sache schon schmeißen!«

Tatsächlich ging er auch mit hinauf zur »Gnädigen«, aber zum Reden kam er erst gar nicht. Kaum daß die »Gnädige« Marias verbundenen Finger gesehen hatte, sagte sie, wie Maria es vorausgesehen hatte: »Pack deine sieben Zwetschgen«, und als mein Vater ein Wörtchen dazwischenreden wollte, rief sie: »Und Sie, mein Herr, Sie halten gefälligst den Mund! Wenn Sie frech werden, lasse ich den Wachter kommen!« »Wachter« nannte man damals in Wien die Polizisten. Die »Gnädige« sagte noch einiges mehr, und wenn man den Worten meines Vaters glauben darf, so schimpfte sie ihn Taugenichts und Nichtstuer und empfahl ihm, den »Schlampen«, wie sie Maria nannte, gleich zu behalten.

Fest steht jedenfalls, daß die Tür vor meines Vaters Nase zuschlug. Aber mein Vater war nicht der Mann, der sich so leicht einschüchtern ließ. Er klopfte und hämmerte mit beiden Fäusten gegen die Tür, bis Maria, einen Pappkarton in der Hand – er war mit einem Bindfaden verschnürt und enthielt alle ihre Habseligkeiten – herauskam.

Mein Vater hatte keinen Kreuzer in der Tasche. Maria hatte einiges erspart. Sie bezogen ein Zimmerchen in einem ganz kleinen Gasthaus, weit unten in den Prateraun, und lebten dort zusammen, bis das Geld verbraucht war. Maria fand rasch eine neue Arbeit, bei meinem Vater ging das nicht so einfach. Er erklärte, in die weite Welt hinausziehen zu müssen, um sich eine Arbeit zu suchen, aber er versprach hoch und heilig, wiederzukommen. Er ist auch wiedergekommen, aber erst viele, viele Jahre später, und da war er schon verheiratet und Maria auch. Sie besaß mit ihrem Mann zusammen einen Gemüsestand in der Wiener Großmarkthalle, und sie hatte ihr Auskommen.

Mein Vater hat mich einmal, als ich schon ein großer Bub war, mit zu dieser sagenhaften Maria nach Wien genommen. Ich hatte sie mir immer als alleinstehende Frau vorgestellt, und ich weiß noch, wie erstaunt ich war, sie im Kreise einer großen glücklichen Familie zu finden.

Tatsächlich hat sie uns sehr freundlich und herzlich aufgenommen und öfters zu meinem Vater gesagt: »Ach ja, Gustl, das waren noch schöne Zeiten, als wir beide ... weißt du noch?«

Mein Vater war fest überzeugt, er brauchte nur nach Wien zu gehen, Maria würde ihn mit offenen Armen aufnehmen und sagen: »Gott sei Dank, daß du da bist! Meinen Mann schmeißen wir raus. Du wirst das Geld kassieren, und ich arbeite!«

Maria lachte, als ich sie fragte, ob sie meinen Vater heiraten wollte. »Ich kenn' den Gustl viel zu gut«, sagte sie, »so gut, als wenn ich ihn selber gemacht hätte!«

Natürlich mußte ich zu Hause bei meiner Mutter einen ausführlichen Bericht über unsere Wiener Reise erstatten, und ich erzählte ihr alles, wie es gewesen war: »Brauchst keine Angst haben, Mutter... die Maria ist längst verheiratet, Kinder hat sie auch. Die wird den Vater nie aufnehmen!«

Aber meine Mutter schüttelte nachdenklich den Kopf. »Täusch dich nicht, deinen Vater nehmen sie alle. Er hat etwas, das den Frauen gefällt!«

Mein Vater war beliebt. Nicht nur bei den Frauen. Er konnte auch leicht beliebt sein, denn er tat ja keinem Menschen etwas zuleide, verlangte von niemandem etwas. Er war zufrieden, wenn ein Glas Bier vor ihm stand und man ihm zuhörte. Meine Mutter war bei weitem nicht so beliebt. Sie mußte immer energisch sein. Sie war es, die darauf achtete, daß uns die Hosen nicht unter dem Hintern weggezogen wurden.

Ich erinnere mich noch gut an die regelmäßigen Besuche des Hausierers Scheck, der seine wöchentliche Rate von zwei Kronen einkassieren wollte. Wir wußten, Samstag zwischen sechs und sieben kam der Raten-Scheck, wir schlossen die Tür ab, hielten uns mäuschenstill und hofften, daß er wieder weggehen würde. Er ging auch wieder weg, aber zehn Minuten später war er wieder da. »Machen Sie doch auf, Frau Kernmayr! Machen Sie doch auf, ich weiß, daß Sie in der Wohnung sind... ich weiß, daß Sie sich versteckt haben!«

Es endete meist so, daß meine Mutter öffnen mußte. Dann ging die Feilscherei los. Schließlich fand meine Mutter immer noch eine Krone, die sie zahlte, und damit war der Fall für diese Woche erledigt. Immer kaufte meine Mutter beim Raten-Scheck, weil es für sie so das Bequemste war. An Sparen war bei dem Durst meines Vaters nicht zu denken. Meistens waren es Kleidungsstücke, die sie auf Raten erstand.

Wir waren arm, als wir damals in der Bienengasse lebten. Meine Eltern sympathisierten mit den Sozialdemokraten. Ich wußte nicht recht, was das war, aber ich kannte einen Schneidermeister, der in unserer Gasse lebte, und von dem die Leute sagten, er sei ein Sozialdemokrat. Ich erinnere mich noch genau an ihn. Er war ein Sachse, hatte wirres Haar, einen Spitzbart und redete gern. Das tat mein Vater auch, aber was dieser Schneider sagte, klang gefährlich – er stachelte die Arbeiter auf, sich zusammenzutun und den Kapitalisten zu zeigen, daß sie auch Menschen waren. Er war ein ruhiger, solider Mann, Abstinenzler, Vegetarier und Nichtraucher. Dafür hatte er viele Kinder, ich glaube, es waren fünfzehn, die alle halbnackt herumliefen, denn der Vater brachte nichts heim. Man gab ihm keine Arbeit, niemand wollte etwas mit einem »Sozi« zu tun haben.

Zufällig war ich einmal dabei, als er wieder eine seiner aufrührerischen Reden hielt. Ich sah die Polizisten kommen, aber ich wußte nicht, wie ich ihn warnen sollte. Wahrscheinlich wäre es auch zu spät gewesen. Sie packten den sächsischen Schneider, schlugen mit blanken Säbeln auf ihn ein, bis er zu Boden sank. Seine Zuhörer waren längst auf und davon. Nur ich stand wie erstarrt, geradezu hypnotisiert. Da drohte mir einer der Polizisten mit dem Finger. Er hat mich nicht angerührt, mir nur mit dem erhobenen Finger gedroht – schon das war zuviel für mich. Ich lief nach Hause, zog mich splitternackt aus, legte mich ins Bett, zog das Federbett über die Ohren und zitterte vor Angst. Die ganze Nacht konnte ich kein Auge zutun, so entsetzlich war meine Furcht vor den Polizisten. Damals hatten diese uniformierten Beamten des Staates noch Macht über die Menschen. Ich fürchtete sie, obwohl sie prächtig aussahen in ihren vernickelten Pikkelhauben, um den Hals den versilberten Viertelmond, auf dem eine Nummer stand. Die langen Säbel steckten in Lederscheiden, und immer trugen sie Handschuhe. Ohne Spitzbart, Schnurrbart oder Backenbart war ein richtiger Polizist gar nicht zu denken.

Es gab viele Zusammenstöße zwischen Polizisten und Arbeitern in der Bienengasse. Für Polizisten wie Bürger war ein Arbeiter, der irgendwelche Forderungen stellte, ein Verbrecher.

So war es in der ›guten, alten‹ Zeit. Die Arbeiter mußten um sechs Uhr früh anfangen, und um acht Uhr abends arbeiteten sie immer noch. Es gab keinen Stundenlohn, es gab einen Wochenlohn. Und der war gering.

Ich fühlte mich sehr wohl im Kreis der »Kinderfreunde«, einem Verein, der von den Sozialisten im Volksgarten für die Kinder gegründet worden war. In diesem Verein unter der Führung von Anton Afritsch, einem ehemaligen Tischlergesellen aus Kärnten, war ich Mitglied mit der Nummer, ich weiß es noch genau, achtundzwanzig. Samstags und sonntags durften wir mit den sozialistischen Parteiführern Handball und Fußball spielen. Wir machten auch Ausflüge zusammen. Für alles war gesorgt. Wer nichts zu essen von zu Hause mitbekommen hatte, bekam Wurst und Brot geschenkt.

Anton Afritsch war mit meinem Vater befreundet. Sie hatten in Klagenfurt im Kärntner Infanterieregiment Nummer Sieben – Fürst Khevenhüller – ihre dreijährige Soldatenzeit gemeinsam abgedient. Es war ein stolzes Regiment. Anton Afritsch und mein Vater wurden gleichzeitig Gefreite, dann Korporal und schließlich Zugführer. Sie hatten keinen Zuschuß von zu Hause. Sie mußten mit den sechs Kreuzern für den Tag, die die Soldaten vom Kaiser bekamen, auskommen. Von diesem Geld mußten sie noch die Putzmittel kaufen, die sie zur Pflege ihrer Uniformen und Stiefel brauchten.

Gemeinsam pflegten sie, wenn sie sonntags Ausgang hatten, eine Virginia-Zigarre zu kaufen, an der sie beide abwechselnd zogen. Sie teilten sich auch die Geliebte. An einem Sonntag ging mein Vater mit dem Mädchen aus – meistens war es eine Köchin –, am nächsten Sonntag Anton Afritsch.

Anton Afritsch war ein guter Mensch. Vom Militär weg wandte er sich den Sozialisten zu, wurde geschult, dann Landtags-Kammerstenograph, später Politiker. Selbstlos nahm er sich der Armen an, besonders den Kindern der Arbeiter galt seine ganze Liebe. Seine Frau stand ihm darin nicht nach. Anton Afritsch hat sich auch später, als ich auf die schiefe Bahn geraten war, um mich gekümmert. Von seinen Söhnen ist der Josef Afritsch Minister in Wien, der Anton Afritsch Schulrat und Landtagsabgeordneter in der Steiermark geworden. Mein Freund aber, mein bester Freund, ist Willi Afritsch gewesen, der später Opernsänger wurde.

Mit Willi Afritsch nämlich verbindet mich meine erste Liebe. Sie hieß Rader Annerl, war die Tochter eines Gemeinderats und Krankenkassenangestellten, der ständig seinen langen Bart streichelte. Rader Annerl war ein schwarzhaariges und schwarzäugiges, wunderschönes Mädchen. Gemeinsam schrieben wir ihr unsere ersten Liebesbriefe: Willi einen Satz und ich den nächsten, dann wieder Willi und wieder ich. Ich schrieb: »Liebes Annerl, ich liebe dich sehr!« Der Willi schrieb: »Liebes Annerl, ich liebe dich auch sehr!« Dann schrieb ich: »Liebes Annerl, ich liebe dich noch viel mehr wie der Willi!« Dann schrieb der Willi: »Liebes Annerl, ich liebe dich noch viel mehr wie der Gustl!« Dann schrieb ich: »Liebes Annerl, ich habe dich heute gesehen, wie du aus der Schule gekommen bist!« Und der Willi schrieb: »Liebes Annerl, gell, du versprichst mir, daß du mit keinem anderen spazierengehst, nur mit mir!« Und ich schrieb wieder: »Liebes Annerl, ich habe heute nacht von dir geträumt, du bist mir lieber als der Willi Afritsch!«

Wenn ich mit dem Annerl allein war, sagte ich ihr natürlich, daß der Willi ein Trottel sei, und wenn der Willi allein mit ihr war, dann sagte er das gleiche von mir.

Ich erinnere mich noch an einen Winterabend, an dem ich lange, lange vor Annerls Haus gestanden bin und auf sie gewartet habe. Ihrem Bruder Hermann hatte ich einen Radiergummi, einen Bleistift und einen alten Zirkel geschenkt, damit er die Annerl verständigt, daß ich auf der Straße auf sie warte. Er war kein Ehrenmann, der Hermann, die Geschenke hat er genommen, aber seiner Schwester hat er kein Wort gesagt.

So kam ich wieder einmal verspätet nach Hause und bezog – wie gewohnt – meine verdienten Prügel. Aber das Schlimmste war, daß ich am nächsten Tag in der Schule keinen Radiergummi, keinen Zirkel und keinen Bleistift hatte.

Meine Mutter fragte mich: »Wo hast du denn gestern abend gesteckt?«

»Auf dem Eislaufplatz«, antwortete ich.

»Mit wem denn?«

»Mit dem Afritsch Willi!«

»Du lügst!«

»Wann hast du deinen Radiergummi verloren?«

»Gestern!«

»Du lügst! Als du aus der Schule kamst, hattest du ihn noch in der Tasche. Hast du das Fünferl aus der Schublade genommen?«

»Nein, bestimmt nicht!« log ich treuherzig.

»Mit was hast du dir dann den Türkenhonig gekauft?«

So war es immer: Ich konnte meiner Mutter nichts vormachen. Ich gestand und bekam eine Tracht Prügel. Mit verheulten Augen putzte ich für Vater und Mutter die Schuhe. Meine Gedanken kreisten um den Tod – wenn ich mich jetzt vom zweiten Stock über das Treppengeländer fallen lassen würde? Sämtliche Hausparteien würden zusammenlaufen, und alle würden meiner Mutter die Schuld geben!

»Warum haben Sie den Jungen so geschlagen?«

Ich hatte nicht nur eine unglückliche, ich hatte auch eine glückliche Liebe. Das Ganster Lenerl, die Tochter von der Hausmeisterin. Ich hatte sie gern. Es tat mir wohl, wenn sie mir andächtig zuhörte. Wir saßen zusammen auf der Treppe. Sie mußte immer eine Stufe tiefer sitzen. Ich erzählte ihr meine ausgedachten Geschichten. Einmal sagte sie: »Wenn ich heirate ... dann nur dich!«

Ich lachte: »Aber ich nehm' dich nicht!«

Das Ganster Lenerl weinte. Ich kam mir großartig vor.

Als ich eines Tages mit dem Afritsch Willi und dem Masser Pepperl von der Schule nach Hause kam, kniete meine Mutter auf der Holzstiege und hantierte mit Wasser und Putzlappen. Sie war an der Reihe, das Treppenhaus zu reinigen. »Gustl«, rief meine Mutter. Ich drehte mich nicht um. Ich lief weiter.

»Hat dich die Frau nicht gerufen?« fragte der Masser Pepperl.

»Die kann lang rufen, das war ja die Hausmeisterin!«

Ich habe mich geschämt, daß meine Mutter das Stiegenhaus reinigen mußte.

\*

Ein großes Erlebnis war die Firmung. Nachdem mir der bischöfliche Backenstreich zuteil geworden war, lud mein Firmpate, der Fleischhauermeister Rudolf Möslacher, fünfzehn seiner Saufkumpane ein. In einer Weinstube durfte ich Würsteln essen, soviel ich wollte. Auch zwei kleine Gulasch und Semmeln. Ich trank Bier und Süßkracherl.

So sagte man damals, heute heißt es Limonade. Hinterher aß ich drei Stück Torte.

Rudolf Möslacher ließ alle zusammen im Zweispännergummiradler zum Wallfahrtsort Maria Trost, der ungefähr sechs Kilometer von Graz entfernt liegt, fahren. Ich freute mich auf den schönen Ausflug. In Maria Trost angekommen, kümmerte sich niemand mehr um mich. So passierte es, daß ich verlorenging. Hinten und vorne war mir schlecht geworden. Ein Gendarm ließ laut ausrufen: »Wem gehört dieser Bub, der seinen Namen vergessen hat?« Ich hatte meinen Namen vergessen. Dabei war ich doch schon bald zehn Jahre alt.

Ich war sehr traurig. Nicht nur, weil mir so schlecht war, nicht nur, weil niemand sich um mich kümmerte, sondern vor allem, weil ich keine Firmungsuhr bekommen hatte. Schon lange vorher hatte ich mich so auf die Firmung gefreut – wegen der Uhr. In der Schule hatte ich erzählt, ich hätte einen reichen Firmpaten, der mir eine goldene Uhr an einer goldenen Kette versprochen hätte. Das war nicht ganz gelogen: Rudolf Möslacher war reich, wirklich reich, und ich hatte es mir halt eingebildet, daß er mir die Uhr schenken würde. Doch er hatte mir nur ein Gebetbuch mit einem Deckel aus Hirschbein in die Hand gedrückt und dazu zwei Kronen, die ich zu allem Überfluß – was mir niemand glauben wollte – verloren habe, vielleicht sind sie mir auch gestohlen worden. Ich war entsetzlich enttäuscht. Dazu kam, daß mein neuer Anzug, den die Eltern mir extra für die Firmung gekauft hatten, von oben bis unten vollgespien war. Ich wußte, was mir blühte, wenn ich nach Hause kam. Dazu noch ohne Uhr.

Wie ein Paket wurde ich in den Zweispänner hineingelegt, und ich dachte bei mir: Wie schön wär's doch, wenn diese Männer mich richtiggehend erdrücken würden. Das wäre auch leicht möglich gewesen, denn sie lagen und saßen enggequetscht wie Sardinen. Mir war alles gleichgültig geworden. Beim Kutscherwirt in St. Leonhard machten wir noch einmal halt. Und hier passierte das Schlimmste. Einem der Männer gefiel es plötzlich, sich als Athlet aufzuspielen. Er stemmte volle und leere Bierfässer, warf sie in die Höhe und fing sie wieder auf. Dann kam er auf den Gedanken, dieses Kunststück auch einmal mit mir zu versuchen. Er warf mich in die Höhe, fing mich wieder auf. Alle klatschten und grölten Beifall. Als er keine Lust mehr an diesem Spiel zu haben schien, ließ er mich zu Boden fallen und ging weg. Der Boden war mit Kalkschotter bestreut. Ich war fast besinnungslos.

Mein Firmpate hob mich hoch, setzte mich auf einen Stuhl, flößte mir Bier, Wein und Süßkracherl ein. In beklagenswertem inneren und äußeren Zustand wurde ich zu Hause abgeliefert. Meine Mutter war zum Firmpaten nett. Als er mit dem Zweispänner weggefahren war, nahm sie mich ins Gebet.

»Wo hast du die Uhr?«
»Ich habe keine Uhr!« stotterte ich.
Sie wollte es nicht glauben. Sie war fest überzeugt, ich hätte die Uhr samt Kette verloren.

Es war schrecklich. Ich mußte gestehen, daß ich nur zwei Kronen bekommen hatte, die ich auch nicht vorweisen konnte. Meine Mutter glaubte mir nicht. Sie war an diesem Tage sehr schlecht gelaunt. Denn mein Vater war eben von einer Sauftour heimgetorkelt. Sie stürzte sich auf mich und verdrosch mich.

Ich schrie so erbärmlich, daß die Hausbewohner zu uns hereingestürzt kamen und sagten, es sei eine Schande, ein Kind so zu prügeln.

Meine Mutter ließ sich nicht einschüchtern. Es hätte nicht viel gefehlt, und sie hätte den Leuten den nackten Hintern gezeigt.

»Ihr könnt mich alle am Arsch lecken«, schrie sie, »kehrt den Dreck vor eurer eigenen Tür!«

Damit hatte sie recht. In dem Hause wurden nicht eben selten Kinder geschlagen. Auch die Ehepaare verdroschen einander herzhaft.

Die Prügel waren schlimm; wirklich schlimm wurde es erst am nächsten Tag, als ich in die Schule mußte. Jeder Firmling hatte seine Uhr mitgebracht. Ich hatte keine. Ich gab es nicht zu. Im Gegenteil, ich erzählte von einer Uhr mit einem Glockenspiel, aus Gold. Diese Uhr hätte ich zwar am Tag der Firmung von meinem Paten bekommen, aber er hatte sie wieder mitgenommen, um sie gravieren zu lassen: »Firmung 1910, Graz«, sollte hineingraviert werden.

Meine Großmutter Ottilie Kernmayr erbarmte sich meiner. Sie kaufte eine Uhr aus Tulasilber, eine schöne Uhr mit silberner Kette. Da ich aber schon überall von meiner goldenen Uhr erzählt hatte, mußte ich eine neue Geschichte erfinden. Ich erzählte, die goldene Uhr sei gestohlen worden, mein Firmpate habe mir eine Uhr aus Silber, aus Tula, direkt aus Rußland, gekauft.

\*

Meine Großmutter Ottilie war eine vornehme Frau, jedenfalls wünschte sie sehnlichst, es zu sein. Nach dem Taufschein hieß sie Mathilde, aber da der Name ihr nie gefallen hatte, nannte sie sich Ottilie, was in ihren Ohren weit vornehmer klang. Sie stammte aus der Untersteiermark und hatte einen slowenischen Einschlag. Sie war eine vorzügliche Köchin und arbeitete bei einer Herrschaft in Graz. Dort lernte sie den Sicherheitswachmann Sebastian kennen, einen sogenannten schönen Mann, mit aufgezwirbeltem Schnurrbart und gepflegtem Spitzbart. Jeder Köchin, jedem Dienstmädchen schaute er treuherzig in die Augen, und – wenn nur irgend möglich – kniff er sie in den Popo. Sebastian stammte aus Kärnten, dem lieblichen Land westlich der Steiermark.

Die Ahnentafel reicht übrigens nur bis zur Mutter meines Großvaters, dann ist es aus. Dort heißt es plötzlich »Katharina, Magd«, und damit Schluß. Wer der Vater war, ist nicht angegeben. Eines steht jedoch fest, die Magd Katharina hat sieben Kinder in die Welt gesetzt, und das, obwohl sie ledig war.

Von dieser Katharina also stammte der Sicherheitswachmann Sebastian ab. Er heiratete Mathilde, die gute Köchin, und er hatte nichts dagegen einzuwenden, daß sie sich Ottilie nannte.

Obwohl mein Großvater Sebastian nicht nur ein schöner, sondern gewiß auch tüchtiger Sicherheitswachmann war, hatte er es anscheinend nicht fertiggebracht, seine Frau und seine beiden Söhne, den Hans und den Gustav, so zu ernähren, wie es sich für einen Sicherheitswachmann gehörte oder wie es eine Frau wie Ottilie erwarten konnte. Jedenfalls machte sie kurzen Prozeß und pachtete ein Lokal am Mehlplatz, just in dem Haus, in dessen erstem Stockwerk der gefeierte Komponist Robert Stolz zur Welt gekommen ist. Es sprach sich bald herum, was für eine ausgezeichnete Köchin sie war, und viele, viele Leute kamen und aßen und tranken gut bei ihr.

Aber es kamen auch Gäste, die der Großmutter gar nicht paßten: Großvater Sebastians Spielfreunde. Es war ein offenes Geheimnis, daß der Spielteufel meinen Großvater fest am Bändel hielt. Noch schlimmer, man erzählte sich, daß er gern auch das Glück noch ein wenig korrigierte. Um das Kind beim Namen zu nennen: er war ein Falschspieler. Meine Großmutter wußte das, und es machte ihr entsetzliche Sorgen. Nicht auszudenken – wenn ihr Mann, der Grazer Sicherheitswachmann Sebastian, als Falschspieler entlarvt würde! Sie versuchte, ihm den Spielteufel auszutreiben; er konnte das Falschspielen nicht lassen. Dabei hat er natürlich in seinem Leben weit mehr verspielt als gewonnen. Zum Glück für meine Großmutter und ihre Söhne starb der Sicherheitswachmann Sebastian beizeiten an einem Leberleiden, das er seinem allzu großen Durst verdankte. Er legte sich eines Tages hin, nahm Abschied von Frau Ottilie und den beiden Söhnen Hans und Gustav, denen er immer strenge Moralbegriffe eingepaukt hatte, und verstarb.

Er tat gut daran, denn so bekam meine Großmutter die Pension von einem Sicherheitsbeamten. Es war zwar nicht viel, aber da sie selber Geld verdiente, immerhin eine ganz schöne Zubuße. Sie konnte sich jetzt in aller Ruhe nach etwas Besserem umsehen, und kaum daß die Buben groß geworden und aus dem Hause waren, verkaufte sie das Wirtshaus am Mehlplatz.

Sie wurde Wirtschafterin in der Grazer Volksküche in der Wielandgasse. Dort wurde sie von dreißig Dienstmädchen, Köchinnen, Geschirrabwäscherinnen und Hausleuten mit »Gnädige Frau« angesprochen. Die Lieferanten mußten vor ihr wie Soldaten, Hände an der Hosennaht, in Reih und Glied stehen, und sie taten es ohne Murren. Denn von ihr hing es ab, wieviel Säcke Mehl, wieviel Fuhren Kraut und Kartoffeln, wieviel Fleisch und Wurst eingekauft wurden. Natürlich nahm meine Großmutter Prozente, Geschenke, wie sie es diskret nannte, und es verging kaum ein Tag, wo nicht für die gnädige Frau etwas abfiel.

Meine Großmutter Ottilie hatte erreicht, was sie wollte. Sie besaß ein schönes Einkommen und einen Persianermantel, sie konnte sich jeden Nachmittag um halb vier in der Herrengasse in das Café Kaiserhof oder in das Café Thonethof setzen, die Zeitungen lesen, Kaffee trinken, dazu Torte oder Krapfen essen und die feine Dame spielen. Wenn sie gewollt hätte, so behauptete sie jedenfalls, hätte sie sogar einen Regierungsrat heiraten können. Großmutter Ottilie sorgte dafür, daß ich anständig angezogen ging, und sie war es auch, die das Schulgeld für die Realschule zur Verfügung stellte, weil sie – so sagte sie jedenfalls – von Anfang an überzeugt war, daß ich zu etwas Höherem, Besserem geboren sei. Trotzdem spürte ich ganz genau, daß ich in ihren Augen eben doch nur ein Armeleutekind war. Meinen Vetter Erich dagegen, den Sohn des Hauptkassierers, sah sie als ein vornehmes Kind an. Auch seine Mutter war schließlich aus einem besseren Haus gekommen. Immer hatte ich das Gefühl, daß Erich bevorzugt wurde, und tatsächlich, wenn ich sonntags in die Volksküche kam und ihr die Hand küßte, bekam ich ein Zehnerl, Erich aber zwei. In ihren Augen war ich ein Heß. Wenn ich etwas angestellt hatte, hieß es immer: »Na ja, wir wissen ja, wo der Bub den Leichtsinn her hat ... von der Tante Luise!«

Tante Luise war eine der vielen Schwestern meiner Mutter. Ihre Schönheit geriet ihr zum Verhängnis. Sie wurde das, was man heute eine Barfrau nennen würde, und damit das schwarze Schaf unserer Familie. Die Herren Bürger und Gutsbesitzer und Aristokraten aus der Umgebung von Graz amüsierten sich mit ihr in der »Spanischen Bodega« in der Hans-Sachs-Gasse.

Ich liebte Tante Luise sehr. Nicht nur, weil sie so schön und fröhlich, sondern auch, weil sie sehr gut zu mir war. Ich habe damals noch nicht verstanden, warum ich immer, wenn ich mit ihr Hand in Hand durch die Stadt ging, »liebe Mama« zu ihr sagen mußte, sobald uns ein jüngerer oder älterer Herr ansprach. Später habe ich erfahren, daß sie gern durchblicken ließ, ich sei die Frucht einer sündigen Nacht.

Sie lebte im besten Wohnviertel von Graz in einer Villa, hatte eine Köchin und ein Stubenmädchen. Wenn ich sie dort besuchte, wurde ich meistens jemandem vorgestellt, der den Titel Graf oder wenigstens Baron trug. Die Herren tätschelten mir die Wange, drückten mir ein Geldstück in die Hand. Ich glaube heute, mancher dieser Herren war fest überzeugt, ich sei sein Sohn. Tante Luise hatte ziemlich komische Freundinnen. Natürlich waren sie alle Schönheiten, herrlich blond oder schwarz, trugen wunderschöne Kleider und Stiefelchen mit hohen Absätzen und beschenkten mich mit Süßigkeiten. Eines Tages mußte Tante Luise ins Spital gebracht werden, und aus war es mit der Fröhlichkeit.

Jetzt kamen sogar Großvater Heß und die Großmutter das schwarze Schaf der Familie besuchen und saßen lange an ihrem Bett. Ich erinnere mich noch, im Krankenhaus der heiligen Elisabeth gab es Nonnen mit großen, weißgestärkten Hauben, sie trugen an der rechten Hand einen Ehering; sie sagten mir, sie seien mit Jesus Christus verheiratet.

Tante Luise wurde immer weniger und weniger. Sie wurde schmal und blaß, die Wangen fielen ein, sie hustete und spuckte Blut. Und dann hieß es, sie habe die Auszehrung und kein Doktor der Welt könnte sie retten. Anfangs kamen noch gutgekleidete Herren und legten eine Banknote aufs Bett, aber auch das half nichts. Dann kamen die Herren nicht mehr, nur noch die Freundinnen. Sie erzählten von Gelagen mit Champagner, von Rebhühnern und Seidenwäsche. Tante Luise lächelte, sie lächelte solange, bis sie nicht mehr lächeln konnte.

Eines Tages zog sie mich noch einmal ganz nahe zu sich heran und sagte: »Bist ein schöner Bub, Gustl, wirst auch noch viel mitmachen müssen! Weißt, du hast das Blut von den Heß!« Dann küßte sie mich, legte sich zurück und sagte: »Morgen brauchst du nicht mehr kommen!«

Meine Mutter und ich kamen am nächsten Tage doch noch. Da lag sie schon im Sarg, und es brannten Kerzen, und Blumen waren um sie herum. Die blonden und die schwarzen Damen saßen und standen daneben und sagten, daß es ihnen eines Tages auch so gehen würde.

Tante Luise war, so erfuhr ich später, wie man in Graz sagte, ein Freudenmädchen, für mich aber ist sie immer eine gute Fee gewesen. Sie war es, die mir mein erstes Spielzeug gekauft hat, zwei hölzerne Pferdchen, die einen schön gedrechselten Wagen mit Bierfässern darauf zogen.

Wenn von Tante Luise die Rede war, dann hieß es immer: »Die könnte auch noch leben, wenn sie nicht so ein Leben geführt hätte!« Für mich aber war und blieb Tante Luise das, was man einen Engel nennt. Wenn ich abends im Bett lag und an sie dachte, sah ich sie ganz deutlich als Engel vor mir. Die braunen Haare hingen lang auf die Schultern nieder, und sie trug zwei große weiße Flügel auf dem Rücken. Als ich erwachsen war, habe ich noch oft ihr Grab aufgesucht. Das war also die gute Tante Luise. Leider muß ich zugeben – auch mit meiner übrigen Verwandtschaft kann ich nicht viel Staat machen. Aber wer kann das schon. Hat man arme Verwandte, will man nichts von ihnen wissen. Hat man reiche, wollen die mit unsereinem nichts zu tun haben. Im großen und ganzen habe ich mich eigentlich mit meinen Verwandten immer ganz gut gestellt. Zu erben gab es sowieso nichts, und so habe ich sie eben hingenommen, wie sie waren.

*

Ich erinnere mich noch deutlich des Tages, an dem ich meiner Familie zum ersten Male Schwarz-auf-Weiß-Gedrucktes aus meiner Feder zu lesen geben konnte. Es war ein Sonntagnachmittag; sie saßen alle beieinander: Vater, Mutter, Großmutter und etliche Tanten und Onkel. Mein Vater setzte die Brille auf und begann laut vorzulesen. Alle hörten tatsächlich zu, niemand störte die Vorlesung. Als mein Vater geendet hatte, erwartete ich gespannt Lob und Anerkennung, aber er sagte nur: »Na ja, von mir hat er das nicht. Ich möcht' nur wissen, von wem er das hat . . . diese Schreiberei!« Er dachte einen Augenblick nach, dann sagte er, zu meiner Mutter gewandt: »Von dir hat er es schon gar nicht!« Er sah sich im Kreise um. »Von euch allen miteinander hat er es auch nicht!« Plötzlich schien ihm ein Licht aufzugehen: »Jetzt weiß ich, woher er das hat! Der Bub schreibt von den alten Zeitungen ab!«
Damals habe ich mich sehr darüber gekränkt, aber nachträglich kann ich den Zweifel meiner Familie an meinen Fähigkeiten verstehen. Sie alle wußten ja, wie dumm ich in der Schule gewesen war. In der Volksschule schon nicht gerade eine Leuchte, versagte ich in der Realschule ganz und gar. Und dabei nahm ich mir immer vor, aufzupassen. Ich wollte so gern werden wie die anderen, aber es war nicht möglich. Neben mir saß mein Freund Franz Pivowitz, ein Sohn aus besserem Haus, wie man damals sagte. Er wurde von einer adeligen und einer bürgerlichen Tante gemeinsam erzogen; sie hatten ein

Vermögen für ihn zu verwalten. Die Tanten vergötterten Franz, und gerade das war vom Übel. Sie konnten den Jungen nicht bändigen. Er stahl wie ein Rabe. Er stahl zu Hause alles, was ihm unter die Finger kam, und brachte es mit in die Schule. Ich mußte ihm dabei helfen, es beim Altwarenhändler zu verkaufen. Dafür gab es Süßigkeiten, Taschenmesser und allen möglichen Krimskrams. Natürlich wurden die Diebstähle zu Hause ruchbar. Die Tanten kamen in die Schule gerauscht, um nach dem Anstifter zu fahnden. Unser Schuldirektor hieß Frank, hatte einen Kropf, außerdem hinkte er ein bißchen, und deshalb nannten wir ihn das Hupferl.

Von wem mochte der gute, liebe, brave Neffe Franzi verführt worden sein? Von wem? Natürlich von mir. Der Direktor nahm mich ins Gebet. Meine Beteuerungen halfen mir nichts, ich wurde verwarnt. Ich bin mehr als einmal wegen Franzi verwarnt worden, aber mit der Zeit gewöhnte ich mich daran. Schließlich war Franzi mein Freund, und für einen Freund muß man auch einstehen können. Als ich mit dem Franzi allein war, sagte er: »Sei mir nicht bös, Gustl, ich kann ja nichts dafür . . . ich brauche einen Freund wie dich! Du bist soviel stärker!«

Nicht nur den Franzi mußte ich beschützen, sondern auch den jungen Adler, Sohn eines Ledergroßhändlers, der auch in unsere Klasse ging. Weil er Jude war, wurde er von den anderen verspottet und gequält. Deshalb kaufte er sich den stärksten Burschen in der Klasse – das war ich – und bezahlte ihn jeden Tag mit einer Wurstsemmel und einer Rippe Schokolade. Wer ihm frech kam, wurde von mir vermöbelt. Ich mochte den jungen Adler, er war ein kluger, bescheidener Bub. Trotzdem, wenn er einmal vergaß, mir seinen Tribut rechtzeitig zu entrichten, entschlüpfte manchmal auch mir, ohne daß ich es eigentlich wollte, das Wort: »Judenbub!«

Damals dachte ich mir nicht das geringste dabei.

Ohne Zweifel war ich der Dümmste in der Klasse. Unser Französischlehrer, Professor Kurzreiter, sagte oft: »So einen Trottel wie den gibt es in ganz Österreich nicht noch einmal!« Vielleicht hatte er damit recht. Ich begriff nichts. Ich hätte für mein Leben gern Französisch gelernt, denn die Sprache gefiel mir sehr.

Professor Svihalek, unser Klassenvorstand und Deutschlehrer, mühte sich vergebens ab, mir beizubringen, wie ein Satz aufgebaut wird und wo ein Komma hingehört – ich begriff nichts. Alle hielten mich für furchtbar faul und glaubten, ich würde mir gar nichts daraus machen, daß ich nicht mitkam. Ganz im Gegenteil, ich litt sehr darunter, daß ich so gar nichts konnte – nicht einmal turnen.

Was das Turnen anbetraf, hatte ich das Glück, stolzer Besitzer einer Herzmuskelneurose zu sein. Jede Woche mußte ich zweimal in die Klinik gehen – man nannte sie den Guglhupf, weil dort auch Irre und Nervenkranke untergebracht waren –, wo ich sehr genau von Professor Hartmann, dem Vorstand der Klinik, untersucht wurde. Er war ein großer Psychiater. Seine Söhne habe ich später als bedeutende Mediziner kennengelernt. Einer war Assistent bei Professor Sauerbruch, er ist im Kriege gefallen, der andere leitender Arzt einer großen Klinik in der Steiermark.

Es war hochinteressant, eine Herzmuskelneurose zu haben. Die Leute schüttelten die Köpfe und sagten: »So jung, und schon mit dem Herzen zu tun! Turnen darf der Bub auf keinen Fall!«

Das war meine Rettung, denn turnen konnte ich, wie gesagt, überhaupt nicht – weder klettern noch springen, noch werfen – höchstens laufen.

Meine Situation in der Schule war alles andere als rosig, und so ist es nicht weiter verwunderlich, daß ich langsam lebensüberdrüssig wurde. Tatsächlich unternahm ich einen Selbstmordversuch, und zwar in der Schule. Ich trank ein ganzes Glas Tinte aus und wartete darauf, tot umzufallen.

Ich fiel nicht um, es wurde mir nur sehr schlecht. Der Schulwart Voit – im Zivilberuf Kapellmeister der Bürgergarde – brachte mich aus dem Klassenzimmer und in den Keller hinunter. Er leitete seine Behandlung mit zwei kräftigen Ohrfeigen und der Bemerkung ein, daß man mit so einem Lausbuben wie mir nur Scherereien habe, als ob es nicht ohnehin genug Ärger auf der Welt gäbe. Dann steckte er mir den Kopf ins Wasser und zwei Schulwartsfinger in den Hals, bis ich erbrach. Da das mit dem Umbringen nicht eingeschlagen hatte, dachte ich mir etwas anderes aus. Ich brannte durch. Nicht allein, sondern in Begleitung des Bauer Willi, Sohn des Hüttenmeisters der Grazer Glasfabrik. Eines Morgens, kurz vor Ostern, gingen wir, statt in die Schule, geradewegs auf die Wanderschaft. Wir hatten jeder einige Sechser daheim geklaut, kauften uns Maggiwürfel und eine Pistole, die man mit Papierkugeln laden konnte, und gingen los.

Das große Abenteuer wurde eine große Pleite. Es war noch zu früh im Jahr für eine Wanderschaft. Denn wir froren in den Nächten erbärmlich. Wir hatten nichts zu essen. Die Bauern verjagten uns. Schließlich lasen wir zufällig in einer alten Zeitung, daß unsere Eltern eine Abgängigkeitsanzeige erstattet hatten, mit genauer Personenbeschreibung. Das gab uns neuen Lebensmut. Erhobenen Hauptes durchquerten wir jetzt die Ortschaften in der Hoffnung, daß uns jemand erkennen und einsperren lassen würde. Aber niemand erkannte uns. Wir sahen endlich ein, daß wir unserer Festnahme wohl nachhelfen mußten, faßten uns ein Herz und meldeten uns schnurstracks bei einem Gendarmen als die Gesuchten. Dem Gendarmen paßte unsere Selbstanzeige gar nicht. Es war schon nach Dienstschluß, und am liebsten hätte er uns wieder fortgeschickt.

In dieser Nacht in Stainz verheizten wir unsere letzten Schulbücher in dem kleinen Kanonenofen, denn uns fror erbärmlich. Am nächsten Tag bekamen wir endlich etwas zu essen, eine Suppe mit kleinen Nudeln. Sie wurde uns in einem einzigen Napf mit einem einzigen Löffel gebracht. Wir stritten darum, wer als erster anfangen durfte zu essen, und stritten so heftig, daß der Napf zu Boden fiel. Wir aßen dann die Nudeln vom Boden, um satt zu werden. Am nächsten Tag kamen unsere Eltern. Wer es nicht am eigenen Leibe verspürt hat, weiß nicht, was ein Mensch an Schlägen hinnehmen kann, ohne dabei draufzugehen. Noch heute gibt es Leute in Graz und anderswo, die gern sagen, wenn sie bei einem Glase Wein im Wirtshaus sitzen: »Es hat nichts geschadet, daß der Bub so viel Prügel bekommen hat, . . . so ist doch etwas aus ihm geworden!«

Am liebsten möchte ich ihnen antworten: »Nicht durch eure Prügel, sondern trotz eurer Prügel bin ich etwas geworden!« Aber ich tue es nicht; es hat keinen Sinn, die Leute zu enttäuschen, und so sage ich immer nur: »Jawohl . . . ihr habt recht. Was wäre sonst aus mir geworden!«

Eigentlich habe ich mich in meiner Jugend nur richtig wohl gefühlt, wenn ich allein war. Stundenlang konnte ich mich mutterseelenallein im Volksgarten herumtreiben. Dort ist mir auch eines Tages Ferdinand Haschkowitz begegnet, der sich später Ferdinand Marian nannte und ein berühmter Schauspieler wurde.

Sein Vater, Hofopernsänger in Wien, besaß eine sehr schöne Villa am Leopoldsteinersee in der Obersteiermark. So oft Ferdinand zu seinem Onkel, dem Rechtsanwalt Karl Lang, nach Graz zu Besuch kam, strolchten wir gemeinsam im Volksgarten herum. Hier trafen sich Tippelbrüder, Liebespärchen, Ganoven; hier wurden Liebesschwüre getauscht und üble Pläne ausgeheckt. Wir hielten Augen und Ohren offen und sahen und hörten vieles, was unserem Alter nicht eben guttat.

Ferdinand war es auch, der die großartige Idee hatte, daß wir krank werden sollten. Wir sollten uns nicht etwa verstellen, sondern richtig krank werden. Er erklärte es für die einfachste Sache von der Welt. Er wußte jemanden, der die Röteln hatte, bei dem brauchten wir uns nur anzustecken. Wir taten es – ich wurde wirklich krank, Ferdinand blieb gesund und munter. Meine guten Eltern erschraken sehr, als meine Nase faustdick anschwoll. Erst versuchten sie, mich selber zu pflegen, dann wurde ich in das Bürgerspital am Griesplatz gebracht, wo es mir zum ersten Mal in meinem jungen Leben wirklich gut erging. Ich kam mir im Bürgerspital vor wie im Himmel.

Ich wurde in die Abteilung für Infektionskranke gelegt. Die Patienten waren gut zu mir. Sie litten fast alle an Haut- und Geschlechtskrankheiten. Niemand fand etwas Anstößiges daran. Ohne Rücksicht auf mich und meine Jugend erzählten sie sich Dinge, von denen ich selbst im Volksgarten noch nichts erfahren hatte.

Der Arzt, der mich behandelte, ein magerer, glatzköpfiger Mann mit stechenden Augen, dem man Liebschaften mit seinen Patientinnen nachsagte, wollte mir nicht glauben, daß mein Vater mir Schießpulver zu schlucken gegeben hatte. Er ließ ihn vorladen, um die Wahrheit zu erfahren: Mein Vater hatte mir tatsächlich Schießpulver eingegeben, denn ich hatte eine Verstopfung gehabt. Er war in die Dominikanerkaserne in der Dreihackengasse gegangen, wo er eine militärische Kurzübung absolviert hatte, und hatte das Schießpulver »besorgt«. Ich hatte einen Eßlöffel voll davon herunterschlukken müssen. Die Wirkung ließ nicht auf sich warten; ich wäre fast explodiert. Danach war mir zusehends leichter geworden, das Fieber war zurückgegangen, nur die geschwollene Nase war geblieben.

Es war so wundervoll im Spital. Zum Frühstück bekam ich Ei, Suppe und ein Schinkenbrot. Was tat es da schon, daß die guten Schwestern mich öfters den Fußboden aufwischen ließen?

Das war ja gar nichts im Vergleich zu dem, was man zu Hause von mir verlangte. Da mußte ich immer den Lampenzylinder putzen.

Das war eine entsetzliche Arbeit. Ich mußte einen Kochlöffelstiel mit altem Zeitungspapier umwickeln und damit ganz zart innen am Glaszylinder entlangfahren und so den Ruß abwischen. So lange, bis der Zylinder klar und glänzend war. Es ist mir kaum jemals gelungen, einen Zylinder zu putzen, ohne daß er einen Sprung erhielt. Ich brauchte bloß ein bißchen fest hinzudrücken, um den Ruß wegzubekommen, schon machte es »knacks«. Man sah den Sprung kaum, aber ich fürchtete mich den ganzen Nachmittag vor dem Dunkelwerden, wenn die Lampen angezündet wurden. Trotzdem habe ich nie den Mut gefunden, meiner Mutter gleich die Wahrheit zu sagen. Oft war ich nahe daran, von zu Hause wegzulaufen, nur weil ich wußte, daß mir der Krach und die Ohrfeigen wegen des Lampenzylinders bevorstanden. Inbrünstig betete ich um ein Wunder, aber das Wunder geschah nie. Sobald der gesprungene Zylinder sich erhitzte, sprang ein Stück Glas heraus, und in der nächsten Minute ging auch schon der Ärger los.

Im Bürgerspital brauchte ich keinen Zylinder zu putzen, bekam zum Frühstück Suppe, Ei und Schinkenbrot und mittags noch einmal eine fette Rindssuppe. Die Ärzte tasteten einmal am Tag auf meiner Nase herum, sagten, ich sei ein guter Bub, und ich dürfe noch bleiben.

Am liebsten wäre ich bis an mein Lebensende geblieben.

Wir wurden von Nonnen aus dem Orden der Heiligen Vinzenz und Paul gepflegt. Sie waren sehr gut und sehr fromm, und sie mochten es gern, wenn auch andere Menschen fromm waren. Ich hatte bald heraus, wie vorteilhaft es war, recht eifrig und recht laut zu beten. Ich konnte sehr laut beten. Zur Belohnung bekam ich abends ein Extrastück Mehlspeis' mit Zucker.

An jedem Tag im Bürgerspital stattete ich der Leichenkammer einen Besuch ab. Männer, Frauen und manchmal auch Kinder lagen dort mit starren, strengen Gesichtern. Für jede dieser unbekannten Leichen betete ich ein Vaterunser.

Die schwarzgewandeten Männer von der Leichenbestattung rochen nach Alkohol, schleppten Kränze, Kerzen, schwarzes Samtzeug und waren dem Tod gegenüber ganz gleichgültig; es war für sie ein Handwerk, nichts weiter. Wenn Verwandte eines Verstorbenen kamen, dämpften sie die Stimmen und sagten salbungsvoll: »Mein Gott, ehrlich, so eine schöne Leich' haben wir noch nie gehabt, nicht wahr?«, oder »Ja, ja, das ist wirklich die schönste Leich', die wir bisher gesehen haben!« Mit einem lauten »Vergelt's Gott!« nahmen sie die Münzen, die man ihnen für die scheinbare Anteilnahme in die Hand drückte, gingen in die Kantine und vertranken das Geld. Wenn ich in der Sakristei der Spitalskirche die Glocke für einen Verstorbenen zog, bekam ich dafür fünf Kreuzer – das war eine sehr schöne Einnahme.

Auch das Ministrieren habe ich dort gelernt. Das Anzünden der Weihrauchkörner und das Schütteln des Kesselchens mit den vielen Glöcklein bei der Messe hat mir sehr gefallen.

Nur schweren Herzens bin ich an einem Freitag aus dem Spital wieder zu meinen Eltern zurückgekehrt.

*

Ich besaß keine Macht über mein eigenes Wesen. Viele Jahre lang wußte ich nicht, wo es mit meinem Leben hinaussollte, was ich mir eigentlich vorstellte. Nur eines wußte ich ganz sicher: Fleischhauer wollte ich nicht werden. Förster ja, Gärtner vielleicht, aber Fleischhauer auf keinen Fall. Ich habe es nie mitansehen können, wenn ein Tier gequält oder getötet wurde. Grausamkeit und Blutvergießen waren mir in der Seele zuwider. Vater und Mutter hat das nicht gekümmert; sie waren sich einig und entschieden: »Der Gustl wird Fleischhauer.«

Als ich zum ersten Mal ein paar Ochsen zur Schlachtbank führen sollte, guckten mich die Ochsen so traurig und so wissend an, daß ich

es nicht übers Herz brachte, sie abzuliefern. Ich band sie kurzerhand an einen Baum und ging nach Hause.
Der Meister fragte: »Na, Gustl, hast du die Ochsen abgeliefert?«
»Ja«, antwortete ich, »alles in Ordnung!« Aber die Lüge hatte auch diesmal kurze Beine. Die Ochsen wurden entdeckt, der Meister zog mir die Hosen herunter und ließ seinen Hosenriemen auf meinem nackten Hinterteil auf und ab springen, bis die Haut platzte und Blut floß. Und dann – heute klingt es schier unglaublich, während es in der ›guten alten Zeit‹ gang und gäbe war – griff der Meister in das Salzfaß für die Wursterei und streute das brennende Gekörn in meine Wunden. So wurde damals ein Lehrling bestraft, ein Lehrling, der nicht wollte, daß zwei Ochsen ihr Leben lassen mußten.

*

Bis zu dem Moment, wo ich Hals über Kopf aus Graz fort mußte, hatte ich immer noch gehofft, das Fleischhauerhandwerk würde mir erspart bleiben. Aber es kam anders, und das kam so: Ich hatte eines Abends die Großmutter in der Grazer Volksküche besucht und, wie immer, ein Stück Mehlspeis', eine Tasse Kaffee und ein Zehnerl von ihr bekommen. Es war schon finster, als ich mich von ihr verabschiedete. Ich küßte ihr die Hand, wünschte ihr eine gute Nacht und tastete mich im Dunkel an der Wohnung der Hausmeistersleute vorbei zur Haustür.
Ich war sehr überrascht, als die junge Hausmeisterin ihre Tür öffnete und mich zu sich ins Zimmer bat. Noch mehr überrascht sah ich, daß sie nichts als ein durchsichtiges Hemd am Leibe trug. Außer meiner Mutter hatte ich noch nie eine Frau im Hemd gesehen. Verwirrt spürte ich, wie mir das Blut in einer heißen Welle in den Kopf stieg.
Lächelnd fragte sie scheinbar gleichmütig: »Schlaft die gnädige Frau schon?« – Ich merkte, daß auch sie erregt war.
»Ja«, stotterte ich, »nein . . .«
»Ja oder nein . . . was ist nun?«
»Ich . . . ich weiß nicht genau, sie legt sich schon nieder!« Die junge Hausmeisterin kam dicht auf mich zu, strich mir mit der Hand über das Haar. »Bist schon ein großes Bürscherl geworden, Gustl . . . ich höre, du studierst jetzt?«

»Ja . . . ich bin Realschüler«, erklärte ich mit einem gewissen Stolz, obwohl ich sitzengeblieben war und in Kürze auf die Bürgerschule zurück sollte.
»Also dann wirst einmal ein Studenterl werden?«
»Vielleicht . . .«
»Willst gar auf geistlichen Herrn studieren?«
»Nein, nein«, wehrte ich rasch ab.
»Ach«, sagte sie, »ich weiß schon, warum du nicht magst . . . wegen den Mäderln!«
»Nein, nein, bestimmt nicht!«
»Geh, erzähl' mir nichts! Bei mir brauchst dich nicht verstellen! Ich bin ja nicht viel älter als du!«
»Sie?« fragte ich erstaunt. »Sie sind doch die Frau vom Hausmeister!«
»Ja und, was macht das schon? Ich hab' den alten Deppen nur darum geheirat', weil meine Mutter es wollte. Und ich hab' auch nicht mehr wollen Dienstmädchen sein. Nein, hab' ich gesagt, lieber geh' ich ins Wasser!«
Eine Weile saßen wir stumm miteinander auf dem Kanapee. Dann fragte sie: »Na, spürst gar nichts?«
»Doch . . . heiß ist mir!« Unversehens führte sie meine Hand zu ihrer Brust. Die war fest und weich zugleich; nie hatte ich etwas so Schönes gespürt.
Plötzlich hörten wir Schritte, und eine Männerstimme rief: »He, Lieserl, mach' die Haustür auf!«
Es war der Hausmeister.
»Bist schon zurück?« rief sie, um Zeit zu gewinnen.
»Ja . . . und einen Hunger hab' ich!«
Mir war ein Todesschreck in die Glieder gefahren. Sie aber schubste mich entschlossen ins dunkle Vorzimmer und flüsterte mir zu: »Wart' hier!«
Ich hörte ungläubig mit an, wie sie zu ihrem Mann genauso lieb war wie eben noch mit mir. Es ist mir noch lange nachher im Kopf herumgegangen; ich konnte nicht klug aus der Sache werden. Ich kannte eben die Frauen noch nicht.
Meiner Großmutter mußte etwas zu Ohren gekommen sein. Denn

sie drängte meinen Vater: »Der Bub muß fort von hier ... er ist schon zu reif!«

Nachdem ich auch in der Bürgerschule nicht recht mitkam, war es meinen Eltern wirklich nicht zu verübeln, wenn sie sagten: »Aus dem Bub wird nichts, das beste ist, wir stecken ihn in eine Lehre!« Mein Vater kaufte mir also beim Trödler einen billigen, moosgrünen Steirer Anzug, dazu noch einen hölzernen Koffer, der zu beiden Seiten eiserne Griffe und in der Mitte ein häßliches Schloß hatte. Da hinein wurden meine Sachen, die ich für den Sommer und den Winter brauchte, fürsorglich gepackt – weiße Schürzen, weiße Janker, große und kleine Messer, einen Streicher zum Abziehen und wasserdichte Stiefel. Großmutter Ottilie tat es leid, daß ausgerechnet ich zu dumm war, um Advokat oder Arzt werden zu können. Sie gab mir ein großes Paket Germspeis' und viele gute Worte mit auf den Weg.

Meine Mutter hielt mir eine längere Rede, aus der ich entnahm, daß die mitgenommenen Kleider, die Schuhe und die Wäsche bis zu meinem Tode halten müßten. Sie begleitete meinen Vater und mich bis zum Bahnhof. Die Fahrt ging nach Aussee im Salzkammergut zu dem Fleischhauermeister Karl Schmidt in Unterkainisch. Karl Schmidt war berühmt als Athlet, und als fleißiger Mann bekannt dafür, daß er in der Nacht um zwei Uhr aufstand und erst kurz vor Mitternacht zu Bette ging.

Kaum in Aussee angelangt, verspürte mein Vater schon einen mächtigen Durst, und wir verbrachten zwei Stunden in der Bahnhofsrestauration. Jede Gemütsbewegung mußte mein Vater mit Alkohol fortspülen. Und so gelassen, wie man ein Paket abgibt, übergab er mich dem Meister Karl Schmidt.

»Seien Sie nur recht streng mit dem Bub!« mahnte mein Vater – überflüssigerweise.

\*

Mit wüstem Geschrei hetzte ich die Schweine über den nach Blut riechenden Steinboden. Holzhämmer sausten auf die grunzenden Schweine nieder. Sie fielen zu Boden, quietschten ohrenbetäubend. Wieder Messer, wieder Blut, Blut. Mir wurde speiübel, ich wollte mich nicht blamieren, ich wollte einfach davonrennen. Mit einem

»Himmelfixsakrament« hieb mir der Meister ein Beil über den Kopf, ich fiel zusammen. Ich hörte noch, wie ein Geselle schrie: »Scheißkerl!« – dann verlor ich das Bewußtsein.

Es war hart, in der »guten alten Zeit« Lehrling zu sein. Es mußte aber nicht jedem all das passieren, was mir passierte. Vieles lag wohl doch an meiner Dummheit.

Die rohen Späße und die Schläge der Gesellen hatten es auch in sich. Sie führten eigenartige Spiele mit mir auf, diese Gesellen. Sie banden meine Füße zusammen, hängten mich, Kopf nach unten, an einen Kälberhaken, setzten mir das spitze Messer an den Hals und drohten: »Jetzt werden wir den Gustl abstechen!«

Sie wieherten vor Lachen und fanden es großartig. Mir stieg das Blut zu Kopf, die Luft blieb mir weg. Ich wagte keinen Mucks vor lauter Angst, sie könnten Ernst machen. Denn sie waren wilde Gesellen, diese Kroaten, Ungarn, Slowenen. Nicht selten gingen sie mit dem Messer aufeinander los.

Immer bekam ich zuwenig Schlaf. Fünf Stunden Schlafenszeit war das Äußerste, was mir zustand. So schlief ich denn bei Tag im Gehen und Stehen. Ich schleppte vierzig, fünfzig Kilo Fleisch auf dem Rücken, blieb stehen und schlief ein. Leider dauerte es nie lange, bis eine grobe Hand in meinen Haarschopf fuhr und mich wachrüttelte. Oft flehte ich meinen Vater an, mich nach Hause zu holen. Als Antwort bekam ich jedesmal einen Brief, der mich in hochtrabenden Worten ermahnte, auszuhalten und meine Pflicht zu tun; mit den Prügeln wollten die Meistersleute gewiß nur mein Bestes.

Nein, ich habe keine guten Erinnerungen an Meister Karl Schmidt, aber dafür eine unvergeßliche an den Kurgarten von Aussee. Dort hatte ich meine erste Begegnung mit Seiner Apostolischen Majestät, Kaiser Franz Joseph I. Er hatte an diesem Tag Geburtstag, und es hieß, er werde aus seiner Villa in Bad Ischl nach Aussee kommen.

Ich putzte und glänzte also meine Stiefel, band meine allerweißeste Schürze um, zog meinen besten weißen Janker an, kämmte mich sorgfältig, betrachtete mich im Spiegel und – gefiel mir sehr. Ich wußte schon immer, daß ich ein hübscher Bursche war, dem die Mädchen und Frauen nachschauten. Sehr mit mir selber zufrieden, machte ich mich also auf den Weg in den Kurgarten. Aber ich kam nicht weit. Ein Wächter packte mich beim Schlafittchen und wollte mich hinauswerfen. Als ich mir das nicht so ohne weiteres gefallen ließ, brüllte er: »Raus mit dir, du Proletenschwein!« Ich geriet in eine heillose Wut. Wenn ich ein Prolet war, dann war er es erst recht. Die harte Arbeit und die vielen Prügel hatten mich gestärkt, ich war gerade im Begriff, Gewalt gegen Gewalt zu setzen, als der Wächter plötzlich von mir abließ. Erschrocken schaute er in eine bestimmte Richtung, und ich folgte seinem Blick.

Ich weiß, es klingt wie ein Märchen, aber es ist doch wahr: Über die Allee kam geradewegs Franz Joseph I., Kaiser und König von Österreich-Ungarn, auf uns zu. Die noblen Herren ringsum – ich weiß nicht, ob sie wirklich nobel waren, aber sie sahen zumindest so aus – zogen die Hüte, die Damen knicksten tief, und alle schrien: »Hurra, der Kaiser lebe hoch, hurra, hurra!«

Unwillkürlich faltete ich die Hände und sank in die Knie.

Kaiser Franz Joseph I. stand vor mir. Er fragte, was denn hier los sei. Die Leute, die um uns herumstanden, versuchten dem Kaiser zu erklären, daß ich gegen das Verbot den Kurgarten betreten hätte. Der Kaiser sah mich an, der ich, in Fleischhauerschürze und Fleischhauerjanker mit erhobenen Händen vor ihm kniend, ganz gewiß ein rührendes Bild bot.

»Warum hast du denn nicht gefolgt, kleiner Bub?« fragte er. Mir hatte es die Sprache verschlagen: Erstens war ich gar nicht klein, und zweitens war ich überzeugt gewesen, er würde auf meiner Seite stehen.

Er fügte strengen Tones hinzu: »Wenn etwas verboten ist, dann darf man es nicht tun!« Er reichte mir nicht etwa die Hand dazu, er sagte nur: »Steh' schön auf!« Ich tat es, endlich wagte ich ihn anzusehen. Der Kaiser war in Uniform. Er trug eine schwarze Hose mit breiten roten Biesen besetzt, die Füße steckten in Lackstiefeletten, der Rock war weiß mit Rot gepaspelt, viele Sterne waren darauf, der Halskragen war ganz in Gold, und vorne auf der Brust hing, auch in Gold, ein in der Mitte aufgehängtes Lamm, das Goldene Vlies. Ob der Kaiser seinen Zweispitz mit den grünen Papageienfedern aufgehabt hat oder nicht, weiß ich nicht mehr, wahrscheinlich habe ich es nie gewußt. Ich habe mich nämlich gar nicht getraut, ihm ins Gesicht zu schauen.

Der Kaiser sagte zu einem Mann in Uniform – ich erfuhr erst später, daß es der Flügeladjutant Graf von Paar gewesen war: »Haben Sie 'was eingesteckt, lieber Freund?« Der Graf holte aus der rechten Hosentasche ein Zehnkronenstück aus Gold hervor, der Kaiser drückte es mir in die Hand und sagte: »So, schau zu, daß so etwas nicht mehr passiert.« Dann setzte er seinen Weg fort.

»Eines sage ich dir«, knurrte der Parkwächter, der mittlerweile die Sprache wiedergefunden hatte, »wenn ich deinetwegen meine Stellung verlier', dann gnade dir Gott!« Ich rannte los, das Zehnkronenstück fest in der Hand. Ein goldener Dukaten! Ich rannte nach Haus, um mein unerhörtes Erlebnis zu erzählen. Die Frau des Fleischhauermeisters war eine schöne, fleißige Frau, ich mochte sie gern; ihren kleinen Buben, den Karl, mußte ich oft in den Schlaf wiegen. Vor Freude strahlend, erzählte ich, daß der Kaiser mit mir gesprochen und mir das Goldstück geschenkt hatte. Sie lachte und strich mir durchs Haar; sie glaubte mir nicht. Der Meister aber geriet vor Wut außer sich. »Du hast das Goldstück gestohlen!« schrie er, »du Lügner, du Dieb, du Gauner!« Er schlug dabei so hart zu, daß ich zu Boden fiel.

Tatsächlich habe ich Seine Majestät Kaiser Franz Joseph I. einige Tage später wiedergesehen, und er hat auch noch einmal mit mir gesprochen. Diesmal in Bad Ischl, wo der Kaiser Jahr um Jahr seine Ferien verbrachte – mit ihm viele Hofleute, Minister und solche, die den Kaiser sehen und von ihm gesehen werden wollten. Der Kaiser ging im Salzkammergut gern auf die Jagd nach Gemsen, Hirschen und Adlern. Viele Jahre später habe ich Kaiser Franz Josephs Jagdbuch gesehen; es waren nicht weniger als vierundfünfzigtausend Abschüsse darin verzeichnet. Kaiser Franz Joseph war in ganz Österreich und Ungarn, vor allem im Salzkammergut, als Jäger und auch als Schürzenjäger bekannt. Nun aber galt schon seit vielen Jahren seine Verehrung, vielleicht sogar seine Liebe, der sogenannten »Gnädigen Frau«, der Volksschauspielerin Katharina Schratt. Ihr hatte er in Bad Ischl ein Landhaus bauen lassen, dem er den Namen »Villa Felicitas« gegeben hatte.

Man erzählt sich von Kaiser Franz Joseph I., daß er, wenn ihn ein Schicksalsschlag traf, zu sagen pflegte: »Mir bleibt auch nichts erspart!« An Schicksalsschlägen hat es bei ihm wahrhaftig nicht gefehlt.

Sein Sohn, Kronprinz Rudolf, nahm sich zusammen mit Mary von Vetsera in Mayerling das Leben. Die Kaiserin Elisabeth, genannt »Sisi«, hatte er durch einen Meuchelmörder verloren, und keines seiner Kinder machte ihm wirklich Freude.

»Wenn der Kaiser in Ischl, kostet zehn Gulden jed's Tisch'l«, hieß es im Volksmund. So war es auch. Ein schmales Bett in einem Kämmerchen kostete im Monat August pro Nacht zehn bis fünfzehn Gulden. Fürsten aus aller Herren Länder, selbst der Schah von Persien, kamen, um dem Kaiser ihre Aufwartung zu machen.

Mein Lehrmeister Karl Schmidt besaß ein schwarzes Rennpferd, das auf den Namen »Hexe« hörte. In Ischl wurde ein großes Trabrennfahren veranstaltet, für das als erster Preis zweitausend Kronen ausgesetzt waren, für die damalige Zeit sehr viel Geld. Diese zweitausend Kronen wollte mein Meister, der niemals Geld hatte, gewinnen.

Er schickte mich mit der Hexe – sie war vor einen zweirädrigen Wagen gespannt, und ich mußte langsam fahren, um sie nicht zu ermüden – über den steilen Pötschenpaß nach Ischl. Samstag nacht brachen wir in Unterkainisch auf. Als die Uhr von der Pfarrkirche die sechste Morgenstunde schlug, kamen wir in Ischl an. Es waren erst wenige Leute auf der Straße, meist Kirchgänger. Ich war todmüde, konnte kaum noch die Augen offenhalten.

Plötzlich drangen die Töne der Kaiserhymne »Gott erhalte unsern Kaiser...« an mein Ohr. Ich fuhr hoch, sah um mich und wollte meinen Augen nicht trauen: Wenige Schritte von mir entfernt ging der Kaiser, die Hände auf dem Rücken verschränkt, ein wenig vornübergebeugt, an der Ischl entlang. Dann blieb er stehen und grüßte mit der Hand zu einem der Fenster hin. Es war wohl das Fenster, aus dem die Musik erklang.

Später erfuhr ich, daß der Salzschreiber Franz Neuhuber von dem wenigen Gehalt, das er von der Salinendirektion Ischl bezog, ein Harmonium gekauft und sich darauf mit einem Finger die Kaiserhymne einstudiert hatte. Jeden Morgen, wenn der Kaiser dort vorbeiging, spielte er die Hymne. Übrigens ist ein Sohn dieses Neuhubers, Franz Xaver Neuhuber, ein bedeutender Maler geworden und lebt seit vielen Jahren in Salzburg.

Ich sah den Kaiser, in kurzer Lederhose, grünen Strümpfen, grauer Joppe, schwarzer Halsbinde und einen kleinen runden Hut mit Gamsbart auf dem Kopf, nahe an das Fenster herantreten. Ein kleiner, unauffällig gekleideter Mann an seiner Seite reichte dem Kaiser eine Schatulle. Franz Joseph I. gab sie durch das Fenster weiter. Seine Hand wurde geküßt.

Ich war von diesem Schauspiel so gefangengenommen, daß ich ganz vergessen hatte, wo ich mich befand. Die Hexe war mittlerweile ohne jeden Respekt vor dem hohen Herrn gemächlich Schritt um Schritt immer näher auf ihn zugegangen. Erst als der Kaiser sich zum Weitergehen wandte, merkte ich, daß die Hexe und ich ihm gefährlich nahegerückt waren. Ich versuchte, die Zügel zu straffen, um die Hexe zum Stehen zu bekommen, aber sie nahm das zum Anlaß, loszugaloppieren. Das Herz blieb mir vor Schreck fast stehen. Erst in letzter, wirklich allerletzter Minute gelang es mir, die Räder einzuschleifen. Wir hielten kaum drei Meter vor dem Kaiser. Er war nicht eine Sekunde erschrocken, sondern hatte sofort die Hände gehoben, um der Hexe in den Zügel zu fallen. Und das, obwohl er schon ein sehr alter Herr war.

Ich wäre am liebsten in den Erdboden versunken. Ich zitterte am ganzen Körper, und obwohl mir niemand etwas getan hatte und nichts Arges passiert war, liefen mir die Tränen über die Wangen.

Der Begleiter des Kaisers griff der Hexe in die Zügel. Da erst heulte ich lauthals los. Ich hatte völlig die Fassung verloren, dachte nicht einmal daran, den Hut abzunehmen. Der Kaiser musterte mein Gefährt und mich, dann sagte er mißbilligend: »Wie kann man einem Kind ein so schnelles Pferd anvertrauen!«

Ich heulte nur noch heftiger.

»Wie heißt du?« fragte er streng, aber nicht unfreundlich.

Ich hätte gern geantwortet, brachte aber vor lauter Schluchzen kein Wort heraus.

Er betrachtete mich aufmerksam. »Wir kennen uns ja«, sagte er nachdenklich. Sein Begleiter, der die Hexe am Zügel hielt, trat näher an die Majestät heran und sagte leise ein paar Worte. Der Kaiser nickte, schaute noch einmal zu mir hoch. »Mach's gut!« sagte er, wandte sich ab und ging davon. Ich saß mit offenem Munde da und starrte ihm nach. Ich hatte ein Gefühl, als ob ich in der Kirche wäre; ich zeichnete mit der rechten Hand auf meine Stirn, meine Lippen und meine Brust das Kreuz.

Ich begreife heute selber nicht, warum ich dem Kaiser eine solche Verehrung entgegengebracht habe. Er war ja nicht der Herrgott persönlich, sondern auch nur ein Mensch. Damals aber wirkte er auf mich, den Fleischhauerbuben, überwältigend.

\*

Obwohl ich die Hexe heil nach Ischl gebracht hatte, gewann mein Meister am nächsten Tag das Rennen nicht. Er wurde fast der letzte. Und er hatte doch so fest mit dem Sieg gerechnet! In seiner zornigen Enttäuschung betrank er sich heillos, und im Suff verprügelte er mich auf offener Straße nach Strich und Faden. Er bildete sich ein, ich hätte die Hexe über den Pötschenpaß gehetzt, so daß sie schon zu Beginn des Rennens ermattet gewesen wäre.

Offengestanden, diese Prügel von meinem Meister hatten ihr Gutes, denn es waren die letzten. Da er fortan in Wut geriet, sobald er mich nur sah, beschwor ihn seine gute Frau, daß es das beste wäre, mich nach Hause zu schicken. Ich kann nicht behaupten, daß mir der Abschied von Unterkainisch sehr schwer gefallen wäre. Es ist mir auch nie leichtgefallen, gut an meinen ersten Meister zu denken und ihm nichts Böses zu wünschen. Das Böse kam – wenn auch viele, viele Jahre später – ganz von selber zu ihm: Sein Sohn Karl – den ich so oft in Schlaf gewiegt hatte – verwettete das sauer erworbene Geld auf Pferde; eines Tages fand er keinen anderen Ausweg mehr, als sich aufzuhängen. Ich habe dem jungen Schmidt diesen Tod nicht gewünscht. Seine Mutter hatte es stets gut mit mir gemeint, und seine Schwester, die heute ein Hotel leitet, war eine hübsche Frau, der ich auch einmal – es liegt schon lange zurück – in Liebe zugetan war. Damals allerdings war sie noch gar nicht auf der Welt, und so trennte ich mich leichten Herzens von Karl Schmidt und von Unterkainisch.

Am letzten Tag des alten Jahres drückte mir mein neuer Meister, Matherleitner in Neuberg, zwanzig Kreuzer und eine Fahrkarte in die Hand. Die Fahrkarte galt bis Krieglach, das sind ungefähr acht Stationen von Neuberg. Von dort sollte ich eine Kuh abholen. Die Meisterin packte ein Stück Brot und eine Wurst als Wegzehrung ein, und der Meister sagte zum Abschied: »Gustl, paß auf . . . du gehst um drei Uhr hin, holst die Kuh aus dem Stall und machst dich mit ihr gleich auf den Weg. Laß dich ja nicht ablenken, nicht zum Essen einladen . . . gar nichts! Denn bestimmt würden sie versuchen, inzwischen die Kuh zu füttern und zu wässern, und das könnte um fünfundzwanzig Kilo Gewicht mehr ausmachen!«

»Jawohl, Meister«, sagte ich, zog mein kleines schwarzes Wams an, das innen mit Fell gefüttert war, setzte meine Wollmütze auf, nahm Stock und Strick zur Hand und stapfte zum Bahnhof. In Mürzzuschlag mußte ich umsteigen, und ich erinnere mich noch gut an den ungeheueren Eindruck, den die große Bahnhofsrestauration auf mich gemacht hat. So etwas Schönes hatte ich noch nie gesehen, und ich dachte mir: Wie glücklich müssen diese Buben sein, die dort als Kellnerlehrlinge arbeiten dürfen. Ich kaufte zwei Zigaretten von der feinsten Sorte und zündete eine sogleich an. Ich hatte noch nie geraucht und kam mir mit der brennenden Zigarette zwischen den Lippen großartig vor. Ich stolzierte auf dem Bahnsteig auf und ab, überzeugt, die Leute würden sich jetzt alle fragen: Wer mag dieser schöne Bub sein, der so elegant seine Zigarette raucht.

Noch heute weiß ich den Namen des Bauern, bei dem ich die Kuh abholen sollte; er hieß Rotwangel. Er empfing mich herzlich, führte mich in die gute Stube, wo er mich mit Kaffee, Geselchtem und Mehlspeis' traktierte. Ich ließ es mir gewaltig schmecken. Der Bauer und nach und nach ein paar Burschen vom Hof leisteten mir Gesellschaft. Im Geschwätz hin und her verging eine Stunde und noch eine Stunde, die Kuh hatte ich ganz vergessen. Als ich dann endlich doch in den Stall ging, sah ich sofort, daß man sie nicht nur gefüttert, sondern auch gewässert hatte. Sie hatte einen ungeheuer angeschwollenen Bauch, bestimmt hatten die Bauersleute ihr Salz gegeben, damit sie so viel wie möglich saufen sollte. Einen Augenblick war ich erschrocken, aber dann tröstete ich mich: Der Meister ist weit weg!

Wir gingen mit der Kuh zur Gemeindewaage. Bauer Rotwangel drückte mir den Gewichtszettel in die Hand, dann überließ er mich und meine Kuh unserem Schicksal.

Es war der 31. Dezember. Neuschnee war gefallen, danach hatte es gefroren, die Straßen waren sehr glatt. Meine Kuh, eine ausgesprochene Stallkuh, sieben Jahre alt, hatte wohl kaum je ihren Stall verlassen, geschweige denn je Schnee gesehen. Ihre Hufe waren – ich lüge nicht – einen guten Viertelmeter lang, und sie schleifte und schlitterte daher, als ob sie Ski führe. Um nach Langenwang zu kommen, also um eine Strecke von fünf Kilometer zu bewältigen, brauchten wir sage und schreibe vier Stunden.

Unterwegs kam mir in den Sinn, daß es das beste wäre, die Hufe stutzen zu lassen. Aber als ich in Langenwang an der Tür des Hufschmieds anklopfte, war der schon zur Silvesterfeier umgezogen. Schließlich machte er sich doch an die Arbeit. Er tat sie ohne Lust, und so schnitt er die Hufe viel zu kurz. Meine Kuh tänzelte nun wie eine Primaballerina, als wir nach Mürzzuschlag wanderten.

Gegen Mitternacht kam ich dort an. In allen Häusern brannte Licht; man feierte das neue Jahr. Ich stand frierend mit meiner Kuh auf der Straße. Beim Einkehrgasthof Wittek klopfte ich an. Die Kellnerin öffnete, ihr Gesicht war gerötet, und ihr Atem roch nach Alkohol. Ich bat, mit meiner Kuh im Stall übernachten zu dürfen.

Die Kellnerin hatte Mitleid mit mir, sie führte uns in den Stall, brachte Heu für die Kuh und für mich einen großen Hafen voll Tee mit viel Rum.

Während ich trank, blieb sie bei mir stehen. »Na«, sagte sie, und rückte auf Tuchfühlung an mich heran, »wie alt bist denn?«

»Vierzehn vorbei . . .«

»Was . . . so groß und noch so jung? Hast du schon bei einem Mädchen geschlafen?«

»Nein . . .«, sagte ich.

»Einmal muß es ja immer das erste Mal sein«, sagte sie und versprach mir, sobald das Geschäft nachließe, wiederzukommen.

Die Kuh legte sich nieder, und um mich zu wärmen, kuschelte ich mich ganz nah an sie; die Kellnerin kam nicht.

Am nächsten Morgen begann ein so schöner Tag, daß es fast unheimlich war. Als wenn mitten im tiefsten Winter über Nacht ein Sommertag angebrochen wäre. Die Sonne stand hoch am Himmel, und – was ich noch nie gesehen hatte und auch nie wieder erlebt habe

– die Straßen lagen voller toter Bienen. Die plötzliche Sonnenhelle hatte den Bienenvölkern den Frühling vorgegaukelt, aber die beißende Kälte und der Schnee töteten sie.

Ich bekam eine Kalbsbäuscherlsuppe, die Kellnerin setzte sich zu mir und sagte: »Weißt, sei nicht bös, daß ich nicht gekommen bin heut' nacht, ich hab' mir gedacht, du wirst noch früh genug verdorben!«

Sie gab mir fünf frische Semmeln mit und ein großes Stück Schokoladentorte. »Wenn du groß bist und wieder vorbeikommst – Hedwig heiß' ich«, sagte sie, »fragst halt nach mir!«

Die Kuh wollte nicht voran. Ich drehte ihren Schweif zu Kringeln auf, dann machte sie wohl einige Schritte, blieb aber gleich wieder stehen. Sie konnte der vereisten und verschneiten Straße offenbar keinen Geschmack abgewinnen. Wie wär's, wenn ich auf der Kuh reiten würde? Gedacht, getan. Den Strick hatte ich um die Hörner der Kuh und um mein Handgelenk gewunden, ich schwang mich hinauf und, siehe da, sie trabte nun gemächlich dahin. Ich schalt mich einen Dummkopf, daß ich nicht eher auf den Gedanken gekommen war.

Die Leute, die mir entgegenkamen, blieben stehen und starrten mich an. Ein paar Holzknechte tippten mit der Hand auf die Stirn und lachten. Aber ich dachte: Lacht nur, ich bin viel gescheiter als ihr glaubt.

Das Fuhrwerk des Gemüsehändlers aus Mürzzuschlag habe ich noch herankommen gesehen – und dann nichts mehr. Ein Reibeisen, das über mein Gesicht fuhr, brachte mich wieder zur Besinnung. Es war die Kuh, die mich ableckte. Sie mußte sich vor dem Schimmel entsetzlich erschreckt, kehrtgemacht und mich abgeworfen haben. Sie hatte mich mitgeschleift, dann war sie stehengeblieben und hatte geduldig gewartet, bis ich wieder zu mir kam.

Ich rappelte mich auf, alle Knochen im Leibe schmerzten dermaßen, daß ich hätte schreien mögen. Was nutzte es – wir mußten nach Hause. Ergeben trotteten wir weiter und langten in der Neujahrsnacht um zehn Uhr in Neuberg an. Ich führte die Kuh in den Stall und ging hinauf in die Küche.

Nur eine alte Magd war noch auf, die mir etwas Essen aufwärmte. »Wie schaust denn du aus?« wunderte sie sich. Stumm und gierig löffelte ich den Teller leer, voller Verlangen nach meinem Bett. Aber bevor ich schlafen gehen durfte, mußte ich noch zwölf Paar Schuhe putzen.

Zwei Tage später – ich war eben mit den Gesellen dabei, das Eis in den Keller zu werfen – fragte der Meister mit harmloser Miene: »Na, Gustl, wie war denn das mit der Kuh?«
»Was soll denn gewesen sein, Meister?« gab ich ebenso harmlos zurück.
»Na, ich dachte, du mußt's wissen!«
»Nichts ist gewesen, Meister!«
»Bist du nicht auf der Kuh geritten?«
Ich suchte nach Worten, geriet ins Stottern, und da fiel mir auch schon seine Faust so unter die Nase, daß ich über die Eisbrocken hinunter in den Keller rutschte.

Dort war ich in Sicherheit. Ich hörte ihn noch schreien, ich hätte nicht nur ihn, sondern das ganze Selcher- und Fleischhauergewerbe der Steiermark, ja ganz Österreichs bis auf die Knochen blamiert! Ein Fleischer, der auf einer Kuh ritt, so etwas durfte es einfach nicht geben. Er drohte, mich in die Wurstmaschine zu stecken, zu erhängen und zu erwürgen.

Ich sagte kein einziges Wort zu meiner Rechtfertigung und rührte mich auch nicht, als er versuchte, mich mit mildem Tonfall nach oben zu locken. Ich dachte nur: »Nein, wenn ich schon sterben muß, dann lieber hier unten erfrieren als in die Wurstmaschine.«

\*

Meister Matherleitner belieferte auch das kaiserliche Jagdschloß Mürzsteg. Man konnte nur mit der Postkutsche oder zu Fuß dorthin kommen – eine Eisenbahnverbindung gab es nicht. Oft habe ich den Weg zu Fuß machen müssen. In die Wildwasser-Schlucht, die dabei zu durchqueren war, ist einmal die Kaiserin Elisabeth bei einem ihrer wilden Ritte hinabgestürzt. Zum Glück konnte sie von ihren Begleitern geborgen werden.

Auf dem Schloß mußte ich die eigens für den Erzherzog Leopold glasierten Kalbsohren, die er mit Vorliebe aß, abliefern. Wenn der

Erzherzog mich sah, schenkte er mir öfters drei oder vier Briochekipferln, richtig feines, französisches Backwerk. Manchmal klopfte er mir auch die Wange und sagte: »Bist ein braver Bub!«

Einmal, ich hatte gerade das Fleisch und die Kalbsohren in die Schloßküche gebracht – nahm mich ein schön gekleidetes Fräulein wortlos bei der Hand und zog mich in ein Zimmer. Sie herzte und küßte mich in Windeseile, ließ mich stehen und lief davon. Ich war trotzdem sehr glücklich.

Mein schönes Fräulein habe ich nur noch einmal gesehen: am Arm eines viel älteren Mannes. Er war ein Erzherzog und sie wohl seine Frau.

Im Jagdschloß Mürzsteg wimmelte es nur so von Prinzen, Erzherzögen, Grafen und Baronen. Vorsichtshalber sagte ich zu jedem – auch zu den Köchen und Lakaien – »Herr Baron«; keiner hat es je übelgenommen.

Die Leute munkelten, daß die jungen Prinzen und Erzherzöge in der Weltabgeschiedenheit von Mürzsteg in die Liebe eingeführt würden. Man brachte sie mit ansehnlichen jungen Mädchen aus der Umgebung zusammen, die, wenn sie schwanger wurden, mit großzügigen Geschenken an Lakaien und Leibjäger zur Ehe weitergereicht wurden. Der alte Engelbrecht, der ein Menschenleben lang seine Viererkutsche von Neuberg nach Mürzsteg und weiter über Frain nach Mariazell führte, wußte zu erzählen, daß aus ihnen gute Ehefrauen geworden waren.

Bei Meister Matherleitner habe ich nicht nur einen Blick auf die Sonnenseite der Welt tun dürfen, ich bekam auch wieder einmal die Schattenseite zu spüren, die ich ohnehin schon zur Genüge kannte. Der Meister stammte aus einem guten Elternhaus in Judendorf bei Graz, aber leider liebte er die Flasche und die Karten. Immer waren die Gerichtsvollzieher hinter ihm her. Seine Frau schickte mich dann ins Wirtshaus, um ihn zu holen.

»Herr Meister«, meldete ich, »ein Herr vom Gericht ist da!«

Vorsorglich gab er mir seine Uhr mitsamt der Kette, seine Ringe und was er an Bargeld besaß. »Bist ein braves Bürscherl, behalt's schön auf!« So konnten die Gerichtsvollzieher nicht einmal bei einer Taschenpfändung etwas bei ihm holen.

Nachher ließ er sich alles wiedergeben, zählte nach und behauptete: »Da fehlt eine Krone!«
Das war nicht wahr. Denn ich hätte mich nie getraut, auch nur einen Sechser zu nehmen. Aber er mußte wohl irgendwie seinen Zorn darüber loswerden, daß ich Zeuge seiner Demütigung geworden war. Mit beiden Fäusten schlug er unbarmherzig auf mich ein.

*

Else, des Kaufmanns Töchterlein, drückte mir eines Tages einen Zettel in die Hand, auf dem stand, daß sie mich gern sprechen möchte. Natürlich bildete ich mir ein, eine Eroberung gemacht zu haben. In Wahrheit war ich es, der erobert werden sollte. Ich glaube überhaupt, immer bin ich der Verführte, keineswegs der Eroberer gewesen. Ich bin nämlich fest überzeugt, wenn eine Frau wirklich nicht will, dann kann ein Mann sich auf den Kopf stellen, er wird sie nicht herumkriegen.

Ich war noch nicht fünfzehn Jahre alt und die Tochter des Kaufmanns kaum älter. Da ich gerade einen Ochsen von Krampen zu holen hatte, bat ich sie, sie möge mich auf halbem Wege erwarten. Unterwegs pflückte ich einige Blumen für sie. Verlegen und mit heißen Köpfen standen wir uns gegenüber. Ich ließ den Ochsen weiden, wir setzten uns abseits in den Wald, hielten uns bei den Händen.

»Weißt, Gustl«, sagte sie, »du tust mir so leid, weil dich der Meister gar so viel prügelt!« Sie rückte ganz dicht an mich heran. Dann wollte sie wissen, was eine wirkliche Sünde sei. Sie hätte gehört, daß Männer und Frauen miteinander etwas tun, was Sünde ist. Darauf wußte ich keine Antwort, aber sie wollte es unbedingt wissen.

»Wenn du es nicht weißt, dann werd' ich einen anderen fragen«, drängte sie.

»Tu's nicht!« bat ich. »Wart', bis ich's weiß!«

»Dann gib mir wenigstens ein Busserl!« Ich gab ihr eins.

Sie öffnete ihre rotgestreifte Bluse. »Gib mir ein Busserl hierher!«

»Wohin?« tat ich dumm.

Sie zeigte, wo ihr Herz schlug. »Gib mir daher ein Busserl!« Plötzlich kam mir ein Gedanke: »Vielleicht ist das Sünde?«

»Nein, gewiß nicht!«

Ich küßte sie dahin.

»Gustl, ich glaube, wir sollten heiraten!« seufzte sie nachdenklich.

»Ich glaube auch.«

Wir haben uns noch mehrmals getroffen und geliebkost, aber als ihre Zärtlichkeiten immer heißer und fordernder wurden, bekam ich es eines Nachts mit der Angst zu tun und lief davon. Warum, wußte ich selber nicht.

Am nächsten Tag sah sie mich nicht mehr an. Sie sagte nur herausfordernd: »Damit du es nur weißt . . . wenn ich ein Kind krieg', dann bist du schuld!«

Was sie damit meinte, habe ich erst viel später erfahren: Als ich vor ihr davongelaufen war, ist sie zu einem anderen gegangen. Von ihm bekam sie das Kind.

\*

Von der sogenannten sündigen Liebe hörte ich vom frühen Morgen bis zum späten Abend reden. In der Wursterei, im Schlachtraum, im Eiskeller. Die Gesellen wie der Meister sprachen handfest und ohne Umschweife darüber. Sie umschrieben nichts, im Gegenteil, es machte ihnen Spaß, vor mir, dem unreifen Bürscherl, die unflätigsten Wörter zu gebrauchen. Sie erklärten immer wieder in einer Deutlichkeit, die nichts zu wünschen ließ, wie ich es anstellen müßte.

Dabei gab es weit und breit kein Mädchen, mit dem ich es hätte versuchen mögen. Vor der Kaufmanns-Else war ich schließlich davongelaufen. Gewiß, Matherleitners hatten eine Magd, aber die war fast heiligmäßig. Sie hieß Berta, war in den Sechzigern und wußte nichts von ihren Eltern. In der Gnadenkirche Mariazell hatte man sie vor der wundertätigen Muttergottes-Statue ausgesetzt gefunden. Sie sah in jedem Mann den Leibhaftigen, sogar in mir, obwohl sie in mir wahrhaftig keine Gefahr hätte zu sehen brauchen.

Dann war noch eine zweite Magd da, kaum so alt wie ich, die hieß Burgl, und die Gesellen nahmen sie nicht für voll. Sie war das ledige

Kind einer Magd und eines Holzknechts, der bei einer Wirtshausrauferei hinterrücks erstochen worden war. Sie mußte die »Schweinereien«, wie die Meisterin grollend sagte, genauso wie ich von früh bis spät mitanhören.

Wir liebten uns nicht, die Burgl und ich, ganz bestimmt nicht. Aber ohne unser Dazutun wuchs unsere Neugierde von Tag zu Tag. An einem Sonntagnachmittag hatte ich den großartigen Einfall, gemeinsam den Heuboden oberhalb der Tenne, auf der die Häckselmaschine und anderes Gerät standen, zu inspizieren.

Burgl legte das Strickzeug beiseite und ging bereitwillig mit. Kaum hatten wir uns auf dem Heuboden niedergelassen, krachte es, als ob der Dachstuhl einbräche. Die Bodenbretter, vielleicht schon über hundert Jahre alt, waren verfault und gaben nach. Wir sausten in die Tiefe. Burgl landete auf der Häckselmaschine, ich, mit dem Gesicht haarscharf an den breiten Schneidemessern vorbei, auf dem Antriebshebel. Wir schrien laut. Niemand hörte uns. Sonntag nachmittag waren alle fortgefahren.

Es dauerte eine Weile, bis wir begriffen, daß wir mit dem Schrecken davongekommen waren. Burgl tröstete das nicht. Sie heulte um ihr einziges Sonntagskleid. Ich versprach in meiner Angst, ihr ein neues Kleid zu kaufen. Von welchem Geld, das wußte ich selber nicht.

Burgl mußte mit ihrem Daumen das Zeichen des Kreuzes in meine rechte Handfläche machen und bei allen Heiligen schwören, von dem Sturz auf die Tenne niemandem ein Wort zu sagen.

Sie hat geschworen und hat diesen Schwur auch gehalten.

Zwei Wochen nach dem Sturz lag die Burgl auf der Totenbahre. Lungenentzündung. Der Arzt war erst geholt worden, als es schon zu spät war.

»Der Herr hat's gegeben, der Herr hat's genommen«, sagte der Pfarrer bei der Totenmesse. Außer mir war nur Burgls Mutter erschienen, eine abgehärmte Magd, die nicht älter als fünfunddreißig sein mochte, aber wie fünfundsechzig aussah. Wir waren die einzigen, die um Burgl weinten.

Die Hochecker Luise hat mir meine Unschuld genommen. Sie war Wäscherin in der Fleischhauerei Matherleitner, fünfunddreißig Jahre alt und allen Gesellen und auch dem Knecht Kajetan zu Willen. Nachher sagte meine erste Verführerin: »So, jetzt bist du ein richtiger Mann!«
Ich wußte nicht, ob ich darüber froh sein sollte oder traurig. Eigentlich hätte ich wohl Genugtuung verspüren müssen, statt dessen fühlte ich Scham und Demütigung. Ich hatte irgendwo gehört, daß man so eine Sünde an den Augen ablesen kann. Ich lief vor den Rasierspiegel im Gesellenzimmer und glaubte, ich müßte jetzt ein Zeichen der Sünde in meinen Augen sehen. Ich lief hinunter an die Mürz und schrubbte mich splitternackt einmal, zweimal, dreimal in ihrem klaren Wasser. Jetzt hätte ich der Kaufmanns-Else sagen können, was Sünde ist.
Am nächsten Tag traf ich auf dem Weg zum Holzholen im Keller Luise am Waschbrett wieder. Sie sah mich neugierig an. Lachend fragte sie: »Na, kommst nachher zu mir?«
»Nein!« wehrte ich ab und lief davon.

\*

Zwei Wochen vor Pfingsten begann alljährlich die große Zeit, wo die Fleischer sich auf die Stiefel machten, um bei den Bauern und Kleinhäuslern die jungen Kälber zu besichtigen und abzuschätzen. Fiel die Schätzung befriedigend aus, zahlte der Fleischer ein Angeld und wurde auf diese Weise im vorhinein Besitzer der schlachtreifen Tiere.
Mein Meister war bei den Bauern nicht beliebt, er war ihnen zu »lackiert« und zu »herrisch«. Mich aber mochten sie gut leiden, weil ich, wie sie sagten, ein »liebes G'schau« hätte. Nur deshalb vertraute mir der Meister zwei Wochen vor Pfingsten, wenn auch unter Flüchen, Ohrfeigen und Gebrüll, Pferd und Wagen an sowie einen schönen Batzen Geld, damit ich das Vieh, das ich durch Handschlag für ihn erworben hatte, auch anzahlen konnte. Mit dem Zehrgeld dagegen hielt er mich so erbärmlich knapp, daß ich mir kaum eine Suppe kaufen konnte. Trotzdem setzte ich allen Ehrgeiz daran, überall der erste bei den Bauern zu sein.

In Neuberg gab es außer uns noch den Fleischermeister Hans Just. Er war vom frühen Morgen bis spät in die Nacht auf den Beinen, um sich landauf, landab die besten Kälber, Kühe, Ochsen, Schweine und Lämmer zu sichern.

Doch wo er auch zum Kauf vorsprechen mochte, hieß es: »Tut uns leid, der Gustl vom Matherleitner war schon da!« Das mußte ihn natürlich mächtig wurmen.

Unterwegs begegnete ich dem Lehrbuben vom Bäckermeister Polerus. Er lud mich zu einem Glas Bier bei der handfesten Koriandl-Wirtin ein. Ich fand nichts weiter dabei, als er mich zu einem Spielchen aufforderte. Wir spielten um Heller. Zuerst gewann ich, dann verlor ich. Ich gewann und verlor, und als mein Geld verspielt war, sah ich nicht ein, warum ich nicht mit dem Anzahlungsgeld vom Meister weiterspielen sollte. Ich hatte so viel ohnmächtige Wut auf den Meister in mir angestaut, daß kein Platz für ein schlechtes Gewissen übriggeblieben war.

Erst als das fremde Geld schon mächtig zusammengeschmolzen war, kamen mir doch leise Bedenken. Wie zufällig tauchte plötzlich auch Hans Just im Gasthof auf. Er erbot sich hilfreich, mir alles schon an die Bauern ausbezahlte Handgeld und auch das Geld, das ich im Spiel verloren hatte, auf die Hand zu zählen.

Ich nannte Hans Just die Bauern, bei denen ich Vieh gekauft hatte, gab ihm sogar schriftlich, daß er berechtigt sei, es abzuholen.

Als der üble Handel perfekt war, kannte die Ausgelassenheit keine Grenzen mehr. Ich selber hatte nichts dagegen, meinen Rache- und sonstigen Durst auf Meister Matherleitners Kosten zu stillen.

Die Wirtin, Hans Just, der Lehrbub vom Bäcker Polerus, Fuhrleute und Holzknechte tranken und aßen ausgiebig auf mein Wohl und meine Rechnung. Mir war zumute, als müßte ich geradewegs in den Himmel fahren, noch dazu, wo die Wirtin mir eben ihren ganz persönlichen Himmel auf Erden versprach. »Wenn alle fort sind«, flüsterte sie mir zu, »dann bleibst bei mir!«

Die Koriandl-Wirtin war eine überreife Frau nahe den Vierzigern; mir erschien sie schön und mächtig.

Vielleicht hatte sie ihr Versprechen sogar ernst gemeint. Denn als ich volltrunken war, brachte sie mich in ihr Zimmer, half mir beim

Ausziehen und bettete mich auf eine mit schwarzem Wachstuch bespannte Ottomane an der Wand. »Ich komm' doch gleich, lieber Bua«, vertröstete sie mich, »die andern müssen nur erst fort sein!« Von angenehmsten Vorstellungen gewiegt, bin ich bald eingeschlafen. Als die Wirtin zurückkam – es muß schon recht spät gewesen sein –, riß ich die Augen auf. Vor Schreck schloß ich sie aber gleich wieder ganz fest. Denn ein bulliger Holzknecht stand neben ihr. Kaum weniger betrunken als verliebt, konnte er es kaum abwarten, bis die Wirtin sich von ihren Kleidern befreit hatte. Sie trieben es ganz munter, bis der Holzknecht meiner ansichtig wurde. Er fluchte lästerlich, packte mich beim Nacken und warf mich, splitternackt wie ich war, aus dem Fenster. Zum Glück war das Zimmer zu ebener Erde gelegen. Meine Kleider warf er großmütig gleich hinterher. Drinnen jammerte die Wirtin lauthals: »Mariaundjosef! Jetzt hatt' i' den Fleischerbuam ganz vergessen!«

Nur Frau Grete Matherleitner habe ich es zu verdanken, daß ich beim Nachhausekommen mit dem Leben davonkam! Fünfunddreißig Jahre später erst habe ich ihr dafür dankbar die Hände geküßt.

Der Meister wollte mir mit dem Beil das Gehirn einschlagen. Seine Frau stellte sich schützend vor mich und rief: »Erst bringst mich um!«

Der Meister wollte sie wegdrängen, aber sie widerstand ihm mit aller Kraft. »Hör doch erst mal den Jungen an, was er zu sagen hat! Vielleicht kann er gar nichts dafür!«

»Warum!?« drang der Meister in mich. »Warum hast du das getan!?«

»Ich wollte mich rächen«, schrie ich die Wahrheit heraus. »Ich wollte mich für all die Prügel rächen!«

Der Meister rührte keinen Finger. Er sah mich nur eine lange Weile an. Dann ging er nachdenklich fort.

\*

Am 28. 6. 1914 waren in Sarajewo der österreichisch-ungarische Thronfolger Franz Ferdinand und seine Frau von Verschwörern des Geheimbundes »Schwarze Hand« auf offener Straße ermordet worden. Die daraus folgenden diplomatischen und politisch-militärischen Verwicklungen lösten im Laufe von wenigen Wochen den Ersten Weltkrieg aus. Die Menschen in Österreich und im verbündeten Deutschland waren felsenfest überzeugt, dieser Krieg werde in vier Wochen – und fraglos siegreich – beendet sein. Der Krieg dauerte mehr als vier Jahre und kostete 10 Millionen Tote, 20 Millionen Verwundete und 6 Millionen Gefangene!

Mit dem Fleischhauermeister ging es nun langsam, aber stetig bergab. Es wurde immer mühseliger, Schlachtvieh zu bekommen, weil zuerst das Heer versorgt werden mußte. Und für Matherleitner, der bekanntlich schlecht zahlte und obendrein bei den Bauern keine Freunde hatte, wurde es fast unmöglich. Ein Geselle wurde eingezogen, den anderen paßte es nicht mehr, einer nach dem andern verließ ihn. Eines Tages ließ auch ich ihn im Stich und ging auf die Landstraße, Richtung Heimat. In Bruck an der Mur taten mir die Füße so weh, daß ich auf eine Möglichkeit sann, mit der Eisenbahn heimzufahren. Geld besaß ich keines mehr, nur die tulasilberne Firmungsuhr von der guten Großmutter Ottilie. Ich stellte mich vor dem Tor der Böhler-Eisenwerke auf und bot den Vorübergehenden meine Uhr an. Aber niemand wollte sie haben.

Einer kam nach einer Weile zurück – allerdings in Begleitung eines Gendarmen. Ich konnte die beiden nicht davon abbringen, daß ich die Uhr gestohlen hätte. Ich bat den Gendarmen flehentlich, mich nach Graz zu meinen Eltern zu bringen. Statt dessen steckte er mich für drei Tage und drei Nächte ins Gefängnis. Mit Landstreichern, alten Kunden und schlimmeren Gesellen als Zellengenossen! Die meisten waren polizeilich vorbestraft.

Am vierten Morgen kamen in aller Frühe Gendarmen und holten uns nacheinander aus der Zelle; der »Schub«, so hieß der Abtransport in die Heimatgemeinden von Staats wegen, ging los. Mein Vater mußte mich und die Firmungsuhr von der Grazer Polizeidirektion in der Raubergasse gegen Empfangsquittung abholen. Er weinte. Meine Mutter weinte. Ich weinte. Dann bezog ich eine ungeheure Tracht Prügel: Ich war wieder zu Hause.

Ich glaube, hier wird es notwendig, meine Heimatstadt, die Landeshauptstadt Graz, vorzustellen:

Es klingt wie eine poetische Übertreibung, aber es ist wahr – sie ist die Perle der Steiermark. Das silbern glänzende Band der Mur teilt die Stadt in zwei Hälften. In Graz geben sich die ungarischen, die slowenischen und die obersteirischen Winde ein Stelldichein. Sie kreuzen über der Landeshauptstadt und stürzen sich dann hinunter, über das große Leibnitzer Feld dem Süden zu. In der österreichisch-ungarischen Monarchie war Graz als »Pensionopolis« beliebt und bekannt. Pensionierte Minister, Hofräte, Statthalter, Generäle und auch geringere Chargen zog es nach Graz, wo alles billiger war, von der Wohnung angefangen bis zu den Eiern, die von den Bäuerinnen für einen Sechser das Dutzend ins Haus gebracht wurden. Das gibt es natürlich nicht mehr, aber trotzdem ist Graz immer noch die billigste Stadt in ganz Österreich, und immer noch ziehen sich die Pensionäre gern nach Graz zurück, um der gesegneten Landschaft und der niedrigeren Lebenshaltungskosten willen. Heute sind es wieder die Generäle, die Ministerialbeamten, die Minister, die Graz den Vorzug geben.

Damals wie heute kann man allenthalben in Graz hören: »Küß die Hand, Herr Oberst!« – »Empfehlen Sie mich der verehrten Gattin, Herr General!« – »Wünsche gesegnete Mahlzeit, Herr Graf!«

Es gibt tatsächlich viele Leute mit hohen Titeln in Graz, und wer keinen hat, kriegt trotzdem seinen Teil ab, denn unter einem »Herr Baron« oder »Herr Doktor« tut's der Grazer nicht.

\*

Die Steirer, und hier vor allem die Grazer, können gar nicht anders, sie müssen immer gegen etwas sein, wenn sie auch nicht wissen, warum; sie sind die fleischgewordene Opposition. Sie besitzen alles, bloß keinen Minderwertigkeitskomplex; im Gegenteil, sie sind unbekümmert sehr von sich überzeugt – was beileibe keine Kränkung an die Adresse der Steirer sein soll! Ich bin schließlich selber ein Steirer.

Die steirischen Männer, und hier vor allem abermals die Grazer, entwickeln in Gesellschaft gewinnenden Charme, sind immer gutgelaunte Kavaliere, galant und unterhaltsam. Man möchte meinen, jede Frau müßte sich glücklich schätzen, die so einen Grazer für sich erwischt hat. Weit gefehlt! Diese Allerweltskerle und Tausendsassas nämlich sind zu Hause bei Weib und Kind nicht gerade selten ebenso griesgrämig, grantig und launisch wie anderswo die Männer auch.

*

Ich bin zeitlebens ein Freund der Frauen gewesen. Ich mag die Frauen, weil ich die Fehler und Schwächen meines eigenen Geschlechts allzu gut kenne. Vor allen anderen aber mag ich die Frauen meiner Heimat. Ihre Großherzigkeit, ihr Fleiß, ihre Tüchtigkeit, ihre unerschütterliche Heiterkeit und Haltung haben mir stets Bewunderung abverlangt und aufrichtige Zuneigung. Es sind starke, handfeste Frauen, schön, gerade gewachsen und voll ungebrochenen Temperaments.

*

Nach all dem, was ich hier schon über die Steirer gesagt habe, nimmt es nicht wunder, daß sie mit der Regierung in Wien seit eh und je in Widerstreit gelegen haben. Mehr als einmal in der Geschichte haben sie dem Kaiser in Wien die Steuerzahlung verweigert. Obendrein gab es in Graz mehr Protestanten als in ganz Österreich sonst – vielleicht geradezu aus Protest gegen die in Österreich alles beherrschende katholische Kirche und Regierung. Man erzählte sich, daß Erzherzog Ferdinand so katholisch war, daß er mehr als einmal geäußert haben soll, es wäre eine Wohltat für die Menschheit, wenn die Grazer alle zusammen auf einem Scheiterhaufen zur Ehre Gottes verbrannt würden. Man sieht, die Liebe zur Regierung in Wien ist den Grazern ganz schön schwergemacht worden.

Ich war heilfroh, wieder daheim zu sein.

Während meiner Abwesenheit hatte sich allerlei verändert.

Meine Mutter hatte nicht länger auf das große Glück warten mögen, das mein Vater ihr immer wieder versprochen und doch nie ins Haus gebracht hatte. Als der Millionär und Kinobesitzer Rudolf Gierke für das Büfett und den Bierausschank in seinem Kinematographentheater an der Annastraße eine tüchtige Kraft suchte, überzeugte sie ihn, daß sie die einzig Richtige für das Büfett wäre; mehr noch, sie konnte sogar die verlangte Kaution auf den Tisch des Hauses legen.

Rudolf Gierke war vor Jahren mit einem Zelt nach Graz gekommen, in dem er die ersten Filme vorführte. Inzwischen hatte er es zu Ansehen und Geld gebracht. Die Stadtgemeinde Graz nahm den geachteten Mann in den Gemeinderat auf.

Ich verdanke es also der Tatkraft meiner Mutter, daß ich so früh schon mit dem Film in Berührung kam. Wenn auch bloß als Gehilfe des Vorführers an der Handkurbel oder beim Umwickeln der Filme von der einen Spule auf die andere.

Das waren Filme! Auf mich haben die dramatischen Streifen, mit Asta Nielsen zum Beispiel, jedenfalls unauslöschlichen Eindruck gemacht. Die Filme hatten eine Länge von achtzig bis zweihundertfünfzig Meter. Es gab auch sogenannte Monsterfilme, die der Länge wegen in Akte aufgeteilt abliefen: »Dantes Göttliche Komödie« z. B. war neunhundert Meter lang, »Mensch unter Menschen«, ein Film nach einem Roman von Victor Hugo, hatte sogar die bemerkenswerte Länge von neunhundertsiebzig Meter. Von weit und breit kamen die Menschen in Scharen, um die »laufenden Bilder« zu sehen. Elsa und Minna, die beiden hübschen Gierke-Töchter, wechselten sich an der Kasse ab und scheffelten buchstäblich das Geld ein.

Ihr Bruder Rudolf und ich waren Freunde geworden, obwohl wir verschiedenen Kreisen angehörten. Ich durfte mit ihm meine Freizeit verbringen, ihn in der elterlichen Villa besuchen und auch öfters dort essen. Eines Tages haben Rudi und ich die Garage in die Luft gesprengt. Es gab eine maßlose Aufregung; dabei hatten wir bloß Wasser in ein Karbidfaß geschüttet!

In dieser Zeit, die trotz Krieg meine unbeschwerteste Jugendzeit war, lernte ich einen jungen Mann namens Heinrich Haas kennen. Damals war er Motorradrennfahrer. Ich zog mit ihm auf die Grazer Messe, wo wir zusammen als sehr beliebte komische Nummer auftraten: Er fuhr auf seinem Motorrad, ich, als Indianer maskiert, ritt auf einem alten Gaul mit ihm um die Wette. Selbstverständlich war Heini Haas immer der Schnellere, und die Zuschauer jubelten ihm zu. Ich verdiente pro Vorführung sage und schreibe eine Krone, eine für meine Begriffe überwältigende Summe!

Heini Haas ist im Laufe seiner Karriere beim Film mit Glück, Können und Sparsamkeit vielfacher Millionär geworden. Seine Sparsamkeit grenzte fast an Geiz. Als ich ihn viel später einmal in Berlin wiedersah, fuhr er einen mordsfeinen englischen »Bentley«. Ich ging zu Fuß. Er hatte mich gesehen, hielt an, öffnete den Wagenschlag: »Komm, Gustl, steig ein ... ich hab' ein Restaurant entdeckt, wo's ein Menü für eine Mark gibt.« Zu jener Zeit pflegte ich, der ich kein Millionär war, der ich nicht einmal ein Auto besaß, für mein tägliches Menü zwei Mark fünfzig aufzuwenden. Vielleicht habe ich es deshalb trotz aller Erfolge und oft recht beachtlicher Einnahmen niemals zu wirklichem Wohlstand, geschweige denn zu einem Vermögen gebracht.

Heini Haas war eben anders; er legte Pfennig auf Pfennig und verstand es, sein Geld so geschickt anzulegen, daß es sich kaninchenhaft vermehrte.

Weil ich wußte, daß er viel mehr Kaufmann als Künstler war, mußte ich lachen, als es hieß, Heini Haas war Intendant des Grazer Stadttheaters geworden. Aber ich hatte zu früh gelacht. Dieses Theater, das stets nur mit Verlust gearbeitet hatte, florierte unter ihm künstlerisch und finanziell. Was Heini Haas in die Hand nahm, wurde zu Gold.

Er besaß eine gute Nase für junge Talente. Wollte er eine Begabung fördern, gab er ihr auch den richtigen Start. Seine schönste Entdeckung für den Film – und seine ganze Liebe – war Hilde Krahl. Ihr hat er das Sprungbrett zu einer großen Karriere verschafft.

Dreißig Jahre lang hatte ich ihn für einen ausgemachten Geizkragen gehalten, bis ich entdeckte, daß er auch großzügig sein konnte. Nach 1945, als ich völlig ohne Geld dasaß, kam Heini Haas und –

ich traute meinen Ohren nicht – bot mir fünfzehnhundert Schilling an. »Gustl«, sagte er, »deine Mutter hat mir mal zehn Kronen geborgt, ich bin sie ihr schuldig geblieben, aber vergessen habe ich es nicht ... nimm du das Geld jetzt zurück!«

Im Jahre 1950, als ich einen Roman über die Postmeisterstochter Anna Plochl von Aussee, »Erzherzog Johanns große Liebe«, geschrieben hatte, bot er mir eine lächerlich geringe Summe für die Filmrechte an: »Sei mir nicht bös', Gustl, mehr kann ich nicht zahlen, und mehr will ich auch nicht zahlen! Jetzt bist du ja kein armer Hund mehr, sondern ein Geschäftspartner. Da will ich nicht mehr bieten als das, was mir die Angelegenheit wert ist!«

»Du hast vollkommen recht«, sagte ich, »weshalb solltest du auch dein gutes Geld verschenken!«

»Na also«, sagte er erleichtert. »Ich krieg' den Stoff?«

»Ich␣␣täts' ja von Herzen gern ... nur, ich habe ihn schon verkauft!« – Und ich erzählte ihm, was mir der Schweizer Produzent Willi Wachtl für die Verfilmung dieses Romans gezahlt hatte.

Er wurde sehr böse. »Du bist ein Schuft!« wetterte er los. »Mir das anzutun! Du als Steirer gehst hin und verkaufst an einen Schweizer Produzenten! Warum hast du nicht mir zuerst die Filmrechte angeboten?«

»Hättest du mir so viel dafür gegeben?«

»Ich bin doch nicht verrückt!«

»Na siehst du!«

»Das hat gar nichts damit zu tun! Wir Steirer müssen zusammenhalten!«

Im Grunde mußte ich ihm Recht geben: als Steirer fühlten wir uns verbunden, nur als Geschäftsleute hatten wir es schwer miteinander. Trotzdem haben wir einmal einen schönen Film zusammen gemacht, und zwar im Rahmen der Wien-Film-Produktion: »Wiener G'schichten.« Das Drehbuch schrieb Ernst Marischka, Regie führte Geza von Bolvary, die Hauptrolle spielte Marthe Harell, die Frau des Produktionschefs und Regisseurs Karl Hartl. Es war nach »Opernball« Marthe Harells zweite größere Filmrolle und ihr erster durchschlagender Erfolg. Ihr Partner war Siegfried Breuer, die beiden unvergeßlichen Wiener Oberkellner spielten Paul Hörbiger und Hans Moser.

Von einer solchen Entwicklung der Dinge konnte ich damals noch nicht einmal träumen, wo es doch schon einen Höhepunkt für mich bedeutete, daß ich mich bei den Filmvorführungen als Geräuschemacher betätigen durfte. Es gab im Kinematographentheater einen großen Kasten – hergestellt in Leipzig –, mit dem man eine Menge von Geräuschen produzieren konnte: Pferdegetrappel, Windgebraus, Wellengemurmel, Türknarren, das Klappern eines Mühlrades. Wenn mein Einsatz kam, drehte ich an der Kurbel und rauschte mit einem Wirbelwind dahin, der sich sehen und hören lassen konnte.

Meine Eltern hatten alle Hände voll zu tun, so daß sie mich tun ließen, was ich wollte. Das Büfett im Annenhofkino war eine Goldgrube. Bei jeder Filmvorstellung gab es zwei Pausen, in denen das Publikum seinen Hunger und Durst mit Schinken-, Käse- oder Wurstbroten, Schokolade, Konfekt, Bier, Wein und Sodawasser stillen konnte. In jeder Pause liefen allein gleich dreißig Krügel Bier in die trockenen Kehlen der dreißig Musiker, die den Film mit Begleitmusik untermalten.

Das Geschäft meiner Mutter ging so gut, daß sie es gar nicht merkte, wenn ich ihr einige Schinkensemmeln, Riegel Schokolade und sogar, ich gestehe es nur ungern, ein paar Münzen klaute. Ich dachte mir nichts weiter dabei. Ich nahm mir einfach, was ich haben wollte. Gewissensbisse haben mich nicht geplagt.

Woher kam das? Ich kann es mir nur so erklären, daß wohl auch das Verhalten meiner Eltern mir gegenüber nicht richtig war. Heute bin ich überzeugt, daß sie mich geliebt haben – ich war ja ihr einziges Kind –, aber damals merkte ich nichts von dieser Liebe.

An einem Sonntag im August gab mir meine Großmutter Ottilie zwanzig Heller, weil ich mir die Haare schneiden lassen sollte. Nachdem sie zufrieden meine Stehfrisur gemustert hatte, wurde ich für würdig befunden, mit ihr in den Burggarten zu gehen, wo ein großes Blumenfest stattfand. Graf von Aldringen, der kaiserlich-königliche Statthalter, hatte die Honoratioren, die »high society« von Graz, wie man heute sagen würde, eingeladen. Wie meine Großmutter an eine Einladung gekommen ist, weiß ich bis heute nicht. Ich glaube, sie hat sie sich irgendwie hintenherum für ein paar Kronen verschafft.

Die Blumenfülle, die eleganten Kleider, das ganze bunte Treiben überwältigten mich. Mädchen wie Buben ritten auf Pferden, die Allerkleinsten auf Eseln, fuhren in Kutschen durch den Burggarten – sie durften selber die Zügel halten. Ich aber mußte gesittet neben meiner Großmutter einherpromenieren. Großmutter Ottilie grüßte nach links und rechts, obwohl sie nirgends einen Dank bekam; ich glaube, sie hat keinen von den vornehmen Leuten gekannt, sie tat nur so, als ob sie zu ihnen gehörte. Sie hielt ihren seidenen Sonnenschirm hoch erhoben und schritt mit geziert kleinen Schritten einher.

»Geh grade, Bub«, mahnte sie fortwährend, »dreh' dich nicht um, das ist nicht fein! Guck nicht so hin, was sollen die Leute von dir denken?«

Die Schokoladenplätzchen und die Eiskrem, die sie mir kaufte, ließen mich kalt. Ich hätte viel lieber mit den anderen gespielt, wäre viel lieber auch auf so einem hübschen kleinen Pferd geritten. Kein Wunder, daß mein mürrisches Gesicht beinahe der Großmutter den schönen Nachmittag verdorben hätte, wenn ich nicht unversehens doch noch der Held des Tages geworden wäre. Und das kam so: Wir promenierten daher, als eines der Pferde, auf dem ein kleiner Bub saß, plötzlich durchging. Der Bub, im braunen Samtanzug mit weißem Pikeekragen und in schwarzen Lackstiefelchen, hatte schon den Halt verloren, das Pferd galoppierte geradewegs auf uns zu; Großmutter Ottilie sprang zur Seite, ich blieb stehen, wo ich stand. Ich weiß nicht, warum ich keinen Augenblick gefürchtet habe, das Pferd könnte mich umwerfen. Ich stand einfach da und versperrte ihm den Weg. Es muß meine Kraft und meinen Mut entschieden überschätzt haben, denn es blieb dicht vor mir stehen. Erst als die Leute so viel Aufhebens von dem Vorfall machten, begriff ich, daß auch ich in Gefahr gewesen war. Der Bub auf dem Pferd war ein Enkel des Statthalters Graf von Aldringen. Eine Menge Leute drängten sich heran, Elternhände bedankten sich und steckten mir zwei Goldstücke zu, schön gekleidete Buben forderten mich zum Mitspielen auf. Grafen, Barone und Edelfrauen sprachen mit Frau Ottilie, Leiterin der Grazer Volksküchen. Sie fühlte sich auf den Höhen des Lebens. Mit hereinbrechender Dunkelheit leuchteten Glühbirnen auf; ich stand mit offenem Mund vor dieser ungewohnten Pracht – und schluchzte, weil ich über die Maßen glücklich war.

Meine Eltern nahmen mir die Goldstücke ab.

Am nächsten Tag stand mein Name zum erstenmal schwarz auf weiß gedruckt in den Zeitungen: in der »Grazer Kleine Zeitung« und im sozialdemokratischen »Arbeiterwille« unter der Überschrift »Ein jugendlicher Held«.

\*

Mein Vater hatte kurzentschlossen seine Stellung in der Glasfabrik gekündigt und half nun meiner Mutter am Büfett, schlug Spunde in die Bierfässer und schenkte den Wein aus.

Er besaß eine Hose aus englischem Pepitastoff, auf die er unglaublich stolz war. Sie war das beste Stück im Hause, und viele Jahre sagte er, wenn er mir gut sein wollte: »Weißt, Resi, wenn du dem Bub gar nichts gibst, aber die Pepitahose mußt du ihm geben!« War er aber böse auf mich, dann hieß es: »Resi, eins versprichst mir . . . die Hose auf keinen Fall, lieber gibst sie einem Straßenfeger!«

Ja, so war mein Vater. Wenn ich an ihn denke, fällt mir unweigerlich das Erlebnis unserer gemeinsamen Sommerfrische ein. Als mein Vater es an der Lunge bekam, sah sich meine Mutter, die sehr besorgt war, wenn es um meinen Vater ging, gleich nach einem Ort um, wo er sein Leiden auskurieren könnte. Sie verfiel auf das kleine Dorf Semriach in der Nähe der Tropfsteinhöhle Lurloch. Ich mußte meinen Vater begleiten und aufpassen, daß er nicht so viel trank.

In Semriach ging mein Vater jeden Tag ins Wirtshaus und trank seine zwölf Krügel Bier. Sein Lieblingsaufenthalt war das Gasthaus »Zum Kirchenmichl!«

Nach genau zehn Tagen hatte er das Geld, das für einen Monat reichen sollte, verbraucht. Er telegrafierte nach Hause: »Schicke dringend Geld!« Als Antwort kam nur eine offene Korrespondenzkarte, auf der stand: »Was bildet Ihr Euch ein? Ich schufte Tag und Nacht im Geschäft, wasche meine Wäsche selber, meine Füße sind angeschwollen, ich kann vor Müdigkeit nicht schlafen, und Ihr verputzt das schwerverdiente Geld. Komme Sonntag mit dem Acht-Uhr-Zug. Holt mich ab, Resi.«

Sofort wußte das ganze Dorf über den gutaussehenden, redegewandten Herrn aus Graz, seine Frau Resi und seine Finanzen Bescheid. Der Briefträger warnte den Fellingerbauer, bei dem wir wohnten, uns Kredit zu geben. Deshalb war ich froh, als meine Mutter uns auslöste und wieder mit heimnahm. Daß mein Vater zum Gespött der andern jeden Abend betrunken nach Hause gekommen war, hatte mich tief beschämt. Er trank zwar auch in Graz viel, oft zuviel, aber dort fiel es doch nicht so auf wie in dem kleinen Dorf unter den Bauern und Sommerfrischlern.

\*

Zu meiner neuen Tätigkeit als Platzanweiser im Maximkino an der Radetzkystraße und im Annenhofkino gehörte auch das Austragen von Briefen, die der Filmvorführer Eduard, ein schmaler, blasser Wiener Mechaniker, an seine Liebste schrieb. Die Adressatin wohnte in einem öffentlichen Haus, und ich wurde anfangs angesichts der zum Teil überaus leichtbekleideten Frauen jüngeren und älteren Datums arg verlegen. Schön waren sie nicht, und am liebsten wäre ich fortgelaufen. Aber den Wunsch hatte ich nur beim erstenmal.

Auf so einem Dienstgang als Liebesbote kam mir eines Tages in der Sporgasse ein Bäckergehilfe entgegen. Ich traute meinen Augen nicht – es war jener Lehrbub vom Bäcker Polerus, der mich seinerzeit in Neuberg bei dem Kälberkauf so übel hereingelegt hatte. Ihn erkennen und ihm eine ins Gesicht knallen, war eins. Ich ließ ihm keine Luft zum Fragen, sondern langte gleich noch einmal kräftig hin. Dann dämmerte es ihm, er setzte seinen Korb beiseite und stürzte auf mich los. Eine Rauferei begann, wir stolperten dabei über den geflochtenen Deckelkorb, und Weißgebäck, Kipferln und süße Krapfen purzelten auf die Straße.

1915, im zweiten Jahr des Ersten Weltkrieges, wirkte der Anblick von Weißbrot auf gewöhnliche Sterbliche, die kaum noch ein gutes Schwarzbrot ergattern konnten, wie eine Provokation. Im Nu war eine Menschenmenge um uns und den umgestürzten Korb versammelt. Ihr erbostes Geschrei lockte einen Wachmann herbei. Der erwischte meinen Gegner am Ohr: »Woher hast du die Kipferln?«

»Von meinem Meister!«
»Und was hast du damit vor?«
Der Bäckergeselle wand sich unter dem Griff der Staatsgewalt: »Ich soll sie dem Herrn Statthalter bringen!«
Jetzt erbosten sich die Leute erst recht. Ich war der Held des Tages, weil sie glaubten, ich hätte den empörenden Sachverhalt aufgedeckt, daß der Graf von Aldringen mitten im Krieg Weißgebäck geliefert bekam, was übrigens nichts Besonderes war, denn er wurde tagtäglich damit beliefert.

Natürlich griff der »Arbeiterwille«, die Zeitung der Sozialisten, die Sache auf und schrieb entrüstet: »Grafen fressen Weißbrot, Proleten müssen hungern und ihre Haut für Kaiser, Gott und Vaterland zu Markte tragen!«

Mir blieb nicht lange Zeit, mich in meinem neuerlichen Ruhm zu sonnen. Meine Mutter steckte mich in eine neue Lehrstelle in der Wurstfabrik von Frau Luise Farendla in Waltendorf bei Graz.

Der andere Lehrbub hieß Ludwig Teichert, war der Sohn gutsituierter Eltern aus der Kriegshafenstadt Pola und hatte einige Klassen Gymnasium absolviert, dann aber die Schule verlassen müssen – nicht weil er, wie ich, zu dumm zum Lernen, sondern weil er mit vierzehn Jahren Vater geworden war. Da wir uns sozusagen als Akademiker betrachteten, sagten wir »Sie« zueinander.

Ludwig und mich verband alsbald eine Leidenschaft fürs Billardspiel. Wahrscheinlich hätten wir dieses Spiel nicht jeden Tag bis in die späte Nacht mit solchem Feuereifer betrieben, wäre da nicht die hochbusige Sitzkassiererin vom Café Schillerhof gewesen, die uns vielversprechende Blicke schenkte, aber nicht daran dachte, etwas zu halten. Wir beiden dummen Buben sehnten uns sehr nach ihren rotgeschminkten Lippen und ihrem strammen, hohen Busen. Jeden Nachmittag stiefelten wir nach der Arbeit zum Schillerplatz, unter der Jacke Fleisch und Wurst verborgen, die wir in der Fabrik gestohlen hatten, und durften dafür ihre geschminkten Wangen streicheln und auf ihre weißhäutigen, hochgeschnürten Brüste blicken. Je mehr Fleisch wir brachten, desto mehr Fleisch bekamen wir zu sehen und zu fühlen – es war ein reelles Tauschgeschäft. Weil Ludwig es fast immer schaffte, mich mindestens mit einer Speckwurst zu übertrumpfen, war er ihr Favorit.

Ich müßte lügen, wenn ich behaupten wollte, daß ich von Natur aus ein grundehrlicher Bursche gewesen bin. In der Wurstfabrik wurde ich indessen regelrecht zum Stehlen angehalten. Ich wollte im Gesellenzimmer den Ofen mit Holz anheizen, als einer der Gesellen mich anhielt: »Gustl ... wohin gehst?«

»Einheizen!«

»Dann halt deine Schürze auf!« Salami, Speckseiten und Geräuchertes wanderten in meine Schürze. Zum Schluß kamen ein paar Holzscheite darüber. »So, Gustl, geh' und versteck's recht gut in unseren Betten!«

Auf dem Weg begegnete mir die Meisterin; ich grüßte sie höflich, aber das schlechte Gewissen trieb mir das Blut in den Kopf. Sie sah mich eindringlich an, schien jedoch keinen Verdacht zu schöpfen. Ich dachte schon, die Gefahr sei überstanden, als plötzlich das Schürzenbändel riß, das Holz purzelte, und die Würste und die Speckseiten kollerten zu Boden. Ich stand wie gelähmt da.

»Gustl!« sagte Frau Farendla, sonst nichts. Ich hätte vor Scham in den Boden sinken mögen. Ich brachte kein Wort hervor.

»Wie konntest du das tun?«

»Sie sind ja nicht für mich!« schrie ich. Und dann sprudelte ich die ganze Geschichte heraus.

Frau Farendla war eine gerechte Frau. Sie rief die Gesellen zusammen, stellte sie zur Rede. Die Gesellen spielten die unschuldig Gekränkten. »So ein Lügner«, sagten sie, »... wer stiehlt, der lügt auch! Wir sollen ihm das Geräucherte gegeben haben? Lächerlich! Wenn wir stehlen wollten, brauchten wir nicht den dummen Bub dazu.«

»Nun, dann werde ich wohl die Polizei benachrichtigen müssen«, sagte Frau Farendla. Aber weder die Polizei kam, noch flog ich, womit ich gerechnet hatte, hinaus. Vielmehr kam ich noch einmal mit einem blauen Auge davon. Das blaue Auge verdankte ich den wütenden Gesellen, die mich für meinen Verrat windelweich schlugen. Dabei hatte Frau Farendla nicht einmal gesagt, daß sie mir glaubte – was mich ganz besonders kränkte. Ich hatte vergessen, daß bei der Diebesware auch eine Stange Haussalami für meinen eigenen Bedarf gewesen war. So einfach ging das also mit dem Stehlen. Wenn man erwischt wurde, passierte gar nichts. Man konnte es also ruhig riskieren. Und ich riskierte es.

Gerade damals brauchte ich dringend Selchwaren, um einer Dame namens Vera zu imponieren. Sie war vollschlank, gut in den Dreißigern und – was immer mein Unglück gewesen ist – mit einem sinnverwirrend flilligen Busen ausgestattet. Sie stand dem Haushalt eines Sägewerkbesitzers vor und wohnte hoch unter dem Dach.

Sie machte nicht viel Federlesens mit mir. »Laß dich anschaun«, sagte sie und griff mit beiden Händen nach mir.

»Bleib«, sagte sie. Ich blieb nur zu gern bei ihr.

Eines Tages hatte sie genug von mir. Ich wollte es nicht glauben und rannte am nächsten Tag wieder zu ihr hin.

Mit einem Kranz Speckwürste und einem kleinen geräucherten Schinken übergab ich Vera mein erstes Gedicht:

Mir ist um dich so bang!
Schenk mir zum Kuß die Wang'!
In deine Augen dringt es tief,
darum ich auch nicht schlief!

»Laß doch die Dummheiten, Gustl«, lachte Vera mich aus. Den Kranz Speckwürste und den geräucherten Schinken behielt sie.

\*

Ich war unruhig. Es trieb mich um in übel beleumundeten Kaffeehäusern und Schenken. Ich lernte Kellnerinnen kennen, denen Liebe und Treue wenig galt; ich duzte Kriegsdrückeberger und freundete mich mit der lesbischen Klavierspielerin Irma an, der ich und auch andere Diebesgut zum Weiterverkauf brachten. Ich war in ein Netz von Dieben und Hehlern geraten.

\*

Manchmal wollte ich alledem ein Ende machen. Aber dann fand ich doch nicht den Mut dazu. Die dritte Lehrstelle verlassen – was würden meine Eltern dazu sagen? Irma drückte mir für die Fleischwaren, die ich brachte, gutes, hartes Geld in die Hand, Geld, mit dem ich, der ich nie wirklich Geld besessen hatte, in den Besitz von Dingen gelangte, von denen ich bislang nicht einmal zu träumen gewagt hatte: gutsitzende Anzüge, Schuhe, Hut, Krawatten, Hemden. Ich merkte, daß die Frauen und Mädchen mich wohlgefälliger musterten; auch Frau Farendla und ihre Töchter. Fragten sie sich nicht, woher ich das Geld hatte, mich derart herauszustaffieren? Ich wurde ein richtiges Gigerl, immer strikt nach der letzten Mode gekleidet: eng anliegende Hosen, langes schmales Jackett. Um die Taille trug ich einen handspannenbreiten Gürtel, an dem ein studentischer Bierzipfel baumelte. Knapp sechzehn Jahre alt, kaufte ich mir schon einen halbsteifen Hut, Melone genannt, rückte ihn elegant in die Stirn. Ein unentbehrliches Requisit war die lange Virginia-Zigarre, die ich allerdings nicht anzustecken wagte, weil ich bestimmt wie ein Reiher gekotzt hätte. In der anderen Hand schwenkte ich den ebenso unentbehrlichen Spazierstock mit versilbertem Knauf. An Frauen und Mädchen litt ich keinen Mangel mehr.

Meine Eltern waren mittlerweile richtiggehend bürgerlich geworden. Sie hatten sich entschlossen, das von meiner Mutter sauer erarbeitete Geld in das Haus Lange Gasse 13 zu stecken. Eines Sonntags mußte ich sie begleiten, um mir unser neues Haus anzusehen.
»Nun, Gustl«, fragte meine Mutter, strahlend vor Stolz, »wie gefällt dir's?« – »Überhaupt nicht«, knurrte ich.
Meine Mutter glaubte, schlecht gehört zu haben. »Was sagst du?«
»In so einem Haus möchte ich niemals leben«, sagte ich.
Ich hatte die Wahrheit gesagt. Dieses Haus, das das Glück meiner Eltern war, erschien mir schäbig, spießig, langweilig. Ich begriff nicht, warum ich hätte lügen sollen, ich begriff auch nicht, warum meine Mutter in Tränen ausbrach und mein Vater sich hastig verabschiedete und ins nächste Wirtshaus zog. Jawohl, ich haßte dieses Haus, und ich haßte es, was meine Eltern mir immerzu eindringlich vor Augen hielten: wie gut es für mich wäre, das Fleischhauerhandwerk zu erlernen und als Meister in dieses widerwärtige Haus zu ziehen. Ich wollte etwas ganz anderes. Was – das wußte ich selber nicht.

Mein Vater hatte gleich bei Kriegsbeginn Soldat werden müssen. Seine Kompanie bezog fürs erste in einer Grazer Schule Quartier. Mein Vater wurde degradiert. Er war eines Abends betrunken in die Kaserne gekommen, hatte dem Diensthabenden, der ihn deswegen zur Rede stellen wollte, links und rechts eine gelangt und geschrien: »Nehmt's mir meine Sterne! Ihr könnt sie haben ... ich scheiß drauf!« Er riß sie selber ab und warf sie dem Offizier vor die Füße.

Er flog in Arrest. Da er aber in nüchternem Zustand wohl ein annehmbarer Soldat gewesen sein muß, bekam er irgendwann wieder einen weißen Stern auf den Kragen.

Das Soldatenleben behagte meinem Vater. Er brauchte nicht viel zu arbeiten, trug keine Verantwortung und bekam auch sehr bald einen schönen Druckposten. Er wurde zur Bewachung der Wiener Hochquellenwasserleitungen nach Wildalpen im Obermariazeller Gebiet abkommandiert. Alle vier Wochen kam er auf Urlaub, trat ganz groß auf, fühlte sich als Held und redete, als käme er geradewegs von der Front.

\*

Wie aus heiterem Himmel wurde ich von einer merkwürdigen Krankheit befallen, von der ich selber eigentlich gar nichts merkte. Die Gesellen erzählten, daß mich im Schlaf Zuckungen überkämen, mir weißer Schaum auf den Lippen stünde, und ich mit Händen und Füßen um mich schlüge. Wenn ich schweißgebadet aufwachte, wisse ich von nichts.

Meine Mutter brachte mich zu Doktor de Crinis, dem Nervenarzt im Landkrankenhaus St. Leonhard. Natürlich übertrieb ich meinen Zustand maßlos, schilderte jedes Symptom in den düstersten Farben – immer in der Hoffnung, durch die Krankheit den verhaßten Beruf loszuwerden. Damit aber war es einstweilen nichts, ich wurde nur krankgeschrieben. Doktor de Crinis bezeichnete meine Krankheit mit einem langen lateinischen Namen und stach eine ebenso lange Injektionsnadel in meinen Arm. Der lange lateinische Name tat meiner Eitelkeit wohl, die Injektionsnadel tat mir weh. Ich schrie laut auf.

Dr. de Crinis, Dozent und späterer Professor, ist lange Jahre nachher mein Freund geworden. – Als 1945 eine Welt für ihn zusammenbrach, hat er sich das Leben genommen.

Meine Eltern hatten zur Krankenpflege so gut wie gar keine Zeit; aber Ludmilla, Verkäuferin in der Bäckerei Hans Regula gegenüber, kam alle Stunde zu mir heraufgesprungen, flößte mir heißen Lindenblütentee ein, überredete mich, Aspirin zu schlucken, steckte mir Kissen unter den Kopf, deckte mich sorgsam zu. Ich dampfte vor Schweiß und war ohne Bewußtsein. Vater, Mutter und Großmutter standen ratlos an meinem Bett.

Als ich aufwachte, war nur Ludmilla bei mir. Ich fühlte mich matt, aber sehr wohl und wünschte nichts sehnlicher, als ein ganzes Leben lang krank zu bleiben, Ludmilla bei mir zu haben und ihre Hände zu spüren. Daß sie zehn Jahre älter war als ich, kümmerte mich nicht. Ich fuhr mit den Lippen über ihre nackten, kühlen Arme. Ludmilla, schmal, blaß, dunkelhaarig, schön, liebte ich seit langem. Sie ging immer städtisch gekleidet, trug lange Röcke und hohe Knöpferlschuhe. Sie war siebenundzwanzig und ich sechzehn, aber, wie gesagt, ich liebte sie und war rasend eifersüchtig auf ihren Bosniakenfeldwebel, einen schönen Mann mit schwarzen Augen und prachtvollen, weißen Zähnen. Obendrein konnte er, wenn er mit seiner Abteilung morgens durch unsere Gasse marschierte, »Augen rechts« kommandieren, falls Ludmilla an der Ladentür stand. Dazu zog er seinen Säbel und blitzte damit herum. Gegen solche martialische Konkurrenz war unter normalen Umständen natürlich gar nicht anzukommen.

Trotzdem bin ich einmal der Stärkere gewesen. Ludmilla stand mit ihrem Bosniakenfeldwebel im Hauseingang, ich kam die Stiege hinunter. Er stand, ein wenig nach vorn gebeugt, mit dem Rücken zu mir. Ich konnte der Versuchung nicht widerstehen, hob den Fuß und trat ihm mit aller Kraft in den Hintern. Er fiel buchstäblich vor Ludmilla auf die Nase. Natürlich habe ich dann schleunigst Reißaus genommen. Ludmilla hatte insofern schon vor meiner Krankheit eine Rolle in meinem Leben gespielt. So nah wie jetzt war sie mir jedoch nie gewesen.

Als ich aus einer neuerlichen Schwitzkur erwachte, hörte ich Ludmilla von der Mutter ein Schlafhemd für mich verlangen. »Schlafhemd?« wiederholte meine Mutter. »Schlafhemd haben wir keins!«

So war es. Wir schliefen stets in den Hemden, die wir auch tagsüber trugen. Ich schämte mich schrecklich. Sobald wie möglich würde ich ein Schlafhemd kaufen, schwor ich mir. Ich war überzeugt, damit könnte ich Ludmilla imponieren.

Nach vierzehn glücklichen Krankentagen mußte ich wieder in die Wurstfabrik hinaus. Bei dem Gedanken an Ludmilla konnte ich abends nicht einschlafen. Ich war selig, als sie mich eines Tages telefonisch auf neun Uhr abends zum Postkasten am Dietrichsteinplatz bestellte.

Gleich nach der Arbeit rannte ich in den Kaufladen »Zum englischen Haus«, wo ich Schlafhemden in der Auslage gesehen hatte, schöne, weiße Schlafhemden mit roten und blauen Pasporten. Ich suchte das schönste und teuerste aus; aber wie konnte ich es Ludmilla am besten zeigen? Ich zog das Schlafhemd unter mein Taghemd an. Ludmilla sollte Augen machen, wenn ich, sobald wir irgendwo allein waren, das Taghemd ausziehen würde.

»Ich bekomme ein Kind von dir«, platzte sie ohne Umschweife heraus.

Ich muß sie wohl fassungslos angesehen haben.

»Ein Kind!« wiederholte sie aufgebracht. »Steh nicht so deppert da! Verstehst du nicht? Ein Kind, ich bekomme ein Kind von dir!« Sie brach in Tränen aus.

Ich habe noch nie eine Frau weinen sehen können. In meiner eigenen Ratlosigkeit wußte ich auch gar nicht, wie ich sie trösten sollte. Auf alle Fälle führte ich sie erst einmal in ein Café, und als sie immer noch nicht aufhören wollte zu weinen, versprach ich ihr, sie zu heiraten. Sie sah mich wütend an:

»Heiraten? Dich dummen Bub?«

Das hätte sie nicht sagen dürfen – ich war sehr beleidigt.

Und dann rückte sie damit heraus, daß es in Steyr einen braven, rechtschaffenen Mechaniker gab, der sie gar zu gern heiraten wollte. Sie war schon lange mit ihm verlobt und nur nach Graz in Dienst gegangen, um die Aussteuer zusammenzusparen. Er ahnte weder vom Bosniakenfeldwebel etwas, noch von mir.

Ich gestehe, daß ich sehr erleichtert war und auch gar nicht mehr traurig, daß ich nun wohl kaum noch Gelegenheit haben würde, mich

Ludmilla im Schmucke meines schönen weißen, blaupaspelierten Schlafhemds zu zeigen.

Der Abschied von Ludmilla war schwer, aber Ludmilla vergoß keine Träne mehr. Mit einem Kind unter dem Herzen, meinem Kind, fuhr sie nach Steyr, wo der Mann sie erwartete, der sie heiraten wollte.

Ich war ganze sechzehn Jahre alt, und es dauerte nicht lange, da hatte ich Ludmilla ganz und gar vergessen. Daß ich Vater werden sollte – was war schon weiter dabei. Sie würde ein Kind bekommen ... nun gut, alle Frauen bekamen schließlich Kinder, früher oder später. Daß ich etwas bezahlen müßte oder gar vor Gericht geholt werden würde, kam mir gar nicht erst in den Sinn.

Baß erstaunt hielt ich eines Tages ein amtliches Schreiben in den Händen, in dem ich aufgefordert wurde, mich als Kindsvater im Bezirksgericht in der Nelkengasse einzufinden.

*

Man schrieb das Jahr 1916. Kaiser Franz Joseph I. mußte seine vielgeliebte Virginia-Zigarre für immer aus der Hand geben und sich zum Sterben hinlegen. Das Rindfleisch, das er sich jeden Mittag aus dem Hotel Maisel und Schadn holen ließ, wurde kalt. Es klingt unglaublich, aber so ist es gewesen: Der Kaiser und König von Österreich und Ungarn, einer der reichsten Monarchen der Welt, hatte sich Tag für Tag gekochtes Rindfleisch aus der Hotelküche holen lassen. Manch einer hat gefragt, warum dieses Fleisch nicht in der Hofburg für den Kaiser bereitet wurde. Die Antwort lautete: Man hätte jeden Tag einen ganzen Ochsen schlachten müssen, um das beste Stück, wie es der Kaiser liebte, herauszuschneiden. Warum also einen Ochsen schlachten, wenn man das Fleisch genausogut aus dem Hotel holen konnte. Der Kaiser war nicht nur sparsam, er war auch sehr konservativ. Es gab in der Hofburg kein einziges Badezimmer. Franz Joseph I. ließ sich allwöchentlich zweimal, gleich nachdem er sein eisernes Feldbett verlassen hatte, in einer Gummiwanne waschen und bürsten. Der Bademeister, dem diese Prozedur oblag, mußte im Frack seines Amtes walten.

Mochte der Kaiser also augenscheinlich ein bedürfnisloser, bescheidener Mensch gewesen sein und sich wirklich als erster Diener seines Staates gefühlt haben; trotzdem (oder vielleicht gerade deswegen?) besaß er keine Freunde im Volke und auch sonst nicht.

Der neue Kaiser, auf den die kämpfenden Truppen und die Staatsdiener alsbald vereidigt wurden, war einer jener Kaiserneffen, die ich vom Jagdschloß Mürzsteg her kannte. Er bestieg den Thron als Karl I. Die Embleme wurden geändert; statt F. J. I. hieß es jetzt K. I., weiter änderte sich nichts; der Krieg ging an allen Fronten weiter. Es wurde weiter fleißig Kriegsanleihe gezeichnet. Wer Kriegsanleihe zeichnete, bekam einen Urlaub von der Front. Wer Kriegsanleihe zeichnete und obendrein zum selben Zeitpunkt etwa eine Herzmuskelentzündung – wie mein Vater – vorweisen konnte, wurde vom Kriegsdienst befreit.

Wenn man den Heeres- und den Zeitungsberichten Glauben schenken wollte, waren unsere Soldaten an allen Fronten siegreich. Die Wirklichkeit mußte wohl anders aussehen. Denn wie sonst wären die wachsende Zahl der Fahnenflüchtigen und das geflügelte Wort »Karl ade, Hunger tut weh!« zu erklären gewesen?

Auch für die Zivilbevölkerung wurden die Lasten des Krieges immer spürbarer, die Versorgung mit dem Lebensnotwendigsten immer spärlicher und die Zahl der Drückeberger im Hinterland, die daraus gerissen und hemmungslos ihren persönlichen Nutzen zogen, immer größer.

\*

Am Tag meiner Gesellenprüfung und Lossprechung zerlegte ich fachgerecht ein Schwein, tötete einen ansehnlichen Stier und arbeitete ihn unter den Augen der Prüfungskommission auf. Nachdem ich vom noch dampfenden Fleisch bis zur Wurstfüllung alles den Regeln nach ausgeführt hatte, durfte ich mit stolzgeschwellter Brust einen schönen Lehrbrief mit der Note »Vorzüglich« entgegennehmen.

Jetzt war ich also ausgelernter Fleischer. Ich hatte mir immer schon vorgenommen, an diesem Tag zu kündigen. Ich kündigte, weil ich von der Fleischhauerei endlich loskommen wollte und weil ich hoffte, durch diesen Schritt auch meinen Liebeleien und Betrügereien ein Ende zu machen. Aber es gelang mir nicht, wie sich noch zeigen wird. Es ist gar nicht so einfach, ein anständiger Mensch zu werden, wenn man erst auf der schiefen Ebene ist. Es war eigenartig, immer zog es mich dorthin, wo ich gar nichts zu suchen hatte; dauernd trieb es mich auf die Straße.

Auf der Straße traf ich auch meinen Schulfreund Franz wieder, dem ich als Junge immer geholfen hatte, Sachen zu verkaufen, die er seinen lieben und noblen Tanten geklaut hatte. Jetzt trat Franz als eleganter Stutzer mit offenbar viel Geld auf. Er lud mich sogleich in das Spezialitätentheater »Orpheum« ein. Dort tanzten »Die acht Germanias«, appetitliche, zwar feldgrau, aber sehr spärlich bekleidete Mädchen, die trotz der Pickelhauben auf den üppigen blonden Haarschöpfen nichts ausgesprochen Soldatisches an sich hatten. Ich traute meinen Augen kaum, als Franz – der Tausendsassa besaß wahrhaftig Visitenkarten! – eine Karte mit einer Einladung für zwei der Mädchen nach der Vorstellung zu einem Glas Champagner hinter die Bühne schickte. Aber statt der zwei nahmen alle acht Germanias an unserem Tisch Platz. Die Kehlen der Damen schienen vom vielen Gesang sehr trocken zu sein.

Da wir mit acht Germanias nichts anfangen konnten, empfahlen wir uns bald und zogen weiter »Zum roten Turm«, einem sehr anrüchigen Lokal.

Dort lernte ich die Kellnerin Hansi kennen, an die ich noch lange denken sollte. Hansi war sehr zutraulich. Sie streichelte mich und sagte, ich sei der schönste Mann, der ihr je begegnet sei. Sie sagte: Mann. Bisher hatten alle Mädchen und Frauen »Bub« gesagt. Die gute Meinung, die ich von Hansi und der mit ihr verbrachten Nacht gewann, schlug einige Tage darauf ins genaue Gegenteil um. Ich fühlte mich sehr schlapp, ich fieberte. Was war los mit mir? Ich entschloß mich, zum Arzt zu gehen. In der Haustür begegnete mir der Rechnungsfeldwebel Michael.

»Na, Gustl?« fragte er lachend.

Ich nickte stumm.

Er lachte noch lauter. »Ich glaube fast, wir sind verschwägert, was? Hat sie dich auch angesteckt, die schöne Hansi?«

Da wußte ich Bescheid.

»Geh nur hinauf, Gustl«, riet er, »sei ein vernünftiger Bub!«

Dr. Heß untersuchte mich, dann sah er mich durchdringend an und sagte: »Weit haben Sie es gebracht, junger Mann! Wenn ich Ihr Vater wäre, würde ich Sie jetzt übers Knie legen und Ihnen fünfundzwanzig auf den nackten Arsch verpassen. Schämen Sie sich, kaum über den Tisch schauen können und schon . . . pfui Teufel!« – Er sagte noch, daß er mich beim Gesundheitsamt anzeigen müsse, als Fleischhauer dürfe ich einstweilen nicht mehr arbeiten, weil Gefahr bestünde, daß ich die Kunden anstecke.

Empört erzählte ich die ganze Geschichte zwei anderen hoffnungsvollen Jünglingen, damals richtige »Pülcher« wie ich selber, aber heute hochangesehene Bürger. Sie bestärkten mich in dem Vorsatz, der Hansi einen Denkzettel zu verpassen.

Mit den nötigen Utensilien bewaffnet, betraten wir drei eines Nachts das Lokal »Zum roten Turm«. Einer hielt die Hansi fest, der andere zog ihr die Hose herunter, und ich strich ihr den Hintern kreuz und quer mit Eisenlack an. Hansi schrie wie am Spieß, vergeblich. Der Überfall war so überraschend gekommen, daß die Gäste erst begriffen, als schon alles vorüber war.

Wir wußten, die Hansi würde uns so leicht nicht vergessen und sobald nicht wieder jemanden anstecken. Eisenlack läßt sich nämlich nicht abwaschen oder mit einem chemischen Mittel entfernen; er muß sozusagen aus der Haut herauswachsen.

\*

Meine Eltern wollten nun, da sie inzwischen in den Stand der Hausbesitzer aufgestiegen waren, auch am geselligen Leben der Stadt teilnehmen. Ich wurde bei der vornehmsten Tanzschule von Graz eingeschrieben, die ein alter Herr aus reichsdeutschen Landen führte, ein richtiger »maître de plaisir«, den alle Welt mit »Herr Professor« anredete. Seine Schwiegertochter, Frau Käthe Eichler-Gehrlein, deren Mann an der Front war, stand ihm zur Seite.

Die Töchter und Söhne der Grazer Bürger sahen es gar nicht gern, daß ich an ihrem Tanzkurs teilnahm, denn das Wort Fleischhauer klang nicht gut in ihren Ohren. Aber da ich einer der begabtesten Tänzer war und obendrein jederzeit Fleisch und Wurst auf das Büfett legen konnte, zog man es vor, den »Fleischhauer«-Makel zu ignorieren.

Ich tanzte am liebsten Walzer, und am allerbesten gefiel mir der Faustwalzer. Am Klavier saß eine adelige alte Jungfer, die mit ihrem Spiel Abend für Abend ein paar Kreuzer verdiente. Sie war ein bißchen verschroben, trotzdem mochte ich sie gut leiden. Immer brachte ich ihr ein Stück Wurst oder Fleisch mit, und zum Dank dafür spielte sie, so oft ich wollte, den Faustwalzer.

Um den gutsituierten Bürgersöhnen, den Studenten, den Fähnrichen an Großzügigkeit, Eleganz, Schneidigkeit nicht nachzustehen, hatte ich mich unglaublich herausgeputzt. Der Smoking mit dem breiten glänzenden Revers stammte vom Trödler, die Wäsche war – kriegsbedingt – aus Papier. Nach jedem Walzer mußte ich den Hemdkragen und die Manschetten mit der Schere glattschneiden, so daß sie immer kleiner und kleiner wurden. Tagsüber löste ich Fleisch aus, kochte Würste und ließ Speck aus, nachts spielte ich den Elegant. Ich mußte immer Mengen von parfümiertem Wasser über meine Hände gießen, bevor ich den widerwärtigen Geruch von Blut, Rauch und Schmalz nicht mehr wahrnahm. Am liebsten hätte ich den Fleischhauergesellen wie eine eklige Haut abgestreift. Und so oft ich es finanzieren konnte, erschien ich im Einspänner vor der Tanzschule, während die anderen zu Fuß oder mit der Trambahn kamen. Ich wollte eben um jeden Preis imponieren.

Trotz der wenigen Stunden Nachtruhe, die ich meinem Lebenswandel zufolge damals hatte, stellte mir Herr Franz Binder, seines Zeichens »Erzeuger aller Gattungen von Würsten, feinen Grazer Schinken, Delikateßkarrees, Rauchfleisch, Speck, Schweinefett etc.«, als Selcher- und Fleischhauergeselle folgendes Zeugnis aus:

»Für Herrn Gustav Johann, Lehrzeugnis in Faksim., geboren 1900 zu Graz, welcher in der Zeit vom 12. März bis 25. August 1917 anschließend an seine Lehrzeit als Gehilfe in meiner Selchwaren- und Wurstfabrik tätig war. Genannter hat sich während der angeführten

Zeit durch Treue, Fleiß und nettes Betragen meine vollste Zufriedenheit erworben, so daß ich ihn jedermann aufs Beste empfehlen kann. Er scheidet auf sein eigenes Ansuchen und lohnbefriedigt aus meinem Haus. Graz am 25. August 1917.«

Ob der Meister nicht gewußt hat, was für ein Tunichtgut ich war?

\*

So merkwürdig es auch klingen mag: Nach der ansteckenden Erfahrung mit Hansi hatte ich erst richtig Geschmack an der Fleischeslust bekommen. Wahllos tappte ich zu, es war mir gleichgültig, ob ein junges Mädchen oder eine verheiratete Frau in meinen Händen blieb. Gleichgültig auch, ob sie schön oder älter, jung oder häßlich war. Diese Abenteuer bedeuteten mir nichts weiter als eine kurze Spanne Lust, der unmittelbar darauf völlige Gleichgültigkeit folgte. Ich fand es lästig, und es war mir obendrein unverständlich, warum die Frauen, die sich so bereitwillig hingaben, nachher, wenn doch schon alles vorbei war, immer noch zärtliche Worte und Liebkosungen von mir forderten. Ich begann die Frauen, die nachher so schwer abzuschütteln waren, verächtlich zu finden. Ich selber aber kam mir großartig vor; die leichten Erfolge schmeichelten meiner Eitelkeit; unter Freunden hieß ich »der Stier von Graz« – und darauf bildete ich mir allerhand ein. Um diesem Spitznamen gerecht zu werden, sah ich es beinahe als Sport an, aufs Horn zu nehmen, was ich kriegen konnte. Als auch das seinen Reiz für mich verloren hatte, mußte ich mir etwas Neues einfallen lassen.

In der Mühlgasse gab es ein Freudenhaus. Dort ging ich hin.

Kaum war ich eingetreten, kam auch schon eine der Liebesdienerinnen auf mich zu: »Bubi, komm mit mir, ich werd' dir 'was Schönes zeigen!« Das stupsnäsige Gesicht unter der dicken Schminke wirkte eher häßlich als schön, aber die hohen Backenknochen und die schrägstehenden grünen Augen gaben ihm einen aparten Reiz. Gespannt folgte ich ihr aufs Zimmer.

»Wieviel Geld hast du?« fragte sie. Ihre Stimme hatte einen rauchigen, aber angenehmen Klang.

»Drei Kronen.«

»Na, dann gib mir mal das Geld«, sagte sie. Als sie es hatte: »Jetzt, Bubi, mußt du ganz schnell machen, ich hab' nicht viel Zeit!«

»Zieh dich aus«, forderte ich.

»Du bist ein Trottel. Für drei Kronen? Wenn du noch eine Krone drauflegst . . . dann ja!«

Ich angelte eine weitere Krone aus meinen Taschen. Geschwind zog sie sich splitternackt aus. Ihr heller, straffer Körper, die schmalen Hüften, die kleinen, hochsitzenden Brüste, das flaumigblonde krause Haar, wirkten jung, beinahe unverbraucht. Ich wollte zupacken, denn ich dachte, nun könnte es losgehen, aber sie wehrte unwillig ab: »Nein . . . jetzt ist Schluß!«

Ich weiß, es ist nicht gerade fein, was ich jetzt erzähle, aber es ist die Wahrheit. Dieses Mädchen, das sich bezahlen ließ und nichts dafür leisten wollte, versetzte mir, als ich nochmals, nun schon unsanft und begehrlich, zupackte, einen deftigen Nasenstüber. Ich war genausowenig fein wie sie, verpaßte ihr eine saftige Ohrfeige, ließ sie stehen und die Tür hinter mir ins Schloß knallen. Ich hörte sie noch hinter mir herschreien: »Gauner, Zuhälter . . . Schuft . . . Strizzi!«

Ich schwor mir, dieses Freudenhaus, das in meinen Augen eher eine Räuberhöhle war, nie wieder zu betreten.

Acht Tage später war ich wieder dort. Ich hatte mich kaum im »Salon« unter den bereitwilligen Mädchen umgesehen, als Rosa, das Affengesicht, wie ich sie abfällig insgeheim nannte, an mir vorüberschlenderte. »Pah . . . der Fleischhauerkavalier«, sagte sie in wegwerfendem Ton.

Ich war damals für meine Begriffe ein eleganter Bursche, der sich gelegentlich sogar eigenwillige Modeideen leistete. So hatte ich mir selber zwei Perlmuttknöpfe auf die Hosenaufschläge genäht und hielt das für totschick, obwohl andere darüber spöttelten.

Um meiner Unsicherheit Herr zu werden, setzte ich das Orchestrion in Gang. Es dudelte los: »Hupf mei Mäderle, hupf recht hoch! Hupf und schrei hurra . . .«

»Affengesicht« schlenderte wieder vorbei: »Na, hat sich der junge Herr schon beruhigt?«

Ich hatte mir vorgenommen, von Rosa keine Notiz zu nehmen. Aber es ist schwer, ein Mädchen zu übersehen, das hübsch gewachsen und wenig bekleidet ist. Sie nahm mir sacht die kalte Zigarette aus den Lippen – das Rauchen vertrug ich immer noch schlecht – mit der Frage: »Immer noch beleidigt?«

Ich gab keine Antwort.

»Na, ich denk', der schöne junge Herr wird sich schon beruhigen«, versuchte sie es wieder, und schließlich packte sie mich beim Arm. »Komm, ich möchte dir 'was zeigen!«

Ich folgte ihr, brav wie ein Bernhardinerhund. In ihrem Zimmer stellte sie einen Likör und ein Stück Torte vor mich hin; ich wußte gar nicht, wie mir geschah.

»Jeden Tag hab' ich gewartet, daß du kommst«, sagte sie wie nebenbei.

»Aber ... wieso denn?« fragte ich erstaunt.

Ihre schrägen Augen sahen mich gerade und ernsthaft an. »Ich hab's mir überlegt«, sagte sie dann unverblümt, »du gefällst mir, und ich möchte, daß du mein Liebhaber wirst. Magst du?«

Ich zögerte mit der Antwort.

»Du brauchst nichts zu bezahlen«, fügte sie sachlich hinzu, »ganz bestimmt nicht, zahlen müssen die anderen! Dich brauch' ich fürs Herz.« Ich glaubte jedes Wort und fühlte mich außerordentlich geschmeichelt.

»Ich werde viel, viel Geld verdienen ... für dich! Du brauchst nicht zu arbeiten, wir werden ins Kino gehen, ich werde dir schöne Sachen kaufen! Du kannst essen und trinken, was du willst!«

Diesmal brauchte es keine Bitte, sich auszuziehen; ihre Sachlichkeit und Eile irritierten mich, und ich wußte nicht recht, ob ich ihrem Beispiel folgen sollte. Sie nahm mir die Entscheidung ab, indem sie mich mit flinken Händen aus dem Anzug schälte. Ihre nackte Nähe ließ mich vor Begierde zittern. Tapsig wie ein junges Tier wollte ich mich ihrer bemächtigen, aber sie wehrte mit einer geschmeidigen Bewegung ab. Ich verstand sie erst, als ihre Hände, ihre Lippen weich über meinen Körper strichen. Rosa war keine gelernte, sie war eine geborene Buhlerin. Sie bereitete mir eine bis dahin ungeahnte Lust. Auch hinterher verlangte sie weder Zärtlichkeiten noch Liebesbeteuerungen, im Gegenteil, sie fuhr schon eilig in die Kleider, als ich noch mit geschlossenen Augen dalag.

»Du mußt gehen«, sagte sie und warf mir meine Sachen zu. »Ich habe einen Herrn bestellt!«

»Laß den Herrn sausen!«

»Dummkopf, der zahlt zwanzig Kronen. Die Mama würde einen schönen Spektakel machen, wenn ich die Freier wegschickte.«

Mir paßte es nicht, daß sie einen Freier erwartete, ich beharrte darauf, daß sie ihn wegschicken sollte.

Es gab ein heftiges Wortgefecht; diesmal war es Rosa, die die Tür öffnete und mich hinauswarf. »Du Tochter einer Hündin!« schimpfte ich, weil mir nichts Ärgeres einfiel.

Am nächsten Tag und noch viele, viele weitere Tage trieb es mich wieder zu Rosa. Das Freudenmädchen war die erste Frau, die mich wirklich die Liebe lehrte – jedenfalls die körperliche Liebe. Ich bin ihr für alles, was sie mir gegeben hat, ehrlich dankbar gewesen.

*

Ohne Furcht, aber auch ohne Freude trat ich eine neue Stellung an. Ich war Geselle, Prügel würde man mir also keine mehr verpassen, und was konnte mir sonst Arges noch passieren? Tatsächlich fühlte ich mich bei der Witwe Bock ganz wohl. Das Essen war gut und vor allem die Arbeitszeit kürzer. Zwar standen die Gesellen auch hier schon um drei Uhr in der Frühe auf, dafür waren wir aber auch meist schon nach zwölf Stunden mit der Arbeit fertig, und ein freier Nachmittag und Abend lagen vor uns. Diese Arbeitszeit paßte mir sehr. Deshalb nahm ich es in Kauf, daß es um die sonstigen Arbeitsbedingungen bei der Witwe Bock (das Wurstbrät mußte zum Beispiel noch mit der Hand gerührt werden) geradezu vorsintflutlich bestellt war.

*

Als Geselle bei der Witwe Bock entwickelte ich eine starke Neigung zur Operette; »Csardasfürstin«, »Walzertraum«, »Wiener Blut« konnte ich immer wieder anschauen. In der Operette »Der Graf von Luxemburg« bin ich sage und schreibe fünfzehnmal gewesen. Ich traute mich aber niemals auf einen besseren Platz als auf die Galerie in der sechsten oder siebenten Reihe, manchmal war es auch Stehplatz hoch oben »im Juché« – so wurden die Stehplätze unter dem Dach im Grazer Opernhaus genannt. »Der Graf von Luxemburg« faszinierte mich selbst aus dieser höchsten Höhe; ich applaudierte und schrie »bravo«, bis die Kehle heiser war. Wenn René, der Graf von Luxemburg, im weißseiden gefütterten Frackmantel die Bühne betrat und sein Lied sang: »Lirilirilari, das ganze Geld ging tschari, verjuxt, verspielt, verputzt, vertan, wie's nur ein Luxemburger kann . . .«, vergaß ich fast das Atmen, so tief war ich beeindruckt. Das war mein Traum, ein Leben zu führen wie der Graf von Luxemburg, so überlegen, so charmant, so leichtsinnig zu sein wie er. Ihm wollte ich es eines Tages gleichtun, und sobald ich etwas Geld beisammen hatte, wollte ich mir als erstes einen weißgefütterten Frackmantel machen lassen. René, der Graf von Luxemburg, hatte es mir angetan, schon der Name war mein Idol. Später, so beschloß ich, würde ich mir diesen Namen zulegen. Ich habe es wahrhaftig getan. Meine ersten schriftstellerischen Arbeiten trugen das Pseudonym Hans René, und auch meine ersten Schritte beim Film machte ich unter diesem Traumnamen – Hans Gustl, das erschien mir entsetzlich hausbacken und bürgerlich. Den Namen René habe ich erst abgelegt, als ich hörte, daß ein Damenimitator sich genauso nannte. Reumütig kehrte ich zu dem Namen zurück, mit dem ich auf die Welt gekommen war.

Nicht nur ich, sondern noch eine ganze Schar junger Männer hätte mit Vergnügen das Waschwasser der Operettendiva Anni Münchhof – sie ging später nach Hamburg an die Oper – ausgetrunken! Und eine Zeitlang war ich auch in ein süßes Fräulein Meinsky verliebt, aber am meisten bewundert und beneidet habe ich doch den Mann, der den Grafen von Luxemburg darstellen durfte, Willi Agel. Er war so erzählte man in Graz, bevor er Schauspieler wurde, Beamter in der städtischen Leichenbestattungsanstalt gewesen. Dann hatte er eine Fleischhauermeisterin, die Frau Osterer, geheiratet, eine schöne Person, bei der ich eine Weile als Geselle arbeitete. Der Operettentenor persönlich ließ sich hin und wieder, elegant wie aus dem Modejournal, im Wurstzimmer sehen und sprach herablassend freundlich mit uns. Als ich ihm bekannte, daß ich auch eines Tages Schauspieler werden wollte, lachte er. »Dazu bist du viel zu dumm, Bürscherl . . .

Hirn muß man haben«, erklärte er eingebildet und pochte mit dem Fingerknöchel an seine Stirn.

Nun ja, mit dem Hirn muß es bei ihm selber auch nicht allzuweit her gewesen sein. Als er nicht mehr bei Stimme war, wollte kein Mensch mehr etwas von ihm wissen. Die Fleischhauerei Osterer war »verjuxt, verspielt, verputzt, vertan«, und es blieb den beiden nichts anderes übrig, als auf dem Grazer Hauptplatz Gemüse zu verkaufen.

*

In der Zeit habe ich einige Mädchen verführt, nicht aus Liebe und Leidenschaft, sondern aus Zorn. Es waren Töchter aus gutem Hause, hübsche, hochnäsige junge Dinger, die sich tagsüber nur ja nicht mit mir sehen lassen wollten. Die Tatsache, daß ich mit kaum sechzehn Jahren Kindsvater geworden war, genügte, um mich in der bürgerlichen Gesellschaft unmöglich zu machen. Mein Ruf war schlecht, mein Auftreten, auf das ich mir so viel einbildete, alles andere als solide: Ich war eben kein Umgang für ein Mädchen aus gutem Hause. Wenn es aber dunkelte, die unbeleuchteten Gassen ein halbwegs sicheres Versteck boten, dann war ich der Richtige, dann taten die tagsüber so wohlerzogenen, scheinbar zurückhaltenden Mädchen, wonach ihnen der Sinn stand, und ich sah keinen Grund, das heimlich Gebotene zu verschmähen. Mochten sie anderntags in Gegenwart anderer Leute auch kein Wort mit mir sprechen: Ich wußte, was ich gehabt hatte.

*

Um der lieben Abwechslung willen war ich hocherfreut, als Hans Sommerauer, seines Zeichens Fotograf und Chorsänger beim Grazer Theater, vor der Vorstellung sagte: »Gustl, nachher zeig' ich dir, was man alles fotografieren kann!« Ohne lange zu fragen, erbot ich mich sogleich, für Hans Sommerauer den schweren Kamerakasten zu schleppen. An Ort und Stelle eines gepflegten Hauses angelangt, fanden wir eine Gesellschaft dort versammelt – aber was für eine Gesellschaft! Vor lauter Verblüffung bekam ich Stielaugen und den Mund nicht mehr zu. Ich müßte lügen, wenn ich behaupten wollte, jemand von diesen Damen und Herren erkannt und gekannt zu haben: All die Damen und Herren in den vornehmen Räumen traten so auf, wie Gott sie geschaffen hatte – splitterfasernackt. Das heißt, die Damen trugen Schmuck und manche Herren hatten die Schuhe anbehalten. Ich war einfach starr vor Staunen.

Hans Sommerauer schien nicht weiter verblüfft. Entweder hatte er dies und nichts anderes erwartet, oder er kannte ähnliche Gesellschaften vom Theater oder sonstwo her. Ohne Worte zu verlieren, schraubte er die Kamera aufs Stativ, ließ sich von mir die großen Glasplatten reichen, rief: »Achtung, Aufnahme!« und knipste los. Ich hielt dabei die Schaufel mit dem Blitzlicht.

Ich wußte nicht, wohin ich zuerst blicken sollte, so viel Nacktheit – rosige, weiße, bräunliche, glatte und behaarte – hatte ich in meinem Leben noch nicht gesehen. Die Damen und Herren bewegten sich so ungezwungen, als ob Nacktheit ein ganz natürlicher Zustand wäre. Daß diese Damen und Herren total entblößt miteinander tanzten, lachten und scherzten, erregte mich am allermeisten. Es wurde viel getrunken, und allmählich machte sich der Alkohol auch bemerkbar. Ein nackter Mann mit Zylinder mußte sich erbrechen, aber niemand nahm Anstoß daran; nackt und betrunken saß man auf dem teppichbelegten Boden oder in den tiefen Sesseln herum.

»So, Schluß für heute!« entschied Hans Sommerauer endlich, und wir packten zusammen.

Ich hätte offen gestanden nichts dagegen gehabt, noch zu bleiben, aber mein Freund gab mir einen unmißverständlichen Rippenstoß, und so blieb mir nichts weiter übrig, als das Stativ zu schultern. Beim Hinuntergehen hörten wir ein Poltern an der großen Vordertür. Hans Sommerauer flüsterte: »Rasch zur Hintertür!«

Zu spät. Die Hausmeisterin, im langen Nachthemd, einen grauen, kleinen Haarschwanz im Nacken, schob soeben den Riegel an der Haustür zurück.

Vor den eindringenden Wachleuten sank sie jammernd in die Knie: »Mit der nackerten Bagasch' da oben hab' i nix zu tun, gnädiger Herr! Gar nix! I' bin meiner Lebtag eine anständige Frau gewesen, i' kann nix dafür!«

Was sie sagte, war nur die halbe Wahrheit; die zwei Kronen, die jeder Einlaß Begehrende ihr in die Hand drücken mußte, verschwieg sie. Während dieser Szene hatten wir uns sachte wieder nach oben verzogen. Die Gäste stoben wie die Hühner auseinander, als sie die Wachmänner eintreten sahen. Plötzlich schienen sie sich sehr nackt vorzukommen. Die Herren befleißigten sich, die Damen aus dem Raum zu bugsieren, aber die Polizisten verstellten die Tür. So mußten alle bleiben, wo und wie sie waren.

Die Wachmänner waren mindestens so verschreckt wie die Gäste und schämten sich nicht weniger. Sie wußten gar nicht, wohin sie schauen sollten. Einer schrie laut: »So eine Sauerei! So was hab' ich in meinem ganzen Leben noch nicht gesehen! Das wollen feine Leut' sein!? Und das, wo unsere Soldaten verrecken!«

Hans Sommerauer ließ sich nicht einschüchtern. Als ein Wachmann ihn beim Arm packte, riß er sich los. »Was wollen Sie denn von mir?« fragte er frech. »Ich bin ein Künstler, verstehen Sie? Für mich ist dieser Ball ein künstlerisches Erlebnis. Eine Kunstangelegenheit. Und schließlich, falls Sie es noch nicht wissen sollten, leben wir ja im Zeitalter der Aufklärung!«

»Aufklärung nennen Sie das? Eine Schweinerei ist das, wenn Sie mich fragen!«

»Sie hat aber niemand gefragt, Herr Wachtmann! Was die Herrschaften hier miteinander machen, geht Sie einen Dreck an. Jawohl, einen großen Dreck. Sie werden noch Ihr Wunder erleben!«

Als eine der Damen aufgebracht ihre Kleider verlangte, benutzte Hans Sommerauer die Gelegenheit, mir die Kassette mit den Platten in die Hand zu drücken: »Verschwinde, aber geschwind«, flüsterte er mir zu. Brav versuchte ich diesem Geheiß zu folgen, obwohl ich nicht sah, wie das möglich sein sollte. Es war auch nicht möglich. Ein Wachmann griff mich beim Rockkragen: »Naa, Bürscherl, bleib schön da«, sagte er. »Wo willst hin? Was hast denn da in der Hand?«

Ich riß mich los, aber – wie das eben nur mir passieren konnte – ich stolperte über einen total betrunkenen nackten Mann zu Boden. Die Kassette mit den Glasplatten machte dabei ein höchst verdächtig klirrendes Geräusch.

Hans Sommerauer, blaß vor Wut, weil er die Ausbeute seiner Nachtarbeit verloren sah, sprang auf mich zu, haute mir links und rechts eine runter, und »Idiot übereinander, der du bist« schrie er, »Obertrottel!«

Aber nicht nur Ohrfeigen erntete ich auf diesem Ball der Nackten, sondern auch die Gunst zweier adeliger Damen. Die eine war eine Komteß, kaum achtzehn Jahre alt, die andere ihre gräfliche Mutter.

Als der Wachtmann der Gesellschaft endlich erlaubte, sich wieder zu bekleiden, begann ein solches Geraufe um die Garderobe, daß die beiden Damen es vorzogen, sich meinen Kittel, meinen Rock und obendrein meine Begleitung für den Heimweg auszubitten. Mit Freuden kam ich ihren Wünschen nach. Ein Einspänner führte uns in die noble Elisabethstraße, wo links und rechts die Häuser der tonangebenden Bürger standen.

In einem dieser vornehmen Häuser der Elisabethstraße durfte ich den Rest der Nacht mit den überaus aktiven Damen verbringen. Am hellen Mittag des nächsten Tages konnte ich meinen Hut nehmen und »Danke schön!« sagen. Mutter und Tochter waren große Klasse gewesen – sie hatten mich in mancherlei Hinsicht einiges gelehrt.

Ein Glück für mich, daß dieser Tag ein Sonntag war, so daß ich mich ausschlafen konnte.

*

An dem Tag, an dem auch ich den Musterungsbescheid zu den Soldaten erhielt, war ich fast achtzehn Jahre alt.

Mein Vater freute sich. »Na endlich«, sagte er, »schaden tut es ihm nicht, daß er mal lernt, wie es beim Militär zugeht!« – Daß man als Soldat auch eher sterben kann, daran dachte er nicht.

Im Saal einer ehemaligen Brauerei in der Grenadiergasse mußten wir antreten, Burschen zwischen siebzehn und achtzehn Jahren. Splitternackt mußten wir uns besichtigen lassen, von hinten und vorn, Kniebeugen machen und den Mund aufreißen. Ich erfuhr, daß ich tauglich war.

Mein Vater, betrunken, fiel mir vor allen Leuten um den Hals: »Gustl, ich bitt' dich, mach mir keine Schand'!«

Als wir jungen Rekruten die Hand hochhielten, um den Schwur auf Gott, Kaiser und Vaterland zu leisten, schwor mein Vater begeistert mit.

»So, Gustl« sagte er ergriffen, »jetzt ist's aber Zeit, daß wir etwas trinken!«

Das taten wir so ausdauernd, daß wir erst am nächsten Morgen nach Hause fanden. Natürlich empfing uns meine Mutter mit Vorwürfen. »Resi, das verstehst du nicht«, sagte mein Vater kalt, »glaub' mir, aus dem Gustl wird einmal ein General!«

Obwohl es ganz so aussah, daß ich nun bald würde helfen dürfen, mein Vaterland zu verteidigen, wurde nichts daraus. Denn der Krieg neigte sich dem Ende zu; mein Jahrgang kam nicht mehr an die Front. Trotzdem bin ich doch ein bißchen dabeigewesen, bei den »Jungschützen« nämlich, einem Freiwilligenhaufen von Burschen, die sozusagen auf eigene Faust, zum Beispiel in Italien, kämpften. Keiner von ihnen hatte das wehrpflichtige Alter. Die Italiener erkannten die »Jungschützen« nicht als reguläre Truppe an. Fingen sie einen, knüpften sie ihn ohne weiteres am nächsten Baum auf. Darüber wurde damals viel in den Zeitungen lamentiert, aber es hielt mich nicht davon ab, mich einem solchen Jungschützentrupp anzuschließen. Ohne Federlesens wurde, wer mitkämpfen wollte, mit offenen Armen aufgenommen. Ich sah mich schon im Geiste mit einer Tapferkeitsmedaille ausgezeichnet, als es meinem Vater gelang, mich ausfindig zu machen; ich mußte die Uniform ausziehen und dem Traum vom lustigen Soldatenleben entsagen.

Mein Vater hat es damals bestimmt sehr gut mit mir gemeint. Hätte er gewußt, wie es um meinen Lebenswandel im Hinterland bestellt sein würde, wer weiß – vielleicht hätte er mich doch lieber mit den Jungschützen in den Krieg ziehen lassen.

\*

Der Krieg war verloren. Kaiser Karl I., dem man nichts Gutes und nichts Schlechtes nachsagen konnte, hieß nicht länger Kaiser Karl, sondern schlicht Karl Habsburg. Er und seine Familie gingen außer Landes, in die Schweiz; die Monarchie war abgeschafft, die Republik ausgerufen. Aus den Fenstern hingen rote Fahnen, und statt mit »Herr« redete man sich eine Zeitlang mit »Bürger« an. Wir wurden nun von Bürgern regiert. Sozialistenführer Bürger Karl Renner wurde das Staatsoberhaupt, Sozialistenführer Bürger Seitz wurde Bürgermeister von Wien. Nach einiger Zeit klang den Sozialisten das Wort »Bürger« doch zu bürgerlich, sie redeten sich untereinander wieder als »Genossen« an.

Die wirklichen Bürger taten unterdessen genau das, was alle wirklichen Bürger zu allen Gefahrenzeiten getan haben: Sie schlossen die Fensterläden, holten ihre Vorräte aus den Verstecken, zwinkerten sich gegenseitig zu, drehten den Schlüssel zweimal im Schloß herum und waren für das Volk und die Revolution nicht zu sprechen. Sie wollten nicht die verhärmten Gesichter der Soldaten sehen, die der Krieg zu Krüppeln gemacht hatte, sie gingen den Kriegerwitwen und Waisen aus dem Weg, denen der Ernährer genommen worden war. Sie lamentierten, natürlich nur insgeheim, über die neue, die kaiserlose, die schreckliche Zeit. Meine Eltern richteten sich nach den vielen roten Fahnen, die überall aus den Fenstern hingen: Unsere Fahne war zwar sehr klein, ein wahres Fähnchen, aber sie war rot.

Mein Vater war sehr enttäuscht, daß die Sozialdemokraten seine wahre Gesinnung nicht so ohne weiteres anerkannten, sondern schlecht auf ihn zu sprechen waren. So entschlossen sich denn meine Eltern wohl oder übel, ihre sozialistischen Gefühle zu dämpfen und sich weiter auf die Arbeit und das Geldverdienen zu stürzen, was ihnen gar nicht schlecht bekam. Wir besaßen nun eine Verkaufsfiliale am Geidorfplatz und belieferten unser Geschäft in der Reitschulgasse aus der eigenen Fleischerei, kurzum, wir waren trotz der Revolution nach oben geschwemmt worden.

Mich berührte das alles nicht. Wenn ich ganz ehrlich sein soll: Ich habe zu jener Zeit weder meine Eltern noch meinen Beruf geliebt, und das elterliche Geschäft kümmerte mich keinen Deut. Wie oft lagen mir meine Eltern mit ihrem lästigen »Sei brav, Gustl, denk doch daran, was du eines Tages alles erben wirst!« in den Ohren. Jedesmal antwortete ich, und es war mir Ernst damit: »Ich will nichts von euch erben!«

Alle Leute waren froh, als der Krieg zu Ende war. Sie wußten noch nicht, daß die Zeiten nach einem verlorenen Krieg noch sehr viel schlechter als die Kriegsjahre selber sind. Tausende von Menschen lagen erwerbslos auf der Straße, Fabriken und Büros mußten geschlossen werden. Schieber und Korruptionisten gaben den Ton an. Ganze Bahnladungen Heeresgut wurden verschoben. Selbstmorde nahmen überhand. Hellseher und Wahrsager machten gute Geschäfte. Lungentuberkulose und Spanische Grippe grassierten in Europa; in der Stadt Graz allein forderten sie Hunderte von Toten. Es war eine turbulente Zeit, die auch einen jungen Menschen hätte zum Nachdenken bringen können. Ich aber wollte leben – leben, wie ich es verstand.

Ich habe kein Recht, irgend jemandem, meinen Eltern, meinen Lehrern, meinen Mitmenschen, einen Vorwurf daraus zu machen, daß sie mich nicht geleitet, nicht am Straucheln gehindert haben. Einem Menschen wie mir, unreif und primitiv im wahrsten Sinne des Wortes, war wohl nicht zu helfen. Dabei hatte ich so manches gute Beispiel vor Augen an meinen Schulfreunden:

Loisl Gollner kannte von klein auf nur das eine Ziel, durch Handel und Wandel Geld zu verdienen. Bezeichnend für ihn ist, daß er schon als kleiner Junge ein Pony, das ihm als Spielzeug geschenkt worden war, dazu benutzte, Fuhren gegen Bezahlung auszuführen. Ein Vorbild an Fleiß und Treue aber war und ist Rudolf Ninaus. Er sagte stolz von dem Beruf, den er und ich erlernten: »Zuerst kommen die Fürsten – dann die Grafen – und dann die Selcher von Graz.« Er ist der größte und reichste Wurstfabrikant geworden und lebt heute in einem Barockschloß.

Ein anderer Freund meiner Jugendzeit, Leo von Thianich, dagegen, Sohn eines adeligen Samenhändlers, stürzte sich in dieser bewegten Zeit auf das Studium, wurde zweifacher Doktor. Später schien auch ihm das Geldverdienen interessanter; er baute die Samenhandlung seines Vaters weiter aus und erwarb ein Samengut dazu.

Oder Toni Herzl – unser Playboy. Er schaffte es trotzdem vom Schuhverkäufer zu dem Importeur, der Schuhe aus aller Welt nach Graz brachte, viele Geschäfte in der Steiermark aufbaute und seinem nicht minder tüchtigen Sohn Millionen hinterließ.

Andere Schulfreunde, wie Gustl Urbanitsch, Carl Tropper, Julius Haindl, alle gleich jung wie ich, sind niemals vom geraden Weg abgewichen. Sie haben sich gegen den Sog, der damals auch sie hinabziehen wollte, erfolgreich zur Wehr gesetzt.

Mich hat es auf einen anderen Weg getrieben. Und der war alles andere als eben und gerade. Aber glaube nur niemand, daß mein Leben, so schillernd und interessant es manchmal erscheinen mag, ein beneidenswertes Leben gewesen ist. Nein! Keinem wünsche ich den Weg, den ich habe gehen müssen, und ich weiß genau, daß von hundert, die die gleiche Straße gingen, siebenundneunzig auf der Strecke geblieben sind – verkommen und verdorben.

*

Ein Mordfall erregte allgemeines Entsetzen. Söhne achtbarer Eltern, nicht älter als meine Freunde und ich, hatten eine reiche Frau umgebracht, nur um ohne Arbeit an Geld zu kommen. Um die Leiche leichter verschwinden zu lassen, hatten sie sie in kleinste Teilchen zersägt. Viel Zeit, sich des Mordgeldes zu freuen, blieb ihnen nicht. Wenige Tage nach der Tat wurden sie alle verhaftet – kurz zuvor hatten wir noch lachend und trinkend mit ihnen zusammen im Café Kaiserhof gesessen. Moralische Begriffe waren uns fremd.

Ich folgte jedem Wink, ganz gleich, wohin er mich rufen mochte, ganz gleich, ob er von einem jungen Mädchen oder von einer reichen Frau kam, mein Spitzname »Stier von Graz« bekümmerte mich nicht, im Gegenteil, er erfüllte mich mit einem dummen Stolz. Ich versprach den Frauen und Mädchen die Sterne vom Himmel, widersprach ihnen nie und schlief des Nachts in ihren Betten. Es war ja alles so einfach, in dieser Zeit noch viel einfacher als sonst. Ehen zu dritt waren an der Tagesordnung, man nahm sie ebensowenig wichtig wie Konkurse und Selbstmorde.

Ich ließ mich treiben. Ich, der nicht Offizier, der nicht Akademiker, der nicht Aristokrat war, fühlte mich gerade zu denen hingezogen, die anders waren als ich, den Großen von gestern, die von ihrem Piedestal gestürzt worden waren. Ich schämte mich meines erlernten Berufes, schämte mich, daß ich ein Handwerkersohn war, schämte mich, daß meine Eltern das Geld mit Arbeit und Handel verdienten. Geld erschien mir zwar als durchaus erstrebenswert, aber nicht, wenn man es durch den Verkauf von Fleisch- und Selchwaren verdiente. Wie gern wäre ich arm gewesen, wenn ich dadurch vornehm geworden wäre, ein adeliger junger Herr aus verarmter Familie.

Ich möchte nur ein einziges Beispiel für meine grenzenlose Dummheit erzählen, das mir bis heute, wie so vieles andere aus jener Zeit, ganz unverständlich geblieben ist. Eines Tages sah ich im Hof der Lange Gasse 13 ein Motorrad stehen. Es gehörte einem jungen Mann, der bei meinen Eltern zu Besuch war. Erst betrachtete ich das Ding – es war eine leichte, hübsche Maschine – von allen Seiten, dann versuchte ich es in Gang zu bringen. Es ging. Ich stieg auf und fuhr los – nicht etwa einmal um den Häuserblock herum, sondern aus der Stadt hinaus und ließ mich auch nicht aufhalten, als ich unterwegs zweimal stürzte. Als ich in Feldbach, etwa dreißig Kilometer von Graz, ankam, hatte ich die Maschine reparaturreif gefahren. Frohgelaunt ließ ich den Schaden in einer Reparaturwerkstatt beheben und versprach, daß meine Eltern die Kosten in den nächsten Tagen bezahlen würden. Es war inzwischen Nacht geworden, trotzdem schwang ich mich wieder auf das Motorrad und fuhr weiter. Gegen Morgen kam ich in Fehring an. Das Benzin war alle und das Motorrad wieder kaputt. Der Mann in der Reparaturwerkstatt sagte: »Na, das wird eine ziemlich teure Reparatur werden, junger Mann ...«

»So...«, sagte ich.

»Wieviel wollen Sie denn für das Ding haben?«

»Würden Sie es mir abkaufen?«

Der Mann nannte einen Preis. Ich verlangte auf jeden Fall fünfzig Kronen mehr und bekam sie. Das Motorrad, das mir nicht gehörte, war ich los, hatte dafür aber Geld in der Tasche. Ich setzte mich in den nächsten Zug und fuhr nicht etwa nach Graz zurück, sondern nach Jennersdorf, wo die Eltern vom Ganster-Lenerl, einer Gespielin aus der Kinderzeit, eine Brunnenmacherwerkstatt betrieben. Ich wurde bei ihnen freundlich willkommen geheißen und verjubelte mein Geld binnen kurzem in den beiden Wirtschaften des Dorfes. Als ich gerade noch so viel übrig hatte, daß ich heimfahren konnte, setzte ich mich in den nächsten Zug nach Graz.

Meine Eltern hatten sich große Sorgen um mich gemacht und überschütteten mich mit Fragen. »Das Motorrad steht in Fehring«, erklärte ich in aller Seelenruhe, »ich mußte es zur Reparatur bringen!«

Es dauerte nicht lange, bis sich herausstellte, daß ich das Motorrad in Fehring verkauft hatte. Meine Eltern mußten den Schaden bezahlen. Mit Vorwürfen und bösen Worten versuchten sie, mich zur Arbeit zu treiben. Vergebens! Ich mochte nicht arbeiten, mochte nicht mein Handwerk ausüben. Daß die Gesellen und Lehrlinge im Betrieb meiner Eltern mich nicht ernst nahmen, machte die Sache nicht besser. Sie lachten über mich. Ich hatte – ich muß es leider gestehen – nicht das geringste Mitleid oder Verständnis für meine Eltern. Meine liebe Mutter stand um vier Uhr in der Frühe auf, arbeitete den ganzen Tag, gönnte sich keine Ruhe, setzte sich um zehn Uhr abends an den Tisch, badete ihre müden Füße in lauwarmem Wasser, stopfte Vaters Socken dabei oder las in einem Buch, während sie auf mein Heimkommen wartete. Meist vergebens. Mein Vater lag Zigaretten rauchend im Bett und quälte meine Mutter um einen Schnaps gegen seine Magenschmerzen.

Sie hatten immer nur das eine Ziel vor Augen – aus mir doch noch einen guten Fleischhauer zu machen. Natürlich sollte ich obendrein die Tochter eines reichen Fleischhauermeisters heiraten; sie hatten das mit deren Eltern schon ausgehandelt. Dem Mädchen selbst paßte das genausowenig wie mir, denn sie liebte schon einen anderen, nämlich meinen Freund Fritz. Unsere Eltern schüttelten darüber nur die Köpfe. Liebe war für sie nicht wichtig, nur das Geschäft.

Für mich aber war Liebe von sehr großer Bedeutung, wenigstens das, was ich damals unter Liebe verstand. Ich hielt es wahrhaftig für wahre Liebe, was mich dazu veranlaßte, ein Mädchen aus dem Freudenhaus aufzulesen, ihre Schulden bei der Bordellmutter zu zahlen und ihr ein möbliertes Zimmer zu mieten. Sie sagte mir Tag und Nacht, wie dankbar sie mir sei, und daß ich sie errettet hätte. Mir gefiel das sehr, und so war ich auch gern bereit, ihr ein Klavier zu mieten, weil sie sich eins wünschte, und ihre Garderobe aufzufrischen. Sie hatte mir fest versprochen, wieder ein anständiges Mädchen zu werden. Wieso konnte ausgerechnet ich, der selber kein anständiges Leben führte, mir anmaßen, dieses Mädchen auf den Pfad der Tugend zurückzuführen? Ich tat es dennoch und war stolz und froh bei dem Gedanken, eine Mission erfüllt zu haben. Eines Tages zeigte sie mir freudestrahlend einen Brief von einer Freundin aus Ungarn, worin es hieß, daß sie ihr eine Stellung als Kindermädchen verschafft hätte. Mit vielen guten Wünschen ließ ich sie ziehen. Erst viel später erfuhr ich, daß alles Lüge gewesen war. Sie hatte keine Stellung als Kindermädchen angenommen, sondern war geradewegs nach Stuhlweißenburg in ein Freudenhaus gefahren.

Ich hatte einen schlechten Ruf, und ich hatte ihn zu Recht. Trotzdem, ich hatte das Gefühl, daß niemand mich verstand, daß alle Welt mir Unrecht tat. Ich wurde immer trotziger, anmaßender, verbitterter. Ich machte Schulden über Schulden, riß ein Loch auf, um das andere zu stopfen, es wurde ein Sieb voller Löcher. Meine Vernunft hätte mir sagen müssen, daß es so auf die Dauer nicht weitergehen konnte. Besaß ich Vernunft? Nein!

Eines Tages stand in der Zeitung, daß mein Vater und meine Mutter alle Leute warnten, mir etwas auf Kredit zu geben. Das war mir der Beweis, daß meine Eltern mich niemals geliebt hatten; gewiß freuten sie sich, mich so in Schande zu bringen. Schlimmer als die Schande bedrückte mich jedoch der Gedanke, daß mir nun niemand mehr Geld borgen würde – und vom Borgen hatte ich doch gelebt!

In dieser mißlichen Lage traf ich auf meinen alten Freund Franz, der, nachdem er alles verjubelt hatte, was seine beiden Tanten je besessen hatten, ebenfalls restlos blank war.

Franz war nicht allein, er war mit einem Mädchen zusammen, das blind in ihn verliebt war. Zu dritt besprachen wir unsere verfahrene Situation.

»Ich wüßte schon, was wir machen könnten«, sagte das Mädchen.

»So . . . ?«

»Ja, bei uns zu Hause steht eine Menge Zeugs herum, das wir bestimmt verkaufen könnten!«

»Und deine Eltern?«

»Die sind verreist!«

Erst kam uns dieser Vorschlag nicht ganz geheuer vor, dann fanden wir, daß es ein interessantes Unternehmen sein könnte. Keiner wollte den anderen gegenüber zugeben, daß er Angst hatte, und schließlich taten wir drei so, als ob das Ausplündern der Wohnung die einfachste Sache von der Welt wäre. Natürlich fänden wir auch einen Hehler, der bereit sein würde, uns alles abzukaufen. Ich hatte sogleich jene lesbische Klavierspielerin im Sinn, die mir so oft die Würste und das Fleisch abgekauft hatte, das ich von zu Hause hatte mitgehen heißen, und die mich nachher, als ich nichts mehr bringen konnte, zu erpressen versucht hatte.

Die Klavierspielerin erklärte sich sofort bereit; ein guter Freund von ihr erbot sich, ihr beim Abtransport der Sachen zu helfen. Franz und das Mädchen packten in der Wohnung zusammen, was uns des Mitnehmens wert schien; es war nicht viel. Sie drückten mir das Zeug in die Arme, und ich trug es auf die Straße hinunter, wo die beiden Hehler mir ein Spottgeld dafür in die Hand schoben. Ich teilte es mit Franz und dem Mädchen.

Ich hatte nun Geld in der Hand, aber es freute mich nicht. Mir war ziemlich elend zumute. Am liebsten hätte ich alles ungeschehen gemacht. Ich ging also in das Konzertcafé Roseggerhof, um die reuevolle Anwandlung mit gehörig viel Wein wegzuschwemmen.

Freunde und Bekannte kamen, grüßten, klopften mir auf die Schulter und hänselten mich wegen der Anzeige meiner Eltern, die alle Welt vor mir gewarnt hatten. Mir war es gleich, jetzt war es mir vollkommen gleich.

Dann kam der Franz. Er war unruhig. Es hatte ihn bei seinem Mädchen nicht mehr gehalten.

»Franz«, sagte ich, »schau mich an..., merkt man, daß ich gestohlen hab'?«

»Trottel, wie kann man das schon jemand anmerken. Betrunken bist du, weiter nichts. Komm, fahr mit mir nach Hause!«

»Ich will nicht mit dir nach Hause fahren!«

»Was willst' denn?«

»Sterben möcht' ich!«

»Willst' dich aufhängen?« erkundigte sich der Franz völlig ungerührt.

»Nein, erschießen!«

»Hast einen Revolver?«

»Nein!«

»Aber ich hab' einen!«

Er zog einen zierlichen, mit Perlmutt eingelegten Damenrevolver aus der Hosentasche: »Bitte!«

Wir gingen hinaus auf die Straße. Straßenpassanten kamen, die letzte Straßenbahn fuhr vorüber; ein Betrunkener sang: »Verkaufts' mein G'wand, ich fahr' in' Himmel!«

Wir hielten einen Einspänner an, der Kutscher sagte: »Wohin darf ich Euer Gnaden fahren?«

»Immer geradeaus!« erklärte Franz.

»Sehr wohl, Herr Baron.«

»Euer Gnaden« hatte der Kutscher zu mir gesagt und zum Franz »Herr Baron«. Aber was waren wir denn wirklich? Diebe! Schweigend saßen wir nebeneinander, jeder hing seinen eigenen Gedanken nach. Der Kutscher fuhr durch die Annenstraße, über die Murbrücke, durch die Herrengasse. Beim Bismarckplatz rauschte die Wasserfontäne gegen einen dunklen Himmel. Um sie herum blühten und dufteten die Rosen. Die Häuser stammten noch aus der Zeit von Kaiser Franz II. Sie kamen auf mich zu, immer näher, so nah, daß ich sogar die römische Jahreszahl über einem Portal lesen konnte.

Eine Frauenstimme zog mich aus meiner Wehleidigkeit. Sie gehörte zu einer Frauensperson, die neben unserem Einspänner herlief und immerzu plärrte: »Schenkens' mir 'was! Ich zeig' Ihnen dafür meine Beine! Glaubens' mir! Ich hab' schöne Füß'!«

»Wer will schon deine Füße sehen, dumme Gans!« rief ich aufgebracht.

Franz beugte sich an mir vorbei: »Wie wär's, wenn du dich selber anbieten würdest?«

»Was?« rief sie empört. »Ich bin eine anständige Frau!«

»Warum willst du dann deine Füße herzeigen?«

»Weil ich Geld brauche!«

»Für was?«

»Für meinen Mann. Der ist alt und ...«

Der Franz ließ sie nicht ausreden, er zog eine Banknote aus der Brieftasche und reichte sie ihr hinaus.

Die Frau griff zu und war wieselflink in der Dunkelheit verschwunden.

»He, Kutscher . . . halten Sie!« rief Franz.
Franz zahlte, und wir stiegen aus. »Na . . . dann . . . gute Nacht«, sagte Franz.
»Bitte, geh noch nicht!«
»Warum nicht?«
»Ich habe Angst . . .«, gestand ich.
»Angst? Vor was denn . . . Angst?« fragte er verständnislos; aber er blieb bei mir. Wir setzten uns auf eine Bank, der Mond stand über uns. Ich bat ihn, mir zu zeigen, wo das Herz ist. Franz tat es. Meine Hand umklammerte die Pistole. Ich drückte ab. Der Schuß ging mir in die Brust, es war ein dumpfer Schmerz.
»Bist' tot?« erkundigte sich Franz kühl.
»Ich . . . ich glaube, nicht!«
»Willst du es nochmals versuchen?«
»Nein!«
»Na, dann . . .«
Franz stand auf, lief zum nächsten Telefonhäuschen und verständigte die Rettungsgesellschaft. Ich hockte allein auf der Bank, den Blick auf die helle Büste von Friedrich von Schiller geheftet.
Dann kam Jaklitsch, der Chef der Rettungsstation. Er kannte mich.
»So ein Lauser«, knurrte er. »Die armen Eltern. Das wird noch einmal ein schlechtes Ende nehmen.«
Mehr hörte ich nicht. Ich wurde ohnmächtig.
Erst im Krankenhaus bin ich wieder zu mir gekommen. Weder Vater noch Mutter kamen mich besuchen. Dafür kam ein Kriminalbeamter und fragte mich wegen des Einbruchs in der Mariahilfergasse aus. Ich war viel zu schwach und zu deprimiert, um irgend etwas zu leugnen.
Die Kugel fand man in der Schulter, weitab vom Herzen.
»Mit dem Sterben ist es noch nichts«, spottete der Arzt.
Endlich, nach acht Tagen, kam meine Mutter. Sie setzte sich auf die Bettkante und fragte bekümmert: »Warum hast du uns das angetan?«
Meine Mutter muß sehr müde gewesen sein; sie ist auf der Bettkante eingeschlafen.

Meine Mutter wurde sehr krank. Sie sträubte sich gegen diese Krankheit, aber es half ihr nichts, sie mußte sich ins Bett legen. Der Frauenarzt, Doktor Einspinner, sagte, sie müsse operiert werden. Meine Mutter fürchtete sich nicht vor der Operation, aber sie wollte nicht so viel Geld »für gar nichts« ausgeben – sie blieb zu Hause. Vom Krankenbett aus hat sie versucht, das Geschäft zu überwachen. Aber das hat wenig genützt. Wir verloren nach und nach unser Ansehen und unseren Kredit.

Mein Vater fühlte sich wohl bei diesem Niedergang. Endlich war er Herr im Hause, konnte tun und lassen, was er wollte. Er benutzte die neue Freiheit, um sich tagtäglich zu betrinken und andere kostspielige Dummheiten zu machen, wobei er sich noch ungeheuer tüchtig vorkam. So hat er einmal ein Pferd für unseren Lieferwagen gekauft. Aber dieser Kauf war ein Reinfall. Denn der Gaul blieb vor jedem Postkasten stehen, weil er früher ein Briefkastenpferd gewesen war – er hatte einen Wagen gezogen, in den der Inhalt der Briefkästen geleert wurde. Mein Vater vertauschte diesen Braunen gegen einen Schimmel, der aber leider kreuzwacklig war. Diesen Schimmel vertauschte er wieder mit einer braunweiß gefleckten Stute, die ihre Jugend in einem Zirkus zugebracht hatte. Wann immer es ihr paßte, zeigte sie auf der Straße und im Stall ihre erlernten Kunststücke.

Auf der Grazer Herbstmesse stand ich, eine weiße Schürze vor dem Bauch, hinter einem Wurstkessel und rief: »Heiße Frankfurter, heiße Krainerwürscht mit Brot, Kren oder Senf!« – Ich rief nicht sehr laut, und ich machte auch kein fröhliches Gesicht dazu, denn mir machte das Ganze durchaus keinen Spaß. Im Laufe des Tages lernte ich ein Mädchen kennen; sie nannte sich Bella und kam aus einem öffentlichen Haus. Sie hatte wohl gehört, daß ich schon einmal ein Mädchen dort herausgenommen hatte. Die Männer staunten Bella an, denn sie kokettierte hemmungslos nach links und rechts, um mich eifersüchtig zu machen. Ihre Rechnung ging auf. Ich war schwer begeistert von ihr, sie interessierte mich weit mehr als mein Wurstkessel.

Höhepunkt der Grazer Herbstmesse war immer das große Trabrennen, bei dem auch die Fleischhauer ihre Pferde laufen ließen. Ein Fleischhauer bat mich – er hatte sich den Fuß verstaucht –, an seiner Statt sein Pferd zum Sieg zu führen. Ich führte das Pferd einige Runden, um seinen Gang kennenzulernen. Das Pferd war tadellos, und ich glaubte den Sieg schon in der Tasche zu haben. Was wußte ich von den Finessen eines solchen Rennens? Nichts! Der langbeinige Traber flog mit mir dahin. Der Forschheit wegen schwang ich die Peitsche. Das Pferd lief immer schneller, zwei Runden trabten wir an der Spitze. Die Zuschauer schrien: »Bravo, Gustl, bravo!« Ich war selig.

Da nahmen mich zwei Fahrer aus Wien in die Zange. Sie bedrängten mich, streiften mit ihren Wagen die Räder meines Gefährtes, es gab einen Krach, mein Traber lief zur Seite, riß die Stange ab, warf den Wagen um, mich schleuderte es vom Sitz. Im selben Augenblick hatten mich alle, die mir eben noch zugejubelt hatten, schon vergessen. Der Eigentümer des Pferdes beschimpfte mich lauthals, nannte mich einen Trottel. Mein Vater konnte sich nicht um mich kümmern, er mußte die Würste, Brot und Senf verkaufen.

Bella blieb, wischte mir mit einem parfümierten Tüchlein das Blut vom Gesicht, säuberte meinen Anzug und gab sich als meine Braut aus.

Ich zog mit Bella in ein möbliertes Zimmer. Was wir in unseren Koffern hatten, machten wir zu Geld, das wir schleunigst flott verlebten. Als das Geld alle war, verließ sie mich und kehrte in das Bordell zurück, aus dem sie gekommen war.

Ich wundere mich, ja, ich kann es heute weniger denn je begreifen, wie es mir trotz aller jugendlichen Fehltritte, Verwirrungen und Verfehlungen gelungen ist, in die bürgerliche Welt zurückzufinden. Es ist so leicht, in einen Sumpf hineinzuschlittern, aber ungemein schwer, sich wieder herauszuarbeiten. Man fühlt sich nirgends so wohl, als wenn man tief unten ist, mitten im Dreck. Dann hat man die wenigsten Sorgen. So erging es mir. Ich lag mittendrin, und ich sah den Dreck nicht. Dreck wärmt, er tut nicht weh, er schläfert ein.

Ich schlief in jener Zeit wunderbar, nichts machte mir Kopfzerbrechen, und ich dachte rein gar nichts. Sträflicher Leichtsinn, Gedankenlosigkeit und Dummheit wären vielleicht die einzige Entschuldigung, die ich für meine Missetaten vorbringen könnte.

Man darf nicht vergessen, es war die Zeit nach dem Ersten Weltkrieg, eine Zeit, in der die rechtschaffenen Grundsätze von Anständigkeit und Ehrlichkeit keinen Marktwert besaßen, nicht nur bei den jungen Leuten, sondern auch bei den ehemals ehrbaren Bürgern. Wie wäre es sonst möglich gewesen, daß gutbürgerliche Geschäftsleute mir, dem schon leicht kriminell angeschlagenen jungen Mann aus bravem Elternhause, lichtscheue Geschäfte anboten?

Damals wurden auf eine sehr merkwürdige Weise Geschäfte gemacht. Der eine sagte unverblümt: »Ich gebe dir Geld, und du eröffnest damit ein richtiges Geschäft, einen Großhandel.«

Der andere sagte: »Ich verkaufe dir einen Waggon!«

Der dritte sagte: »Natürlich nehme ich den ab!« Dann wurde der Preis ausgehandelt, das Geld auf den Tisch gelegt, und meist kam dann erst die Frage: »Was für Ware ist denn eigentlich drin in dem Waggon?«

Eine eigene Großhandelsfirma, das war das, was mir gerade paßte. Ich war Feuer und Flamme, ich machte mit.

Ich setzte mich auf die Bahn und fuhr in die Oststeiermark, wo ich anfangs zu Fuß von einem Bauern zum anderen stiefelte, was mich aber alsbald so verdroß, daß ich mir ein Mietauto leistete, um müheloser von einem Hof zum anderen zu gelangen. Denn der Schwarzhandel vor allem in Nahrungsmitteln florierte, und es kam darauf an, der Konkurrenz eine Nasenlänge voraus zu sein und ihr ein Schnippchen zu schlagen. Ich trieb auf, was Mangelware war in Graz. Ohne zu feilschen, zahlte ich den verlangten Preis. Warum tat ich das? Weil ich mich so großartig fühlte, wenn meine Auftraggeber mich lobten.

Aber viel mehr taten sie nicht. Sie sagten, ich sei ein toller Bursche, und nahmen mir jede Menge an Kälbern, Schweinen, Gemüsen und anderer Mangelware ab und zahlten den vor meiner Reise vereinbarten Preis dafür. Was ich selber dafür bezahlt hatte, kümmerte sie keinen Deut.

Man muß schon unglaublich töricht sein, um solche Geschäfte zu machen. Ich war so töricht! Als sich nach sechs Monaten für mich ein Defizit von ungefähr einer halben Million Kronen herausstellte, fiel ich aus allen Wolken.

Um den Preis handeln, war nicht meine Stärke, aber ich brachte es fertig, vollbeladene Lastzüge und Fuhrwerke nach Graz zu schaffen. Es gab nichts, das ich nicht auftreiben konnte. Es hatte sich nämlich bald herumgesprochen, daß ich ein Narr war, der jeden Preis bezahlte und nicht nach dem Woher der Ware fragte. Ich hatte kein Büro, keine Angestellten, keinen Kassierer; ich hatte eine Gesellschaft mit beschränkter Haftung gegründet und wußte nicht einmal, was das ist. Die Dinge wuchsen mir über den Kopf. Ich nahm neue Ware an und bezahlte neue Schulden, bis das Sprichwort sich bewahrheitete: Der Krug geht so lange zum Brunnen, bis er bricht. Der Krug brach an dem Tage, an dem einer meiner Auftraggeber nach Gleisdorf in der Oststeiermark fuhr, um Waren zu übernehmen, die ich eingekauft hatte. Er entdeckte, daß ich dreimal so teuer einkaufte, als ich es in Graz verrechnete. Meine Auftraggeber hatten eine Gemeinnützige Genossenschaft gebildet. Sie wären an dermaßen teuerer Ware gar nicht interessiert gewesen. Hatten sie sich nicht denken können, daß es unmöglich war, Waren so billig aufzutreiben, wie sie es verlangten?

Als sie eine Abrechnung von mir forderten, tat ich das Dümmste, was ich tun konnte. Statt klipp und klar die Wahrheit zu sagen – unterschlagen hatte ich ja nichts –, packte ich meinen Koffer und nahm Reißaus in Begleitung meines Freundes Franz. Wir fuhren über Bruck an der Mur nach Klagenfurt. Ich hatte mich von niemandem verabschiedet, auch nicht von meinen Eltern. Wohin wollte ich fliehen? Was sollte ich anfangen? Ich wußte es nicht. In Klagenfurt gingen wir in ein Lokal, vor dem eine rote Laterne brannte. Die Mädchen sangen, eine Klavierspielerin klimperte, in den Nischen saßen Soldaten und Offiziere, die keine Soldaten und Offiziere mehr waren. Ich erstand für wenig Geld die Uniform eines italienischen Unteroffiziers und lernte italienisch salutieren. Für die Uniform war mein letztes Geld draufgegangen. Ich besaß nichts mehr. Franzens silberne Zigarettendose und Armbanduhr waren sein Abschiedsgeschenk an mich.

Ich hatte mit einem italienischen Unteroffizier ausgemacht, daß er mich über die Grenze bringen sollte, und zwar wurde ich in ein mit italienischen Soldaten vollbesetztes Auto eingeschmuggelt. Bis Villach-Warmbad stellte ich mich schlafend, um nicht sprechen zu müssen. Ein italienischer Offizier warf mir sein Gepäck zur Aufbewahrung in den Schoß.

Ich salutierte und schlief weiter. Am Grenzübergang Arnoldstein stülpte mir ein Unteroffizier ein großes, bodenloses Benzinfaß über den Kopf und warf Decken darüber. Der Gestank war schrecklich, von der Finsternis ganz zu schweigen. Angst hatte ich eigentlich keine, denn die Gefahr, in der ich schwebte, war mir gar nicht richtig bewußt. Hätten die italienischen Soldaten mich erwischt, so hätten sie mich bestimmt vor ein Standgericht gestellt und als Spion erschossen.

In Tarvis schenkte ich meinen Rasierapparat einem Chauffeur, der mich in den Frachtraum eines Postautos schlüpfen ließ, das gen Süden fuhr. Mehr tot als lebendig, kroch ich in Udine aus dem Wagen. Was wollte ich in Udine? Ich wußte es nicht. Was wollte ich überhaupt in Italien? Ich hatte keine Ahnung. Ich konnte kein Wort Italienisch, kannte niemanden. Meine Abenteuerlust war auf den Nullpunkt gesunken.

Die Nacht verbrachte ich auf dem Plüschsofa eines Wartesaals zweiter Klasse in Udine. In der Frühe fühlte ich mich wie ein krummer Türkensäbel. Ohne Fahrkarte, als blinder Passagier auf der Achse und manchmal auch im Bremserhäuschen fuhr ich von Udine über Mestre nach Triest. Die Fahrt war kein Vergnügen, und Triest, die schöne Stadt an der blauen Adria, gefiel mir überhaupt nicht. Kein Wunder, denn ich war müde und zerschlagen und hatte kein Geld. Ich klopfte an die nächstbeste Tür, als ich mich kaum noch aufrecht halten konnte.

Ohne Glück sollte der Mensch nicht auf der Welt sein: Es war die Tür des Internationalen Heims für deutsche Seeleute. Ein deutscher Pastor nahm mich in Obhut. Eine halbe Stunde später lag ich in einem richtigen Bett, und ein deutscher Arzt konstatierte: Nervenfieber.

In diesem internationalen Heim machte ich die Bekanntschaft eines weißhaarigen, gutgekleideten Herrn. Er stellte sich als Herr von Gambarini vor. Wenn man seinen Erzählungen Glauben schenken wollte, war sein Vater General gewesen. Er war so alt, daß sein Vorschlag, mich den achtbaren Familien in Triest als seinen Sohn vorzustellen, Glauben gefunden hätte.

Er sagte zu mir: »Weißt du, wir gehen zu allen Leuten, die Geburtstag oder sonst etwas feiern, sagen unser Sprüchlein auf, und dafür kriegen wir etwas.« Mir gefiel dieser Vorschlag ungemein. Wir gratulierten zu allen Festivitäten, das heißt, wir bettelten. Wir bekamen Kleidungsstücke, Essen, Geld. Mein Pseudovater war ein Säufer und Kartenspieler, und obendrein schnupfte er Kokain. Das Kokain schmuggelte er aus dem Freihafen. Ich half ihm etliche Male dabei; wir versteckten das Kokain, ein weißes Pulver, in unseren Krawatten.

Die Neugier trieb mich, auch selber einmal diesen »Stoff«, der dem alten Herrn alle Seligkeiten der Welt zu verschaffen schien, zu probieren. Mir wurde entsetzlich schlecht, ich spuckte und schimpfte.

Ein andermal nahm mich Gambarini mit in das große Strandhotel Eden. Dort hielt ein ehemaliger österreichischer Fliegeroffizier die Spielbank. Ich spielte und gewann. Ich gewann in dieser Nacht viele Tausende von Lira, die ich am nächsten Tag prompt wieder verlor.

In der Spielbank lernte ich ein Mädchen namens Lucie kennen. Es war eine warme Sommernacht, also führte ich sie auf die Promenade. Die im Dunkel liegende Bank, auf die wir zusteuerten, hielt bereits ein Landstreicher besetzt. Ich war wütend auf ihn. Aus einem seiner zerrissenen Schuhe guckte seine nackte Zehe hervor; Lucie fand das spaßig.

Sie nahm mich mit zu sich nach Hause, in ihre kleine Mansarde. Sie war sehr lieb, sie nähte mir einen Knopf an und wusch meine Strümpfe. Und immer wieder fragte sie, ob ich sie liebe und ob ich ihr treu sein würde. Was sollte ich antworten? Natürlich »ja«. Aber ich verließ sie noch in derselben Nacht. Im entscheidenden Punkt war sie auch nicht anders gewesen als die vielen Frauen vor ihr. Übrigens führte ich damals noch über meine Eroberungen Buch. Warum? Aus Eitelkeit.

Die Nächte in Triest waren damals so heiß, daß man nackt hätte im Freien schlafen können.

Mich hielt nichts mehr, ich mußte weiter, ich wollte nach Mailand. Als ich dem Dom pflichtschuldigst einen Besuch abstattete, sah ich zwei Bänke vor mir eine Damenhandtasche liegen. Ich nahm sie an mich und fand auf einer Besuchskarte Name und Adresse der Eigentümerin.

Ich lieferte die Tasche nicht etwa beim Domkastellan ab, noch weniger im Fundbüro, wie es seine Ordnung gehabt hätte, sondern ging schnurstracks zu der Adresse. Dem Stubenmädchen, das mir öffnete, zeigte ich die Handtasche und erzählte ihr, wo ich sie gefunden hatte.

»Ach, die Tasche gehört gar nicht der Signora, sie gehört einer ihrer Freundinnen. Geben Sie her«, forderte das Mädchen.

Die Tasche fest in der Hand, erklärte ich beharrlich: »Ich möchte sie selber abgeben.«

»Das geht nicht. Die Signora hat keine Zeit. Sie hat noch Besorgungen zu machen, und der Chauffeur wartet schon . . .«

»Dann möchte ich die Tasche ihrer Besitzerin bringen!«

Das Mädchen dachte einen Augenblick nach. Ich lächelte sie so gewinnend an, wie ich konnte, da wurde sie schwach.

»Nun gut, bringen Sie die Tasche Frau Palme!« Sie sagte mir die Adresse. »Aber machen Sie sich keine Hoffnungen«, fügte sie impertinent hinzu, »Frau Palme ist verheiratet!«

Frau Palme wunderte sich, daß ein ausgewachsener Mann – denn das war ich in ihren Augen – werktags in eine Kirche ging. Ich blieb zum Abendessen und auch noch zum Frühstück. Frau Palme gestand mir, daß sie sehr einsam sei, ihr Mann ließe sie viel allein. Sie war eine sehr temperamentvolle Frau. Wir küßten uns heiß und innig zum Abschied.

In Mailand bin ich auch Lucie wieder begegnet. Ich sah sie in der spiegelnden Scheibe eines Schaufensters. Lucie war sehr elegant und sehr vergnügt. Sie küßte mich stürmisch und kümmerte sich nicht um die Leute. Die schiefgelaufenen Absätze meiner Schuhe und mein sehr mitgenommener Anzug störten sie nicht.

Es wurde ein sehr heftiger Abend. Lucie schenkte mir einen Mantel, der ihrem »Wohltäter« gehörte, und auch einen Anzug, der aus derselben Quelle stammte. Ihren Wohltäter, einen reichen Margarinefabrikanten, der sie aushielt, sollte ich unbedingt kennenlernen.

Er steckte mir Geld zu unter der Bedingung, Lucie nie mehr zu besuchen. Ich versprach es und wanderte lustlos weiter.

Wenn man Geld hat, ist es sehr schön, in die weite Welt hinauszuwandern, man kann in alle Schenken einkehren, essen und trinken, worauf man Lust hat. Man braucht nicht auf der Achse zu reisen, sondern reist auf weichem Polster. In Rom hatte ich schon kein Geld mehr. Ich beschloß, Schuhputzer zu werden; ein Hotelportier hatte es mir geraten.

Ich ließ mir die Sache noch einmal durch den Kopf gehen, weil ich mich erinnerte, daß viele Millionäre als Schuhputzer angefangen haben sollen. Ich wollte aber gar kein Millionär werden, ich wollte bloß leben, einfach in den Tag hinein leben. Also war Schuheputzen ganz unnütz.

Statt dessen setzte ich mich in Gesellschaft eines alten Zeitungsverkäufers, der auch ohne festes Quartier war wie ich, auf die Stufen der Spanischen Treppe und bestaunte die Menschen, die treppab oder treppauf stiegen: Rompilger, Gassenjungen, elegante Damen. Sie lachten und plauderten, nur ich war mutterseelenallein. Durch meine Schuhe guckten zerfetzte Socken, und überdies war es furchtbar heiß. Ich konnte kaum noch einen Carabiniere von einem Leichenträger unterscheiden. Plötzlich hatte ich alles satt. Heimweh. Ich wollte nach Hause, nur wie?

Mein Geld würde nur für wenige Stationen Eisenbahnfahrt reichen. Aber was machte das! Ich war froh, als ich im Zug saß. Ich nahm mir vor, die Billettkontrolle eisern zu »verschlafen«. Das war gar nicht so einfach; Kinder schnippten mir abgelutschte Olivenkerne ins Gesicht, doch ich durfte nicht aufmucken, ich mußte mich schlafend stellen.

Sehr weit kam ich auf diese Weise nicht. Der Schaffner witterte wohl, daß etwas nicht stimmte. Ich sah zu abgerissen aus, als daß man mich für einen harmlosen Reisenden halten konnte. Er rüttelte mich unsanft und schimpfte erbost, als er feststellte, daß mein Billett längst abgelaufen war. Er schalt mich einen Betrüger und schubste mich bei der nächsten Station nicht gerade sanft aus dem Zug.

Die Station hieß Monte Rodonto; es war Nacht, und ich besaß keine einzige Lira mehr. Aber ich hatte wieder einmal Glück im Unglück. Der Stationsvorsteher war ein freundlicher Mann. Er schenkte mir Kaffee und Zigaretten und ließ mich im Wartesaal schlafen. Am nächsten Morgen ging ich in die kleine Stadt, die hoch oben auf dem Berg liegt. Ich hatte noch zwei Hemden, die ich verkaufen wollte, aber die Leute glaubten nicht, daß sie mein Eigentum waren. Sie gaben mir einige Kupfermünzen und lachten mich wohlmeinend aus.

Ich fand einen Arbeitgeber, der hieß Emilio und war Pächter eines Steinbruchs.

»Können Sie einen Lastwagen fahren?« fragte er.

»Natürlich!« antwortete ich prompt. Ich hatte noch niemals am Steuer eines Personenwagens gesessen, von einem Lastwagen ganz zu schweigen. Aber was kann man nicht alles in der Not!

Die Leute, die mir entgegenkamen, sprangen entsetzt beiseite, schlugen das Kreuz über Stirn und Brust, als ich losbrauste. Mein Beifahrer trat auf die Bremse und riß das Steuer herum – zu spät; der Wagen der Patronatsherrin, einer Herzogin de Galese, hatte dran glauben müssen.

Die Herzogin war eine schöne Frau. Sie saß blassen Gesichts neben dem Chauffeur. Ich fiel vor ihr in die Knie, bat um Verzeihung. Mein Hemd war auf der Brust offen, mein Gesicht verstaubt, meine Hände schmutzig.

Die Herzogin beugte sich zu mir und fragte etwas in raschem, perlendem Italienisch, das ich nicht verstand. Trotzdem antwortete ich ohne zu überlegen: »Si, si!« – Dieses »Si« war eines der wenigen italienischen Wörter, die ich beherrschte.

Mehr haben die Herzogin und ich auch in der langen Nacht nicht miteinander gesprochen, in der ich bei ihr blieb. Sie nahm mich mit sich, verschwitzt und verschmutzt, wie ich war. Ich mußte auf dem Rücksitz des ramponierten Wagens Platz nehmen; erst glaubte ich, sie würde mich zu einem Carabiniere bringen, aber wir fuhren zu ihrem verwitterten Bergkastell.

Die Herzogin stieg aus, ohne mich eines Blickes zu würdigen. Sie erteilte ihren Bediensteten Weisungen, die offenbar mich betrafen.

Ein finster aussehender Bursche, dessen buschige Brauen über den Augen zusammengewachsen waren, führte mich wortlos in einen Baderaum, ließ die Wanne vollaufen, wies stumm auf einen Rasierapparat und verschwand. Nach dem Bad erst merkte ich, daß mit ihm auch meine Kleider verschwunden waren; statt dessen fand ich einen

Anzug vor, der der Vorkriegsmode entsprach und mir viel zu knapp war. Ich zwängte mich wohl oder übel hinein. Meine Stiefel hatte mir der Bursche gottlob gelassen, denn in die zierlichen italienischen Schuhe, die er bereitgestellt hatte, wäre ich – mit Schuhgröße 47 – niemals hineingekommen.

Nach dem Bad führte er mich in die riesige, mit bunten Fliesen ausgelegte Küche, in der mir eine alte Köchin ein kräftiges Mahl auftischte.

In dieser Köchin fand sich endlich wieder ein menschliches Wesen, mit dem ich reden konnte. Sie erzählte mir, daß sie, in Brixen geboren, nun schon seit zwanzig Jahren bei der Herzogin diente, die in den »guten Zeiten«, wie sie es nannte, in Rom gelebt hatte. Der Herzog war kurz vor Kriegsausbruch an einer Leberverfettung gestorben, der einzige Sohn als Leutnant in österreichische Kriegsgefangenschaft geraten.

»Die Herzogin ist eine gute Dame«, sagte sie, »und sehr fromm. Und streng ist sie auch!«

»Ich möchte nur wissen, was sie mit mir vorhat!«

»Was weiß ich, vielleicht denkt sie ... was sie an dir tut, wird eine österreichische Dame an ihrem Filippo tun. Wer weiß denn, was sie denkt, die Herzogin?«

»Wie alt ist sie?«

»Die Herzogin ist noch nicht alt ... noch keine vierzig.«

»Aber sie hat doch schneeweißes Haar!« Das war mir gleich als erstes an ihr aufgefallen.

»Kummer und Sorgen, mein Sohn ... Kummer und Sorgen!«

Als ich gegessen und getrunken hatte, fühlte ich mich so wohl wie seit langem nicht mehr. Ich fühlte mich stark und jung. Die Herzogin nahm mich mit Haut und Haaren. Anscheinend hatte sie seit langem – vielleicht schon seit dem Tod des Herzogs – enthaltsam gelebt. Sie war wundervoll, und sie schenkte mir ein Erlebnis, das ich nie vergessen werde. Noch heute sehe ich sie vor mir, wie sie sich mir darbot – der schlanke, elfenbeinfarbene Körper, das prachtvolle weiße Haar, das in krassem Gegensatz zu der noch jungen Haut, den braunsamtenen Augen, den vollen Lippen stand. Nichts anderes als die Sehnsucht einer vereinsamten, liebeshungrigen Frau konnte ihre natürlichen

Bedenken, ihre Scham hinweggeräumt haben. Ich bin nicht sicher, daß ich ihr wirklich geben konnte, wonach es sie verlangte. Denn, offen gestanden war ich damals, wie fast alle jungen Männer, im Grunde genommen nur auf die Erfüllung meiner eigenen Lust bedacht.

Als ich erwachte, schien bereits der Tag durch die Spalten der schweren Samtvorhänge. Der Platz neben mir war leer. Ein Geräusch mußte mich geweckt haben; ich brauchte einige Augenblicke, um zu begreifen, was ich hörte und – sah.

Unter einem großen, holzgeschnitzten Kruzifix kniete auf einem Betstuhl die Herzogin. Sie betete nicht, sie schluchzte und stieß mir unverständliche Worte hervor. Blut stand in feinen Tröpfchen auf ihrer olivfarbenen Rückenhaut. Mit einem gewaltigen Satz sprang ich, voller Mitleid und Schrecken, aus dem Bett und zu ihr hin; aber sie wies mich mit einem Blick voller Abscheu, wenn nicht gar Haß zurück. Als ich noch einen Moment lang ratlos zögerte, hob sie den Arm. Ich sah eine Peitsche in ihrer Hand, die Peitsche, mit der sie sich wohl für ihr vermeintliches Vergehen bis aufs Blut gezüchtigt hatte. Die Peitsche erschreckte mich mehr, als Worte es getan hätten. Ich zog mich in Windeseile an und rannte davon! Draußen heftete sich der Bursche vom Abend zuvor an meine Fersen, wortlos dirigierte er mich zu Emilio, dessen Lastwagen ich gestern zu Bruch gefahren hatte. Ich hatte keine Ahnung, worüber der junge Italiener mit Emilio verhandelte, aber ich konnte es mir zusammenreimen, als mir Emilio anbot, weiter bei ihm zu arbeiten, wenn auch nur als Beifahrer. Ein kalter Zorn packte mich. Wer war schon diese Herzogin, die mich in ihr Bett genommen hatte und nun demütigte, indem sie mir einen Arbeitsplatz zuwarf wie ein Almosen. Ich sah es den Blicken der Männer an, daß sie alles wußten und mich deshalb verachteten. Das gab den Ausschlag.

Ich sagte kalt »Nein!« und, um sicher zu sein, daß sie mich verstanden, fügte ich noch ein kräftiges »No!« hinzu und ging davon. Wohin, wußte ich selber nicht. Ich wußte nur, daß ich genug hatte, genug von diesem Abenteuer, genug von allem. Ich wollte nach Hause, egal wie.

Abermals fuhr ich als blinder Passagier über die Grenze. Im steirischen Unterland holte ich zum ersten Mal wieder tief Luft. Ich wanderte durch die Weingärten meiner Heimat, brauchte nicht mehr zu hungern und nicht mehr Durst zu leiden. Man bot mir Essen und Arbeit an. Aber ich wollte nur heim. Über Graz lag der Zauber des späten Herbstes. Dächer und Gärten waren noch von Sonne überglänzt. Vom Schloßberg her läutete »Liesl«, die große Glocke; das Burgtor war weit geöffnet, als wollte es mich willkommen heißen.

Vor dem Haus meiner Eltern in der Lange Gasse 13 angelangt, fehlte mir der Mut anzuklopfen. Am hellichten Tag einzutreten, als ob nichts geschehen wäre, das brachte ich nicht fertig; ich wollte lieber die Nacht abwarten. Ich drückte den Hut tiefer ins Gesicht, knöpfte meine fadenscheinige Jacke zu, stellte den Kragen auf und schlenderte durch die Straßen meiner Heimatstadt. Vorsorglich machte ich um jeden Polizisten einen Bogen, denn ich wußte noch, warum ich davongelaufen war: Ich wurde von der Polizei gesucht – ich war ein Defraudant. Als vom Schloßberg herunter einer auf dem Flügelhorn blies »Nun ade du mein lieb' Heimatland«, traten mir sogleich Tränen in die Augen, so elend war mir zumute.

Müde geworden vom Umherlaufen, streckte ich mich auf einer Bank im Stadtgarten aus. Ein älterer Wachmann stupfte mich an: »Verschwind's, sonst muß ich Sie mitnehmen. Mit so einem wie Sie machen wir keine G'schichten!«

Ganz recht, mit so einem wie mir machte man nicht viel Federlesens. Bedrückt und ratlos schlenderte ich in die Nähe des Hauses, in dem mein Freund Franz wohnte, faßte mir ein Herz und stieg die Treppen hinauf. Franz öffnete.

»Du bist's, Gustl?«
»Ja, ich!«
»Was willst' denn in Graz?«
»Ich hab's nicht mehr ausgehalten. Bitte, hilf mir, Franz . . . ! Gib mir eine Zigarette!«

Während ich wortlos vor mich hin paffte, sagte Franz entschlossen: »Weißt' 'was, Gustl, geh zu einem Polizisten, sag, daß du gesucht wirst, und der Fall ist bald ausgestanden!«

Erst glaubte ich, der Franz sei verrückt geworden, dann argwöhnte ich, daß er mich hereinlegen wolle. Schließlich kam ich drauf: er hatte recht. Ich konnte doch nicht mein Leben lang vor der Polizei davonlaufen. Früher oder später mußte ich diese Sache in Ordnung bringen, und je früher, desto besser. Ich machte mich auf den Weg zu einem Polizeibeamten namens Berger.

Natürlich hätte ich zu einer beliebigen Polizeistation gehen können, aber Herr Berger war ein guter Bekannter meiner Eltern, und ich dachte, wenn ich mich schon stellte, könnte ich ebensogut ihm den Gefallen tun. Herr Berger war nicht zu Hause, kam aber bald. Ich erklärte ihm mein Anliegen; bis zu dem Augenblick hatte er gar nicht gewußt, daß ich gesucht wurde. Er telefonierte mit einem Polizeikommissar und war baff, als er den ganzen Schlamassel erfuhr. »Was!?« staunte er. »So viel Geld fehlt? Ja, wie kann man dem Bub so viel Geld in die Hände geben? Verzeihung, Herr Kommissar, es geht mich ja nichts an ... aber wie kann man solch einem Bub so viel Geld geben? Da gehören ja die Geldgeber eingesperrt, möcht' ich meinen!«

Frau Berger drängte mich, ob ich nicht doch noch vorher mit meinen Eltern reden möchte. Ich sagte nein. Ich wollte geradewegs ins Gefängnis und vor den Richter geführt werden, ich wollte haarklein erzählen, was mir passiert war, und was ich getan hatte.

Aber ich hatte mir die Sache leichter vorgestellt, als sie war. Schon mit dem ersten Polizeikommissar, der mich verhörte, bekam ich Ärger. Von Statur kleiner als ich, mußte er zu mir aufsehen, was ihn wohl fuchste. Außerdem hatte ich ihm seinerzeit in der Tanzstunde Eichler eine Braut abspenstig gemacht. Er war saugrob.

»Sie sind ein feines Früchterl! Ein Gauner sind Sie«, höhnte er. »Aber Ihnen werden wir das Wilde schon 'runternehmen, Sie werden so klein, daß Sie uns aus der Hand fressen! Ich lasse Sie einsperren, bis Sie schwarz werden!« Seine Stimme kippte um. Auf mein Geständnis pfeife er, denn von so einem wie mir könne man doch nichts als Lügen erwarten. Ich schwieg. Und das war ihm auch nicht recht.

Ich war heilfroh, als er mich abführen ließ. In der Zelle traf ich drei »Kunden«, einen Dieb, einen Zuhälter und einen Bettler, die mich mit »Servus« begrüßten.

Ich blieb nur kurze Zeit im Polizeigefängnis, da ich dem Landesgericht überstellt werden mußte. Offen gestanden begrüßte ich diesen Ortswechsel sehr, denn im Polizeigefängnis war es alles andere als angenehm. Links und rechts in den Zellen wurden Häftlinge von Polizisten verprügelt, um ihnen Geständnisse zu entreißen; schließlich gestanden die wenigsten – wie ich – freiwillig.

Der Beamte an der Aufnahme des Landesgerichtsgefängnisses stutzte, als er meinen Namen hörte. Meine Eltern lieferten nämlich Fleisch- und Wurstwaren für die Gefangenen. Ich mußte die Schuhbänder, den Riemen und die Hosenträger abgeben, damit ich mich nicht selber gewaltsam aus dem Leben befördern könnte. Man wollte mir nicht glauben, daß ich dazu nicht die mindeste Lust verspürte.

Ich wurde dem Gefängnisdirektor vorgeführt. Er war Regierungsrat, klein und dick, trug stets einen Radmantel über den Schultern und sah so böse wie eine Bulldogge aus, hatte aber, wie alle Untersuchungshäftlinge und Sträflinge wußten, ein gutes Herz. Ich bat ihn, ob ich die Strafe, die ich bekommen würde, nicht sofort absitzen dürfte.

»Nein«, sagte er. »Sie müssen erst warten, bis Sie verurteilt sind!«

Mit dem Absitzen war es mir Ernst gewesen, denn eigentlich erging es mir gar nicht so schlecht im Gefängnis. Zweimal in der Woche brachte meine Mutter für mich und den Sträfling Hans Seemann, der mein Freund geworden war, selbstgekochtes warmes Essen.

Hans Seemann war Verwaltungsschreiber und ein unentbehrliches Faktotum geworden. Obwohl er eine langjährige Strafe zu verbüßen hatte, ging er im Gefängnis frei herum und wußte über alle offiziellen und nicht offiziellen Dinge oft besser Bescheid als die Beamten. Ihm war ein seltsames Schicksal zugefallen: Seine allererste Strafe hatte auf sechs Monate wegen Majestätsbeleidigung gelautet – weil er im Suff lauthals erklärt hatte: »Der Kaiser Franz Josef, der kann mich am Arsch lecken!« Am nächsten Tag wußte er nichts mehr davon, aber er war angezeigt worden.

Die sechs Monate Haft, mit denen er diese Majestätsbeleidigung sühnen mußte, genügten, um sein Leben zu verpfuschen. Kein Unternehmer wollte ihn mehr als Buchhalter einstellen; die Vorstrafe lief ihm überall nach. Aus Not beging er einen kleinen Diebstahl; er wurde erwischt und bestraft. Als er frei kam, versuchte er es mit einem Betrug; er wurde wieder bestraft. Einmal hatte er sogar sechs Jahre Kerker wegen Betrugs bekommen. Seemann war der Prominente im Gefangenenhaus. Er betrachtete das Landesgericht als ein Zuhause, jammerte nicht über sein Schicksal, bereute nichts; er nahm, was auch geschehen mochte, als selbstverständlich hin.

Dieser Sträfling Hans Seemann hat mir sehr geholfen. Damals nämlich, im Landesgericht, fielen mir meine ersten Geschichten ein. Er stenographierte mit, was ich so vor mich hin fabulierte, und ermunterte mich nachdrücklich, das Gesagte niederzuschreiben. Damals tauchte zum erstenmal die Idee in mir auf, ein Schriftsteller zu werden.

Ich wußte nicht viel von diesem Beruf, aber ich kannte – und daran erinnerte ich mich nun wieder – einen großen Dichter der Steiermark, der weit über die Grenzen der deutschen Sprache hinaus Ruhm genoß: Peter Rosegger.

Wir hatten in der Schule gelernt, daß der Dichter Peter Rosegger ein Schneiderbub gewesen war, der in der Obersteiermark die Geißen gehütet hatte.

Wenn es dem Peter Rosegger geglückt war, ein Dichter zu werden, warum sollte es mir nicht auch gelingen? Ich war zwar Fleischhauer, kein Schneider, aber das machte wohl keinen großen Unterschied.

*

Als Fleischhauerbub hatte ich des öfteren in Krieglach Vieh holen müssen, und bei dieser Gelegenheit hatte ich den Dichter persönlich kennengelernt. Er war zu der Zeit ein alter Herr mit einer goldgeränderten Brille und Besitzer eines wunderschönen Hauses. Ich stand vor diesem Haus, meine beiden Ochsen führte ich am Strick. Ich wollte so gern den großen Dichter, von dem wir in der Schule gelernt hatten, einmal sehen. Er kam aus dem Haus, aber ihn anzusprechen wagte ich nicht.

Er sah mich durch seine goldgeränderte Brille fragend von oben bis unten an: »Wie heißt', Bub?«

»Gustl«, antwortete ich und versuchte eine Verbeugung, soweit es meine Ochsen zuließen.

»Ist kalt?«
Ich fror wirklich. »Ja«, sagte ich.
»Kennst du mich?«
»Ja, Sie sind der Dichter Rosegger.«
»Komm mit und wärm dich auf!«
Ich fühlte mich im siebenten Himmel, aber Roseggers Wirtschafterin stieß mich mit bösen Worten wieder auf den Boden der Wirklichkeit zurück.
»Zieh dir sofort die Schuh' aus. Dreckbub übereinander«, zeterte sie. Und zum Meister: »Müssen's denn jeden hergelaufenen Tagdieb in meine saubere Küche bringen?!«
»Halt den Mund, du lediger Unwillen«, schrie Peter Rosegger zurück. »Wenn's dir nicht paßt, wen ich mitbring', dann kannst ja geh'n ... aber mit dem Hintern zuerst aus der Tür 'raus, hast mich verstanden?«
Anscheinend waren die Hauserin und Rosegger diesen groben Ton miteinander gewohnt. Sie ließ sich nämlich gar nicht abschrecken, nahm mich bei den Ohren, obwohl ich ein Stück größer war als sie, und zankte: »Schau, daß du 'naus kommst! Du gehörst hin, wo du hergekommen bist – zu deinen Ochsen!«
»Jessas, Mariundjosef«, rief ich erschrocken, »meine Ochsen!«
Schnell war ich aus der Küche und noch schneller im Hof. Da standen sie, seelenruhig, genau auf der Stelle, wo ich sie verlassen hatte. Ein Stückchen entfernt stand Roseggers Sohn; er hielt einen Papierblock in der Hand und zeichnete sie. »Stell dich zu den Ochsen! Du kriegst ein Stück Torte dafür«, versprach er mir. Auf diese Weise wurde ich mit meinen Ochsen »porträtiert«. Torte bekam ich einen ganzen Teller voll, noch dazu mit Mohn und Honig bestrichen. Ich fühlte mich großartig.
Für Lesen hatte ich damals noch nicht viel übrig, trotzdem sparte ich das Geld zusammen, um mir ein Buch von Peter Rosegger kaufen zu können: »Als ich noch der Waldbauernbub war.« Das Buch gefiel mir, und ich las es wieder und wieder.

Ich wurde dank der Fürsprache von Hans Seemann in die Gefängnisbücherei gesteckt. Was die kleine Bücherei an Lesestoff hergab, von den Zeitschriften aus anno 1850 bis zu den Florianskalendern, stopfte ich in mich hinein. Wenn ich ehrlich sein soll, habe ich im Gefängnis weit mehr gelernt als in meiner ganzen Schulzeit. Es war wirklich nicht so übel dort, abgesehen von dem leidigen Umstand, daß man eingesperrt und ein Verbrecher war.

\*

Erst im Gefängnis habe ich ernsthaft beten gelernt. Von meiner Mutter im katholischen Glauben erzogen, hatte ich, wie es sich gehörte, von klein auf das Vaterunser gebetet, allerdings ohne mir viel dabei zu denken. Trotzdem glaube ich, daß selbst dieses gewohnheitsmäßige, gedankenlose Beten sehr wichtig für mich war. Als Junge bin ich auch regelmäßig zur Beichte und Kommunion gegangen, aber ich habe das alles nur so mitgemacht wie die anderen, wirklich etwas dabei gefühlt oder gedacht habe ich nicht. Wenn ich an einer Kirche vorüberging, habe ich meine Kopfbedeckung gezogen und ein Kreuz geschlagen, wie ich es gelehrt worden war – aber von Gott war ich sehr weit weg.

Schon in meiner frühesten Jugend hatte ich einen bedeutenden geistlichen Führer, Professor Johannes Ude, vierfacher Doktor und Dekan der theologischen Fakultät Graz.

Professor Ude mochte mich gut leiden, obwohl er mich bei einem – seiner Anschauung nach – schändlichen Unternehmen erwischt hatte. Er wurde auf mich aufmerksam, weil ich, noch ein kleiner Bub, damit beschäftigt war, Blutegel aus dem Bach zu fangen. Für jeden Blutegel bot er mir zwei Heller, und nachdem er so dreißig Stück gekauft hatte, sagte er: »So ... und jetzt werfen wir sie alle wieder ins Wasser.«

Ich hielt ihn damals für verrückt. Ich hätte die Blutegel eigentlich einem Apotheker bringen sollen – wie kam dieser Herr dazu, Geld für etwas zu bezahlen, das er gar nicht haben wollte? Ich wußte damals noch nicht, daß Professor Ude jedes Leben heilig ist. Er ist Pazifist und Kriegsdienstgegner, aber er schätzt das Leben der geringsten

Kreatur nicht niedriger ein als ein Menschenleben. Bei Spaziergängen achtet er stets sorgfältig darauf, ja keinen Wurm, keine Schnecke, kein Insekt zu verletzen. Er ißt kein Fleisch und benutzt überhaupt nichts, was von toten Tieren stammt.

Professor Ude, dieser angesehene und achtenswerte Mann, machte mich sehr glücklich, als er mich im Gefängnis besuchte. Er überschüttete mich nicht, wie es meine Eltern getan hatten, mit Vorwürfen, sondern er kniete nieder, faltete die Hände und betete mit mir das Vaterunser. In der Kapelle des Gefangenenhauses zelebrierte er dann eine Messe, und ich durfte sein Ministrant sein.

*

Sonderbare Käuze habe ich im Gefängnis kennengelernt. Sie logen, sie phantasierten, sie hatten ihre guten und ihre üblen Stunden, sie prahlten, sie waren verzagt, sie alle waren Verbrecher, und doch unterschieden sie sich eigentlich in nichts von den Menschen, denen ich draußen in der Freiheit begegnet war.

Eines Tages stand meine Mutter zur Besuchszeit im Sprechraum und trug auf ihrem Arm ein wollenes Bündel, aus dem mich ein rührendes Kindergesicht ansah. Ich fragte baß erstaunt: »Was willst du denn mit dem Kind hier, Mutter?«

»Es ist dein Kind«, erwiderte meine Mutter, nichts weiter.

»Mein Kind?« Ich mußte mich wahrhaftig erst besinnen, wieso das mein Kind sein sollte, und da fiel mir alles wieder ein – Ludmilla, meine große Liebe! Das kleine Wesen hier war tatsächlich meine Tochter Gretl.

Meine Mutter erzählte mir, daß Ludmilla das Kind in Oberösterreich zu fremden Leuten gegeben hatte, denen nur daran gelegen gewesen war, den Unterhaltsbeitrag zu kassieren. Sie taten so gut wie nichts für das kleine Mädchen. Es bekam nur flüssige Nahrung, wurde völlig vernachlässigt und hatte die englische Krankheit bekommen, Rachitis. Es konnte auf seinen krummen Beinchen kaum stehen.

Meine Mutter, die immer eine tatkräftige Frau gewesen war, nahm, obwohl selber schon sehr krank, das Kind zu sich, um sogleich den Orthopäden Professor Witteck zu konsultieren. Sie gab die Zustimmung, als ihr der Arzt erklärte, daß die Füßchen gebrochen und gegipst werden müßten. Diese Operation wurde zweimal durchgeführt, und zwar mit Erfolg. Heute steht meine Tochter Gretl, Mutter von drei Kindern, auf geraden und gesunden Füßen.

Zwischen der kleinen Gretl und mir war es damals im Gefängnis Liebe auf den ersten Blick. Das kleine Kindergesicht mit den übergroßen Augen rührte mein Herz an. Ich schwor mir, von nun an immer nach besten Kräften für meine Tochter zu sorgen; ich glaube, das ist einer der wenigen Vorsätze gewesen, denen ich auch im späteren Leben treu geblieben bin.

\*

Meine Lieblingsbeschäftigung in der Haft bestand im Schreiben von »Geständnissen«. Der Untersuchungsrichter hatte eine bestechende Art, mit mir zu verhandeln. »Sie haben eine letzte Chance, Kernmayr«, sagte er wieder und wieder, »nützen Sie sie, sagen Sie die Wahrheit! Sie werden milder bestraft. Hier haben Sie Papier, Tinte und Feder, schreiben Sie über Ihre Vergangenheit, über Ihre Verfehlungen und, vor allem, schonen Sie niemanden, denn ich habe das feste Gefühl, Sie sind ein Verführter!« Solche Töne waren Musik in meinen Ohren, um so mehr, als mich der Drang zum Schreiben überkommen hatte. Ich schrieb, was mir in den Sinn kam, ich schrieb die Wahrheit, und ich log das Blaue vom Himmel herunter. Ich fabulierte und schrieb hemmungslos. Für den Untersuchungsrichter waren alle diese schriftlichen »Geständnisse« einen Schmarren wert – für mich bedeuteten sie eine gute Übung im Schreiben.

Einmal inspizierte der Präsident des Oberlandesgerichts, ein überaus würdevoller Herr, das Gefängnis und fragte: »Haben Sie Bitten oder Beschwerden?«

Ich hatte beides.

Acht Tage darauf kam ein Sektionschef und Hofrat vom Justizministerium in Wien; er erkundigte sich freundlich, wie lange meine Untersuchungshaft schon dauere. Ich sagte es ihm. Am nächsten Mittag wurde ich aus der Haft entlassen.

Ich hatte Glück; man wollte den Prozeß gegen mich niederschlagen. Zu viele Leute waren daran interessiert, daß mein Fall, und damit der Fall »Einkaufsgenossenschaft«, nicht an die große Glocke geriet. Die Abnehmer meiner Waren würden die Blamierten sein, wenn es herauskäme, daß sie so bedenkenlos einem Buben Geld gegeben und ihm Waren abgenommen hatten zu einem Preis, der einem Drittel des tatsächlichen Einkaufspreises entsprochen hatte – wie sie wohl wissen mußten. Die Herren vom Amt für Lebensmittelüberwachung hatten noch weit mehr Ursache, sich von einem Prozeß gegen mich nichts Gutes zu erwarten, denn sie hatten von mir Geld genommen und ein, wenn nicht gar beide Augen zugedrückt. Selbst die Leute aus der Oststeiermark, die mir die Ware überteuert geliefert hatten, mochten sich nicht recht wohl fühlen in ihrer Haut, schließlich waren einige von ihnen auch Politiker. Man erinnerte sich ungern und wollte der fast schon der Vergessenheit anheimgefallenen Sache so glimpflich wie möglich aus dem Wege gehen.

Was habe ich mit meiner neugewonnenen Freiheit angefangen? Ich war noch kaum zu Hause – meine Eltern hatten mich liebevoll aufgenommen –, ich hatte noch kaum die linde Luft der Freiheit geatmet, suchten mich schon zwei Herren auf: Franz Schuster, ein politisch tätiger Akademiker, und sein Bruder, letzterer ein gutmütiger Mensch, der gern einen über den Durst trank.

Franz Schuster besaß eine Holz- und Kohlenhandlung, die aber nicht mehr florierte. »Du bist der richtige Mann«, schmeichelte er mir. »Du solltest eine Holz- und Kohlenhandlung aufziehen! Das würde ein enormes Geschäft!«

»Holz und Kohlen Export-Import, Graz, Lange Gasse 13«, das klang gut in meinen Ohren, das gefiel mir. Franz Schuster richtete die Firma ein, schleppte Papier, Schreibtische, Schreibmaschinen heran. Ich brauchte nur zu unterschreiben – Schuldscheine und Wechsel.

Ich weiß heute selber nicht – und vielleicht habe ich es nie gewußt –, warum ich zwanzig Ledermäntel und hundert Paar Stiefel gekauft habe. Aber die Leute schienen so froh, mir diese Waren liefern zu dürfen, und ich brauchte ja nur einen Schein zu unterschreiben. Die Ledermäntel und die Filzstiefel verschenkte ich. Nicht viel anders erging es mir mit Holz und Kohle. Mir selber kommt es heute ganz und gar unwahrscheinlich vor und ist doch die Wahrheit: Noch und noch Waggons voller Kohle und Holz rollten aus der Steiermark und aus Jugoslawien heran. Alles auf Pump. Ich gab meine Unterschrift und bekam anstandslos die Ware.

Damit wären alle Voraussetzungen gegeben gewesen, das große Geschäft zu starten. Etwa fünfzig Waggons Holz und Kohle standen auf dem Grazer Lagerbahnhof bereit. Aber ich hatte keine Ahnung, wohin damit; es fehlte an Abnehmern, und jeder Tag kostete teures Standgeld. Ich war ratlos und verzweifelt, aber Franz Schuster sagte: »Mach dir keine Sorgen, Gustl . . . das bringe ich schon in Ordnung!« Er und sein Bruder wandten die gleiche Methode an, die auch mich schon einmal zu Fall gebracht hatte: sie brachten die Ware um etwa ein Drittel des Einkaufspreises an den Mann. Ich bekam großmütige fünf Prozent von ihrem Erlös ab; davon trug ich die Bürokosten und sonstigen Auslagen.

Ohne einen Heller Anzahlung lieferte mir ein Wiener Lastwagenwerk einen kompletten Lastzug, Zugmaschine mit zwei Anhängern. Die Grazer Handwerker malten in großen, schönen Lettern »Holz- und Kohlengroßhandlung, Graz, Lange Gasse 13« auf die Seitenwände. Es sah großartig aus. Ich war jemand, stellte etwas dar, und meine Eltern waren, genau wie ich, überaus stolz auf mich. Ich fühlte mich wie im Märchen. Leider war es ein kurzes Märchen. Als die Lieferanten endlich Geld sehen wollten, verlangte ich von den Brüdern Schuster die Bezahlung der Waren, die ich ihnen geliefert hatte. Franz Schuster bedauerte, mit Geld könne er mir nicht dienen. »Paß auf«, sagte er, »wir haben für dich einen tüchtigen Mann, der sich auskennt in Konkurs- und Vergleichssachen!«

»Wozu?«

»Das fragst du noch? Du hast kein Geld, wir haben kein Geld, natürlich müssen wir jetzt Konkurs anmelden.«

Der Ausgleichs- und Konkursverwalter Schürmann gab sich gelassen: »Die Sache werden wir leicht schaukeln!« Die Gelassenheit verging ihm bald, als er feststellte, daß überhaupt keine Außenstände vorhanden waren.

»Das ist ja Betrug!«
»Wieso Betrug?« staunte ich. »Ich habe nur getan, was der Franz Schuster von mir verlangt hat!«
»Darauf können Sie sich nicht berufen, mein Lieber. Offiziell haben die Brüder Schuster nichts mit der Sache zu tun. Die Firma gehört Ihnen ... unter Ihrem Namen sind diese merkwürdigen Geschäfte abgewickelt worden!«
Ich mußte einsehen, Herr Schürmann hatte recht. »Dann melden Sie halt für mich den Konkurs an.« Daß es einen Konkurs geben würde, hatten mir die Brüder Schuster schon gesagt, mochte also der Konkursverwalter seines Amtes walten. Konkurse und Vergleiche waren damals etwas durchaus Alltägliches. Schließlich hatte ich schon von Geschäftsleuten gehört, die froh waren, wenn ihre Kunden nicht zahlen konnten, weil sie dann mit dem Anschein der Ehrbarkeit einen Vergleich anstreben konnten. Mit derlei fadenscheinigen Argumenten versuchte ich, meine eigene verfahrene Situation zu bemänteln. »Hast nicht unrecht, Gustl«, sagte Franz Schuster freundlich zu mir, »der Schürmann wird das Kind schon schaukeln. Sieh du nur zu, daß du fürs erste mal verschwindest, damit wir keinen Ärger haben mit dir. Wenn du zurückkommst, ist alles vorbei.«

*

Er gab mir etwas Geld, ich packte zwei Koffer und fuhr fort. Nach Salzburg. In dem Hotel, in dem ich abgestiegen war, lernte ich eine schöne Frau kennen. Sie hieß Hedwig. Ich habe sie geheiratet.
Warum habe ich sie geheiratet? Nun, sie war mit ihrem Vater, einem reichen Fabrikanten, auf Reisen, und ich gehe wohl kaum fehl in der Vermutung, daß zumindest in meinem Unterbewußtsein die Idee rumort haben muß, mich durch eine reiche Heirat zu sanieren.
Hedwig studierte Gesang bei einem Professor am Tegernsee. Ich fuhr ihr nach. In der ersten Nacht sagte sie »Ja«. Ich war überglücklich und schrieb sofort sowohl meinen Eltern als auch dem Konkursverwalter in der Überzeugung, daß Hedwig eine reiche Mitgift mit in die Ehe bringen würde. Aber leider ging meine optimistische Rechnung nicht auf. Als ich nämlich Hedwig am Ende unserer Hoch-

zeitsreise mit nach Graz brachte, als sie von meinem haushohen Schuldenberg Wind bekam, als sie die einfachen Verhältnisse sah, in denen wir in der Lange Gasse 13 lebten, ging sie ohne Aufhebens, so wie sie war, einfach zum Bahnhof und fuhr zu ihren Eltern nach Wien zurück. Ein Rechtsanwalt schrieb bald darauf, meine Frau sei unglücklich gestürzt, was eine Fehlgeburt zur Folge gehabt habe, die Scheidung sei eingereicht, weil sie in Unkenntnis der Tatsachen geheiratet hätte.

Erst viele Jahre später hat die schöne Hedwig zugegeben, daß sie von Anfang an nicht ernsthaft vorgehabt hatte, eine Ehe mit mir zu führen. Vielmehr hatte sie aus einem von Monat zu Monat gewichtigeren Grund nur rasch heiraten wollen, um sich möglichst bald wieder scheiden zu lassen. Hedwig ist inzwischen eine berühmte Sängerin geworden. Ihre Karriere führte sie von Wien nach Prag, von Prag nach New York an die Metropolitan Opera.

Ich schrieb mein zweites Gedicht:
»Schmück dich mit Bändern
Und seid'nen Gewändern,
Bestäub' dich mit Puder,
Luder – bleibt Luder.«

\*

Meine Mutter kränkelte immer mehr. Daher war mein Vater heilfroh, als eines Tages ein älterer Herr mit Spitzbart und Kugelbauch auftauchte, dem unser Haus für die Errichtung einer Seifen- und Kleisterherstellung recht geeignet erschien. Obwohl er natürlich den Kaufpreis für die Lange Gasse 13 auch gleich bar auf den Tisch des Hauses blättern könnte, so sagte er, stünden sich meine Eltern doch besser, wenn er ihnen monatlich auf Lebenszeit eine Leibrente zahlte.

Meine Eltern verließen das Haus Lange Gasse 13 und bezogen eine Dreizimmerwohnung in der Strauchergasse 52. Meine Mutter würde es nun, gottlob, um vieles leichter haben.

Irgendwie mußte ich jetzt meinen Lebensunterhalt verdienen. Eine Vertretung in Fleischmaschinen schien mir das Naheliegendste. Tatsächlich fand ich einen Generalvertreter, der mir eine Vorführmaschine anvertraute, obwohl ich die verlangte Kaution nicht stellen konnte. Gleich beim ersten Kunden ging die Maschine zu Bruch. Der Generalvertreter belastete mein Konto mit neunzig Schilling und stattete mich mit einer anderen Maschine aus. Aber niemand wollte mir eine Fleischmaschine abkaufen. Ich gab es verzweifelt auf, vergeblich von Tür zu Tür zu wandern, vergeblich meine Verkaufssprüchlein aufzusagen. Als ich nicht einmal mehr ein trockenes Brot hatte, brachte ich die Fleischmaschine in die Pfandleihe. Fünfzehn Schilling bekam ich dafür und fünf Monate Arrest.

\*

Ein Onkel meines Freundes und später berühmten Schauspielers Ferdinand Haschkowitz (genannt Marian) war der bekannte Strafverteidiger Dr. Karl Lang. Er war bereit, in meiner Strafsache die Verteidigung zu übernehmen.

Dieser feine, kluge und gütige Mann beschied mich zu sich in die Kanzlei; er nahm meine Hand und sagte: »Gustl... ich kenne deine Mutter!«

Wie wohl tat es mir, daß er sich zu diesem Zeitpunkt daran erinnern mochte!

Während des Krieges hatte er oft bei meiner Mutter eingekauft, und die beiden hatten bei solchen Gelegenheiten über die schlechten Zeiten und die eigenen Angelegenheiten geschwatzt, wie das so geht. Mit der Ehe des Anwalts stand es nicht eben gut. Seine große Liebe galt der Besitzerin eines Hotels auf dem Semmering, einer resoluten Dame, die es sehr wohl verstand, aus der Liebe dieses Ehrenmannes Nutzen zu ziehen. Er war ihr regelrecht untertan. Meine Mutter, die ihm helfen wollte, ließ seiner späten Liebe manches Fäßchen Fett und manches Kalb für den Hotelbetrieb zukommen, was damals, im Kriege, nicht nur nicht erlaubt war, sondern großen Ärger bringen konnte.

In seinem Schlußplädoyer gab der Anwalt alle Schuld den anderen, meinen »Geschäftsfreunden« wie auch meinen Eltern, die sich niemals Zeit gelassen hätten, sich um mich zu kümmern. »Ich klage die Zeit an«, beschwor er das Gericht.

Der Staatsanwalt war entgegengesetzter Meinung: »Aus solchem Holze werden die Hochstapler geschnitzt«, donnerte er, »die Heiratsschwindler, die großen Betrüger!«

Der Richter klemmte sein Monokel ins Auge: »Ich kann Ihnen nicht helfen. Ich muß Sie verurteilen. Aber ich rate Ihnen, lassen Sie das erste auch das letzte Mal sein. Sonst richten Sie sich zugrunde.«

\*

Um beim Termin nicht gar so abgerissen aufzutreten, hatte ich eine Gelegenheit, an Geld zu kommen, beim Schopfe gepackt.

Woher hatte ich das Geld für meine feinen, neuen Kleider? Die Verhandlung fand zur Zeit der alljährlichen Grazer landwirtschaftlichen Messe statt, die eine Anzahl meiner ehemaligen Geschäftspartner nach Graz führte. Kurz vor dem Tag der Verhandlung kamen einige Herren, nannten nicht ihre Namen, sagten nicht, wer sie geschickt hatte, eröffneten mir nur ohne Umschweife: »Es wird Ihnen bei der Verhandlung nicht viel geschehen, wenn Sie alles auf sich nehmen. Es soll Ihr Schaden nicht sein.«

Ich begriff: Andere Leute wollten keinen Ärger haben! So nahm ich guten Gewissens das Geld und gab es auch wieder aus, zum Beispiel für den Zweispänner, mit dem ich bei Gericht vorfuhr und den ich für die Dauer der Verhandlung in der Jakominigasse auf mich warten ließ. Und während die Herren vom Gericht in der Mittagspause zu Fuß zum Essen gingen, fuhr ich zweispännig auf die Grazer Messe.

Vor dem Wachsfigurenkabinett im Vergnügungsgelände geriet ich an Steffi, der ich mein Herz ausschüttete. Steffi hörte zwar zu, blieb aber gänzlich unbeeindruckt von meinem widrigen Schicksal. Ihr war an mir nur etwas gelegen, wenn ich die Arbeit des Ausrufers übernehmen wollte. Sie brauchte den Ausrufer für das Wachsfigurenkabinett ihres Großvaters. Ich habe ihr versprochen, nach der Urteilsverkündung wiederzukommen. So bin ich für eine kurze Zeit auch unter die Ausrufer geraten.

Unter dem Eindruck all der guten Ratschläge, die mir nach dem Gerichtsverfahren noch eine Weile in den Ohren klangen, wandte ich mich um Hilfe an Professor Johannes Ude, der zu dem Zeitpunkt ganz in seiner Antialkoholbewegung aufging. Er brachte mich zu den Methodisten-Pfarrerseheleuten Spörri. Dieses Schweizer Ehepaar war lange Jahre als Missionare in China tätig gewesen. Ich habe mir bei ihnen alles angehört, an was solche Leute glauben, habe zu ihren ›Erscheinungen‹ ja, ja gesagt und nicht schlecht gestaunt, wenn sie sich selber mit Offenheit der übelsten Sünden anklagten. Aber mitmachen wollte ich denn doch nicht, und ich ließ sie darüber auch nicht im Zweifel. Professor Ude und die Spörris spannten mich für ihre Antialkoholbewegung ein, indem sie mich von Haus zu Haus schickten, Unterschriften für ein Alkoholverbot in Österreich zu sammeln. Aus Idealismus wäre ich dazu niemals bereit gewesen. Aber da ich für jede Unterschrift fünf Groschen bekommen sollte, ließ ich mich dazu herbei. Es war sauer verdientes Geld.

\*

Leider weiß ich nicht mehr, welcher Anlaß mir den Geschmack an der Politik beigebracht hatte; jedenfalls machte sie mir eine Zeitlang fast soviel Spaß wie die Liebe.

Meine notorische Mittellosigkeit zwang mich, bei Frau Schober in der Josefigasse 10 in einem großen Raum zu wohnen, der den Nachteil hatte, daß ich ihn mit sieben anderen Individuen teilen mußte – Arbeitslosen, Tagedieben, Schnapsbrüdern. Keiner von uns führte ein »ordentliches« Leben. Es kann gut sein, daß diese Schlafgemeinschaft mich zu den »Innenkolonisten« geführt hat. Wie dem auch sein mag – eines Tages beschied mich der Landeshauptmann der Steiermark, Prof. Dr. Rintelen, zu sich. Dieser kluge Mann, der später Gesandter beim Heiligen Stuhl in Rom und einmal sogar Unterrichtsminister wurde, war ein Rebell von Natur aus. Seine Undurchschaubarkeit und seine politischen Ansichten hatten ihm viele Feinde in seinen eigenen Kreisen verschafft.

Kühl und obenhin stellte er mir die Frage: »Was kostet es, wenn Sie mit Ihren Leuten die morgige Versammlung in der Industriehalle sprengen?«

»Ich habe keine Leute, wie Sie sich das vorstellen . . .«, wehrte ich ab.
»Na, na . . .«, zweifelte der Herr Landeshauptmann.
»Jedenfalls keine politischen Anhänger.«
»Sie werden doch ein paar Mann auf die Beine stellen können?«
»Ja, schon . . . so ungefähr hundert Leute könnte ich wohl zusammentrommeln!«
»Gut. Sie machen also mit?«
»Kommt drauf an . . .«
»Ich denke, wenn jeder dieser Männer zehn Schillinge und zwei Liter Bier kriegt, wird das genügen.«
»Nein«, sagte ich, »da müßten Sie schon noch für jeden Mann einen Ochsenziemer ausspucken und zwei Paar Würstl!«
Als ich in Eggenberg bei Graz, wo sich die Innenkolonisten und viele Arbeitslose versammelt hatten, den Plan vortrug, anderntags die Versammlung der Christlichsozialen zu sprengen, wurde mein Vorschlag ohne Bedenken angenommen.
Wir haben die Versammlung der Christlichsozialen dann so gründlich gesprengt, daß in der großen Industriehalle kein Stuhl heil geblieben ist. Den Landeshauptmann warfen wir aus dem Fenster, so daß er eine üble Verletzung davontrug. Trotzdem war Dr. Rintelen recht zufrieden mit uns; wir hatten ihm das verschafft, was er für seine Zwecke brauchte.
Mein Vetter Erich predigte unterdessen unablässig unter den Unzufriedenen im Lande, daß Revolution gemacht, daß alles anders werden müßte in Österreich. Die Leute spendeten ihm kräftig Beifall, denn seinen Anhängern ging es so miserabel, daß alle leicht zu überzeugen waren, sie könnten durch eine radikale Veränderung der Zustände nur gewinnen. Es gelang Erich, mit seinen Leuten die Bürgermeisterei in Eggenberg bei Graz zu besetzen. Vom Balkon des Gemeindeamtes rief er die neue Regierung von Österreich aus.
Begreiflicherweise ließ sich die Regierung das nicht so ohne weiteres gefallen. Nach einigen Stunden tatkräftigen Einsatzes der Ordnungskräfte war die Revolution erledigt. Erich hatte einen Schuß in die linke Schulter abgekriegt; dadurch avancierte Erich für seine Freunde plötzlich zum Helden. Damit aber hatte die Politik – zumin-

dest das, was ich dafür hielt – ihren Reiz für mich verloren. Ich wandte mich wieder dem Wirtschaftsleben zu und gründete abermals eine Firma, die »Alpina, Steirische Filmgesellschaft«. Obwohl ich ebenso wenig Geld hatte wie die beiden anderen Gesellschafter Heigl und Simon, Filmvorführer von Beruf, bekam ich einen Anteil an der Firma und den Titel Direktor. Das Startkapital mußte natürlich von mir herbeigeschafft werden. Denn nur ich konnte beim Verleih auch ohne Geld Kinofilme locker machen.

\*

Am 3. April, dem Karfreitag des Jahres 1926, legte sich meine Mutter ins Bett. Sie war sehr krank. Als sie hohes Fieber bekam, mußte sie ins Krankenhaus gebracht werden. Ich blieb bei meiner Mutter bis zu ihrem letzten Atemzug. Auf dem Steinboden neben ihrem Bett kniend, hörte ich sie als letztes sagen: »Lieber Herrgott, ich will nicht sterben . . . Meine zwei Mannsbilder brauchen mich doch.«

Dann ist sie gestorben.

Bevor sie dieses irdische Jammertal verließ, hat sie mich noch einmal an sich gedrückt und gesagt: »Jetzt ist niemand mehr da, der auf dich aufpaßt, Gustl . . . ich bitt' dich, werd' was Anständiges!« Und laut hat sie gebetet: »Gegrüßet seist du, Maria!« Ich habe mitgebetet.

\*

Meine Eltern besaßen wieder eine kleine Blockhütte neben dem Grazer Südbahnhof, in der sie Fleisch und Wurst verkauften.

Als ich meinem Vater sagen wollte, daß Mutter gestorben war, fand ich ihn nicht im Geschäft. Er hockte in einer Wirtschaft, betrunken. Er hielt mir ein Krügel Bier hin: »Da, trink, Gustl, trink!«

Beim besten Willen hätte ich keinen Schluck über die Lippen gebracht; der Vater begriff das so wenig, daß er auf eine nochmalige Weigerung hin, mitzutrinken, das Krügel nahm und es mir auf den Kopf schlug. Ich blutete, Vater begann zu weinen. Ich weinte mit. Wir wußten beide, daß wir mit der Mutter viel verloren hatten.

Es gab ein schönes Begräbnis. Alle, die meine Mutter gekannt hatten, kamen, die Fleischer, die Selcher, die Kälberstecher, die Kleinviehhändler und viele alte Frauen. Auch die Kumpane meines Vaters kamen, allerdings waren sie betrunken. Einer von ihnen – sie nannten ihn »Seife«, weil er ein gelernter Friseur war, seinen Beruf aber schon längst aufgegeben hatte und von Bauernfängerei lebte – hatte eine wirklich schöne Stimme und viel musikalisches Gefühl. Als der geistliche Chorsänger einen Choral anstimmte, fielen alle Saufkumpane meines Vaters mit ein. Sie waren seltsam anzusehen mit ihren vom Alkoholdunst erhitzten Köpfen, den verquollenen Augen und den weißen, spitzenbesetzten Chorhemden, die sie übergezogen hatten. Sie sangen meine liebe Mutter ins Jenseits. Dann verbeugte sich jeder einzelne in Erwartung eines Trinkgeldes tief vor mir und murmelte: »Mein Beileid, Herr Direktor!«

*

Es war soweit, daß ich meine Gefängnisstrafe antreten mußte. Überflüssig zu sagen, daß mir das gar nicht in den Kram paßte, weil Emmi, die beste Friseurin von Graz, Steiermark und Jugoslawien, die ich damals sehr liebte, ein Kind von mir erwartete. Emmi war brav, gut und tapfer. Ich freute mich, wenn sie täglich um eine bestimmte Zeit auf der dem Gefängnis gegenüberliegenden Straßenseite vorüberspazierte. Ich war damals himmelweit davon entfernt zu begreifen, wie sehr sie mich lieben mußte, um in dieser Situation zu mir zu halten. Meine Zellengenossen setzten alles daran, daß ich um diese Zeit ans Fenster konnte. Alle liebten Emmi, obwohl deren Bauch immer dicker und dicker wurde.

Das Kind – ein Bub – hatte wohl nicht in unsere Welt hineingeboren werden wollen; es mußte im Mutterleib zerstückelt werden, um das Leben der Gebärenden zu retten.

Als ich aus dem Gefängnis entlassen wurde, wußte ich, daß ich nicht länger in Graz bleiben wollte. Auch Emmi wollte fort. Sie bekam eine Stelle als Friseuse an der Adria.

Das einzige, was mich in Graz hielt, war mein Vater. Glücklicherweise konnte ich ihm eine Frau verschaffen. Käthe hieß sie, und ich kannte sie schon allzu gut. Eigentlich hätte sie lieber mich heiraten wollen. Aber sie war älter als ich und paßte deshalb viel besser zu meinem Vater. Sie besaß einige Ersparnisse, die auch mein Vater gut gebrauchen konnte. Käthe ist dem Vater eine treue und brave Frau geworden.

Das Haus Lange Gasse 13, für das meine Eltern so viele Jahre gespart hatten, war mitsamt der Leibrente verloren; der Käufer hatte mit seiner Seifen- und Kleisterfabrikation Bankrott gemacht. Mein Vater wohnte nun mit Frau Käthe bei Großmutter Ottilie in der Strauchergasse. Sein Alkoholkonsum ließ ihn trotz aller Misere optimistisch in den Tag hinein leben. Er war fest überzeugt, daß die Kernmayrs eines Tages wieder »oben« sein würden. Er selber rührte jedoch dazu keinen Finger.

*

Um diese Zeit etwa lernte ich Mizzi, die Kellnerin, kennen, eine ungeheuer tüchtige und energische Person. Ich vernarrte mich in Mizzi, nicht weil sie tüchtig, sondern weil sie schön war. Mizzi stammte aus Jugoslawien, hatte wunderbares blondes Haar, das ihr bis zu den Kniekehlen reichte, und wußte sehr genau, was sie wollte. Sie hatte vor, sobald sie genug gespart hatte, eine eigene Weinstube zu eröffnen. Es bekümmerte sie, daß ich so gar kein Interesse für ihren schönen Zukunftsplan zeigte, ja, ihr nicht einmal zuhören mochte, wenn sie Pläne schmiedete. Ich glaube, daß sie von Herzen froh war, als sie mich endlich los wurde.

Die Mizzi gebar mir ein Mädchen, das in der Taufe den Namen Hella Ruth erhielt. Mizzi gab es nach Gleisdorf zu Kleinhäuslern in Pflege. Es war damals Brauch, unerwünschte oder ledige Kinder zu Bauersleuten zu geben und monatlich dreißig bis vierzig Schilling dafür zu bezahlen. Die Kinder konnten es gut oder schlecht getroffen haben. Meine Tochter Hella hatte glücklicherweise gute Zieheltern gefunden. Ich gestehe es nur ungern, daß ich, solange ich jung war, für meine Tochter Hella nichts getan habe. Auch nicht für ihre Mutter. Im Gegenteil. Ich habe nicht nur Mizzis erspartes Geld, sondern auch das Geld ihrer Großmutter, die ein Haus in Gösting besaß, restlos durchgebracht. Die tüchtige, schöne Mizzi war elend mit mir hereingefallen.

Ich wollte, ich könnte an dieser Stelle sagen, daß ich diesen außerehelichen Kindern Margarete und Hella gegenüber immer ein schlechtes Gewissen gehabt habe. Aber das wäre die blanke Unwahrheit. Mit sechsundzwanzig Jahren haben mich weder die Kinder noch ihre Mütter gekümmert. Das schlechte Gewissen kam erst viel später. Ich habe es heute noch. Obwohl ich mir Mühe gegeben habe, meine jugendliche Gleichgültigkeit wettzumachen.

\*

Bevor ich Graz für immer verließ, bandelte ich noch mit Kitty an. Sie führte selbständig eine kleine Bar und hieß eigentlich ganz schlicht Käthe. Kitty war sparsam und auf eine lästige Weise eifersüchtig. Als ich eines Tages in Geschäften nach Wien fahren mußte, gab mir Kitty einen Brief für ihre Schwester mit, die in der Rathausgasse einen Posten als Köchin hatte. Abends gegen drei Viertel sieben lieferte ich Kittys Brief ab. Wir hatten es uns gerade in der Küche bequem gemacht, als die Gnädige von einem Ausgang zurückkam. Mit einem erschreckten »Um Gottes willen« schubste mich die Köchin in eine kleine fensterlose Kammer, in der es abscheulich nach Schweiß und schmutziger Wäsche roch. Ich hielt mich ganz still. Draußen hörte ich die Dame des Hauses in aufgebrachtem Ton die Schwester meiner Kitty schlichtweg einen »Schlampen« nennen, dem der Hausschlüssel entzogen werde, um künftigen nächtlichen Ausflügen einen Riegel vorzuschieben. Dann war Ruhe, und ich konnte mich wieder in die Küche wagen. Kittys Schwester schien verzweifelt und ratlos. Kurzum, ich blieb die Nacht über bei ihr in der Dienstbotenkammer und tröstete sie nach Kräften. Obwohl Kittys Schwester nicht besonders reizvoll, dafür aber sehr gelüstig war, wollte ich sie nicht kränken.

Ein Jahr mochte vergangen sein – Kittys Schwester und jene Nacht waren längst vergessen –, bekam ich von Amts wegen die Mitteilung, daß ich Vater eines Sohnes namens Gustav geworden war. Geld hatte ich damals keines, also machte ich mir weiter keine Gedanken, sondern nahm die Benachrichtigung ohne Widerspruch zur Kenntnis.

Man sollte meinen, daß ich immer sehr leicht zum Heiraten bereit gewesen sei. Aber das wäre ein Irrtum. Es stimmt, ich bin fünfmal vors Standesamt getreten, und das ist gewiß nicht wenig. Wenn man aber die vielen Fälle zählen würde, in denen ich – oft sogar buchstäblich in letzter Minute – einem heiratslüsternen Mädchen entwischt bin, sieht die Sache anders aus.

*

Ich hatte den lästig gewordenen Staub meiner Heimatstadt Graz endlich von den Füßen und die liebesdurstigen Mädchen abgeschüttelt. Wien war die Stadt meiner Hoffnung geworden, es doch noch zu etwas bringen zu können. Immer wieder seit dem Tode meiner guten Mutter klangen mir ihre flehentlichen Worte im Ohr: »Gustl, werd' was Anständiges!« Vorsorglich hatte ich mich mit allerlei freundlichen Empfehlungsschreiben von allerlei hilfsbereiten Grazer Bekannten versehen lassen; mittellos und dennoch voller guter Vorsätze, ein anständiger Mensch zu werden, dampfte ich ab nach Wien.

*

Als erstes suchte ich einen Ingenieur auf, der bei einer Familie Chlamdasch in der Heinrichgasse wohnen sollte. Kennengelernt hatte ich den Herrn Ingenieur im Grazer Untersuchungsgefängnis. Natürlich traf ich ihn nicht an; dafür aber Frau Chlamdasch, eine Dame in den besten Jahren, die es mit meinem Ingenieur trieb, derweilen ihr Mann dem Altgummihandel nachging. Im Verlaufe eines Kaffeestündchens schüttete sie ihr Herz und die gesamten Familienverhältnisse vor mir aus. Beim Abschied zeigte sie mir ein kleines, hofseitiges Kabinett mit dem Hinweis, daß es – ausgestattet mit Bett, Tisch und Schrank – für wenig Geld zu mieten wäre. Meinen Einwurf, daß ich kein Geld für die erste Mietzahlung hätte, schien sie großmütig zu überhören. So wurde ich Untermieter bei Frau Chlamdasch.

Der Methodistenpfarrer Spörri in Graz hatte mir eine Empfehlung an einen sächsischen Methodistenpfarrer in Wien gegeben. Dieser nahm mich herzlich auf, und nachdem die Frau Pfarrer geräucherte Bücklinge und Quark vor mich hingesetzt hatte, fragten sie nach dem Woher und Wohin und nach meinen Plänen. Ich erklärte ihnen, daß mein Lebensschifflein im Augenblick ziellos dahintreibe, nur eines sei sicher: Ich wollte mir eine erträgliche Existenz aufbauen.

Der Methodistenpfarrer empfahl mich an ein Mitglied seiner Gemeinde, einen Masseur, von dem ich mich als Masseur und Hühneraugenspezialist ausbilden lassen sollte. Natürlich kostenlos.

Obwohl ich mir alle Mühe gab, bin ich in dem Metier nie ein Meister des Hühneraugenschneidens geworden. Und auch als Masseur konnte ich auf die Dauer nicht reüssieren, weil ich nicht kapieren wollte, was die Kunden und sogar mein Meister – zum Teil in ungeschminkten Andeutungen – von mir erwarteten. Meine entschiedene Verweigerung solcher Gefälligkeiten führte binnen kurzem zu einer lautstarken Auseinandersetzung mit meinem Lehrmeister, die sogar in Handgreiflichkeiten ausartete. Damit war meine Karriere in der Körperpflege zu Ende.

*

Solche und andere teils skurrile, teils betrübliche oder auch erheiternde Erlebnisse verwandelte ich in meiner Freizeit in Kurzgeschichten, Erzählungen, Gedichte; ich schickte sie an einige Wiener Zeitungen und bekam diese Gehversuche in der Kunst des Schreibens im besten Falle mit einem vorgedruckten Zettel zurück: »Aus Platzmangel müssen wir Ihre Arbeiten leider ... Betrachten Sie dies bitte nicht als eine wie auch immer geartete Kritik.«

Ich reduzierte das Essen auf eine Mahlzeit am Tag.

Viele hohe Persönlichkeiten des öffentlichen Lebens, so auch den Landeshauptmann und Bürgermeister von Wien, Karl Seitz, und die in Wien lebende Schriftstellerin Karin Michaelis, habe ich in bewegten Worten um Vermittlung einer Arbeit gebeten. Arbeit konnten sie mir nicht geben, aber ich bekam kleine Geldspenden, von denen ich notdürftig mein Leben fristete.

In dieser trostlosen Situation führte mich ein freundlicher Zufall vor einer kleinen Milchhalle mit einem älteren Herrn mit graumeliertem Vollbart zusammen. Es war der Stadtphysikus Dr. Börner. Dieser gütige Mensch gab mir eine Empfehlung an den Katholischen Caritasverband und an den Vorstand des Katholischen Pressevereins, Monsignore Fried. Als durch die Vermittlung des letzteren einige Arbeiten aus meiner Feder abgedruckt wurden, sah ich dies als Beweis dafür an, daß ich auf dem richtigen Weg war.

Dr. Börner schien überhaupt für mich die Brücke zum Glück zu sein. Durch ihn gewann ich auch zwei Massagekunden, den Dominikanerpater Carolus Stumpf, ein ehemaliger preußischer Offizier, und einen achtbaren Kaminkehrer. Doch das war erst der Anfang meiner Glückssträhne. Kraft seines Amtes als Vorstand des Katholischen Kindervolksbildungswerks »Frohe Kindheit« ernannte mich Dr. Börner zum Leiter dieser kleinen Gemeinschaft für die Innenstadt. Ich bekam ein richtiges Gehalt dafür.

Natürlich ließ ich mir vom ersten Gehalt gleich Besuchskarten drucken: ›Hans René, Schriftsteller und Jugenderzieher‹, mein Pseudonym, das ich der Operette »Der Graf von Luxemburg« entliehen habe.

Leiter der Organisation »Frohe Kindheit« zu sein, machte mir viel Spaß. Ich kam in Kontakt mit einer ganzen Anzahl von weltlichen Priestern, Patres, Prälaten und christlich-sozialen Politikern. Während der Schulferien arbeitete ich als Schwimmlehrer.

So war ich endlich auf dem Wege zu einem normalen Leben. Die Kinder liebten mich, die Eltern brachten kleine Geschenke, und manche luden mich in ihre Wohnung ein. Manche alleinstehende Mutter ließ durchblicken, daß sie mir allzu gern ein gutes Gulasch kochen würde. Nur in einem einzigen Fall habe ich dieser Lockung nicht widerstehen können, wenn auch eher aus Mitgefühl als aus Leidenschaft. Diese Frau mit dem Aussehen einer bebrillten Philosophieprofessorin war eine kleine Strickerin. Sie fertigte Petit-Point-Taschen an, eine berühmte Wiener Spezialität. Weil sie mich als Schwimmlehrer am Gänsehäufel nackt gesehen hatte, war ich ihr, wie sie es nannte, »nicht mehr aus dem Sinn gegangen«. Ihre Sinnlichkeit machte ihr arg zu schaffen. Und der aufrichtige Versuch, im Gebet eine Zuflucht zu finden, schien nichts zu fruchten.

Ich wußte, daß unsere Beziehung nur von kurzer Dauer sein

konnte. Wir haben uns nach einer Weile in aller Freundschaft getrennt.

Mit unvermindert großem Eifer widmete ich mich der »Frohen Kindheit«. Für die Theateraufführung von »Familie Schimeck« mit meinen Kindern in den Räumen des alten Klosters am Michaelerplatz konnte ich Dank und Lob eines Ministers und eines Bischofs einheimsen. Stolzgeschwellt ließ ich mir neue Besuchskarten drucken: Hans René, Schriftsteller, Jugendleiter und Regisseur.

Ich leistete mir einen Wintermantel, Schuhe und Wäsche; nicht etwa, weil ich so viel verdiente, sondern weil ich Tag für Tag an nicht weniger als drei Freitischen einen Platz hatte; einen bei den Dominikanern, einen bei den Franziskanern, einen bei den Trinitariern.

Zu behaupten, ich hätte in Wien eine prima Stellung gehabt, wäre übertrieben. Aber es ging mir nicht schlecht. An Dr. Börner besaß ich eine verläßliche Stütze insoweit, als er mir eine Menge Kontakte und im Notfall auch Geld verschaffte. Dr. Börner hatte als Student einer schlagenden Verbindung angehört und war entschiedener Anhänger des Ritters von Schönerer gewesen, also einer von denen, die laut brüllten: Los von Rom! »Der Engel des Herrn« – wie er sich ausdrückte – hatte ihn jedoch aus der Schar der Verblendeten hinweg und in die Reihen der Gläubigen geführt. Seitdem mied er Alkohol, Frauen und Nikotin und konnte somit schwerlich etwas dagegen einzuwenden haben, daß Frau Börner ihre Gunst einem Hausfreund schenkte.

Dr. Börner zuliebe ließ ich mich von einer Kirche zur anderen schleppen, lernte die deutsche liturgische Messe mitsingen, ja, ich nahm sogar eine Nacht lang an der »Ewigen Anbetung« teil.

Gern hätte er mir seinen väterlichen Segen gegeben, wenn ich seine Nichte Gretel, die seinem Herzen nahestand, zum Traualtar geführt hätte. Ich habe es nicht getan.

*

Seit den Tagen des Kinematographen hat mich alles, was mit dem Thema Film zusammenhing, ungeheuer interessiert.

In den Zeitungen stand, daß über den steirischen Priester-Liederdichter Ottokar Kernstock ein Dokumentarfilm gedreht worden war, um den sich die Gesangvereine und Sängerbünde des In- und Auslandes »rissen«. In den Zeitungen stand ferner, daß es in Frankreich eine große katholische Filmgesellschaft gäbe und daß in Frankreich Pfarrkinos gegründet würden. Solche Nachrichten und die Meldung, daß in München eine katholische Filmproduktion unter dem Namen »Leofilm« bestünde, die ihren ersten Film »Kinderhände klagen an« in Vorbereitung hätte, ließen bald eine Idee in mir reifen, die ich mit Josef Friedrich, seines Zeichens Lehrer für Sprechtechnik, Regisseur für Laienspiele und eifriger Kirchgänger, besprach. Er war von meinem Plan, eine internationale katholische Filmgesellschaft zu gründen, ehrlich begeistert.

Wir zimmerten in gemeinsamer Anstrengung ein Exposé zusammen, für das wir den Dominikanerpater Carolus Stumpf, den Franziskanerpater Dr. Bernhard Brunnauer und den Oberhirten von Wien, Kardinal Dr. Piffl, erwärmen konnten. Der Kardinal gab unserem Vorhaben sogar seinen Segen. Dank ihm und einer Hunderttausend-Schilling-Hypothek auf das Dominikanerkloster Retz in Niederösterreich konnte die »Inka-Film GmbH« gegründet werden.

Ich ließ neue Besuchskarten drucken: Hans René, Schriftsteller, Chefregisseur der Inka-Film, Wien. Die Presseleute bekamen angesichts meiner Programmpläne das Staunen!

In meinem neuen Metier trugen endlich die Grazer Alpina-Film-Erfahrungen Zinsen. Als ich in einer Broschüre den Titel las: »Aus der Tiefe« – »De profundis«, gefiel er mir so ausnehmend gut, daß ich flugs ein Filmexposé dazu verfertigte; es wurde eine Geschichte zum Steinerweichen.

Den geistlichen Herren vom Aufsichtsrat, Josef Friedrich und natürlich mir selber gefiel sie trotzdem großartig. Inka-Film-Direktor Josef Friedrich stellte mir sogleich ein Monatsgehalt von eintausendfünfhundert Schilling und einige tausend Schilling als Vorschuß zur Verfügung, nicht ohne mir deutlich zu machen, daß ich natürlich ihn als Hauptdarsteller für diesen Film zu entdecken hätte.

Fünf große Räume in der Singerstraße wurden als Filmbüro ausgestattet. Die weiblichen Angestellten trugen ihr Haar à la Greta Garbo, die Lippen rot bemalt, die Augenbrauen ausrasiert. Die männlichen Angestellten kopierten entweder Harry Liedke oder Willi Forst. Sogenannte Filmsachverständige pilgerten scharenweise herbei und versuchten, gutbezahlte Ratschläge anzubringen, lobhudelten meiner Auffassung über die neue Filmkunst, schmeichelten mir als dem österreichischen Stanislawskiy. Ich nahm das alles für bare Münze.

Mein Plan war, die Schauspieler aus dem Volke zu nehmen. Die Zeitungen brachten eine Meldung darüber und damit unter die Leute, von denen tags darauf eine Menge die Büroräume und das Stiegenhaus in der Singerstraße überschwemmte. Mit gut verhohlener – wie ich hoffte – Bänglichkeit musterte ich die brauchbaren Typen aus und bestellte sie in vier Gruppen in den Theatersaal eines katholischen Vereinshauses.

Wie ich es dem Regisseur Karl Leiter – der damals den Film »Die Frau auf der Banknote« inszenierte – abgeguckt hatte, instruierte ich, mit einem weißen Kittel bekleidet, einer Hornbrille mit Fensterglas auf der Nase, einen wollenen Langschal um den Hals geschlungen, ein Sprachrohr vor dem Mund, die »Schauspieler aus dem Volke«: »Ihr geht auf einer grünen, blumenbedeckten Wiese . . . hört ihr die Kirchenglocken? Seht ihr die Blumen . . . ? Hinter euch ziehen schwarze Gewitterwolken am Himmel auf . . . hört ihr das Donnern, das Grollen? . . .«

Die Begabten wurden aussortiert, geschminkt und vor die Kamera gestellt. Notfalls bekamen sie noch Einzelunterweisung.

Meine Wohnung in Döbling war zum Tummelplatz zahlreicher Filmenthusiasten geworden. Eine Wohnung in Döbling, in der Cottage, zu haben, das war schon etwas. Ich wohnte bei einem pensionierten General, der sich herabgelassen hatte, mir für die mit Barock- und Biedermeiermöbeln eingerichteten Räume den stolzen Mietzins von 200 Schilling abzunehmen. Eine Wirtschafterin, längst jenseits von Gut und Böse, hielt den Haushalt in Ordnung.

Um diese Zeit lernte ich Adelheid, genannt Deli, Tochter eines bekannten Wiener Keks- und Brezelfabrikanten, kennen. Deli, betont vornehm, betont ehrgeizig, betont gutherzig und betont bösartig, wollte partout der Star der »Inka-Film« werden. Vorerst allerdings wurde sie meine Geliebte. Am Weihnachtsabend überrumpelten mich ihre Eltern mit der Mitteilung, sie seien schweren Herzens bereit, zu der erbetenen Verlobung mit ihrer ältesten Tochter Deli ihre Einwilligung zu geben.

Ich muß wohl wie ein hypnotisiertes Kaninchen dreingeschaut haben. Denn Deli murmelte, ohne die Lippen zu bewegen: »Reg dich net auf, das Ganze gilt ja nicht!«

Meine feiertägliche Stimmung war ohnehin schon seit Mittag gestört gewesen, weil mir die Inka-Film ein Weihnachtsgeschenk ganz besonderer Art überreicht hatte: meine fristlose Entlassung! Dieser Tiefschlag hatte eine lange Vorgeschichte.

Im Herbst waren Josef Friedrich und ich nach Berlin gefahren, um dort nach Kameraleuten und Architekten Umschau zu halten. Ich hatte die Absicht, irgendwie ein filmreifes Drehbuch zu ergattern, um zu erfahren, wie man so etwas schreibt.

Vor unserer Abreise hatten wir uns tipptopp im Schneideratelier Tiller eingekleidet. Dann fuhren wir erster Klasse über Prag nach Berlin. Da wir vom Geld eines katholischen Klosters lebten, uns kleideten, reisten, mußten wir wohl oder übel im christlichen Hospiz »Zur Stadt Kiel« im Zentrum Berlins wohnen. Damenbesuch war dort selbst am hellichten Tag verboten.

Friedrich, der im Interesse der Inka-Film GmbH täglich kommunizierte, brav die Frühmesse und die Nachmittagsandacht absolvierte, nahm mit großer Bereitwilligkeit auch die unterhaltsameren Lasten der Berliner Tage auf sich. Um die Hauptrolle in »De profundis« lebensecht verkörpern zu können, mußte er begreiflicherweise auch selber die Untiefen des Lebens kennengelernt haben: schummerige Nachtlokale, Dirnenstraßen, Spielhöllen. James Klein's Revue »Tausend nackte Frauen« mit Hans Albers genossen wir Provinzler wie eine sündige Offenbarung.

Ich schloß bei diesem ersten Berlinaufenthalt Freundschaft mit dem Filmtechniker und Taxichauffeur Erich Bogdan, einem Urberliner, der diese Stadt und alle ihre Attraktionen kannte wie seine Westentasche. Ich lernte Dauertänzer kennen und Hungerkünstler, die freiwillig wochenlang in einem gläsernen Käfig hockten, Leute, die auf den Händen gehend die Welt durchqueren wollten, lernte die Filmbörse kennen, wo vom Riesen Goliath bis zum Zwerg Nase, von der vierhundert Pfund schweren Dame bis zum Kamerun-Neger jede Art Menschenmaterial zu finden und anzuheuern war. Viele von denen, die sich auf diesem traurigen Menschenmarkt anboten, hungerten, obwohl man damals mit relativ wenig Geld sein Leben fristen konnte.

In der Redaktion der »Filmbühne« und des »Filmkurier« bekam ich zum ersten Mal ein Filmdrehbuch in die Finger. Ich habe mich damit sogleich viele Stunden hingesetzt und die Struktur eines Filmdrehbuchs in allen Details aufgezeichnet. Da ich nicht schwer von Begriff war, ging ich am selben Tag noch an die Ausarbeitung der ersten Szenen meiner Filmgeschichte.

Regisseure, Kameraleute, Filmarchitekten hielten unseren Filmvorwurf zwar für eine gute Unterlage, der aber auf keinen Fall für einen geldbringenden, abendfüllenden Spielfilm reichte:

»Janz richtig, allet janz scheen, aber mit det Zeug kannste keene Katze hintern Ofen vorlocken! Det is jenauso, als wennste vor det Kintopp hinschreibst, hier sin de schwarzen Pocken. Keen Mensch jeht in son Kintopp, vastehste!«

Nun wußten wir Bescheid; ich konnte mein Meisterwerk »De profundis« einsargen. Dabei hatten wir auf diesen Filmstoff hin wacker gesündigt und fünfzehntausend Schilling Klostergeld ausgegeben! Josef Friedrich fiel auch nichts Besseres ein als der Rat, schleunigst einen anderen Filmstoff herbeizuzaubern. Doch woher nehmen?

Im »Wiener Journal« las ich, daß der Südtiroler Pater Innerkkofler für sein Heimatland Südtirol, das durch den Friedensvertrag von St-Germain 1919 vom Mutterland abgetrennt worden war, zu einer großen Protestkundgebung in Wien aufgerufen hatte. Mir kam der rettende Einfall: Das Thema Südtirol wäre ein zündender Filmstoff, und den Titel hatte ich auch gleich parat – »Ringendes Land«.

Josef Friedrich, die Patres und Kardinal Dr. Piffl waren von meiner Idee überaus angetan, nicht minder Pater Innenkofler, der stets ein Wagner-Barett auf dem Kopfe trug und Hunderte von kleinen Singvögeln frei im Zimmer umherfliegen hatte. Seiner Mithilfe war ich sicher.

Die Geistlichkeit segnete wohlwollend zwar meine Arbeit, der ich mich jetzt widmen würde, nicht aber meine mittlerweile auf vier

»Verhältnisse« angewachsenen Liebschaften. Meine auch in dieser Hinsicht prekäre Situation erfuhr eine zusätzliche Erschwerung durch Friseuse Emmi, meine große Liebe aus der Grazer Zeit, die eines Tages mit einem roten Fez samt Quaste auf dem Köpfchen und einem fremden Akzent auf der Zunge aus südslawischen Landen in meine Arme geflattert war. Ich konnte ihr einreden, daß mein Amt bei einer katholischen Filmgesellschaft es nicht zulasse, daß wir zusammen hausten, und quartierte Emmi bei Frau Chlamdasch ein. Gottlob flatterte sie bald weiter. Alles schien gutzugehen. Da kam der Engel des Herrn in Gestalt meines gütigen Protektors Dr. Börner und schlug mich. Dieser Ausbund an Glaubenseifer hatte den bestürzenden Einfall gehabt, ich sollte der Kunst entsagen und mich nur noch Gott und der Kirche widmen, denn ich sei für ein heiligmäßiges Leben bestimmt. Dr. Börner beteuerte, der Herr sei ihm mit dieser Botschaft im Traum erschienen, und er willfahre nur dem Willen des Herrn.

Ich konnte den lieben Herrgott damals nicht verstehen, daß er sich ausgerechnet auf mich kaprizieren wollte. Er mußte doch über mein Leben, mein Denken und meine Unmoral Bescheid wissen. Warum quälte der liebe Gott den gütigen Dr. Börner mit solchen Einfällen, warum quälte Dr. Börner mich? Warum versprach er mir, für meine drei ledigen Kinder zu sorgen, meinem Vater eine kleine Unterstützung zu zahlen, meine beachtlichen Schulden zu tilgen? Warum schilderte er mir das Leben eines Missionars in Farben, die – ich gestehe es ein – einen gewissen Zauber auf mich ausübten? Ich sah mich schon in dunkler Soutane mit einem Moiréband um die Hüfte, Christi Kreuz in der Hand, durch den Urwald streifend, die Heiden bekehrend. Warum sollte ich unter den Missionaren nicht einer der ersten, warum nicht Bischof, Kardinal, Ordensgeneral werden? Meine Landsleute in Graz würden Augen machen, wenn ich ihnen von der Kanzel herab die Leviten lesen würde und daß ich nicht vorhätte, für sie im Himmel Fürsprache zu leisten.

Ich beugte also in Demut mein Knie vor Dr. Börner, machte jedoch einen schlauen Vorbehalt: »Wenn der Heilige Geist bei mir Einkehr halten sollte, dann will ich ein Gottesstreiter werden!«

Dr. Börner wußte sogleich, an welchem Ort mir der Heilige Geist am ehesten nahekommen könnte; er schickte mich nach St. Gabriel bei Mödling, in die Klosterstadt der Steyler Patres.

Mir war es recht; die Klosterruhe konnte der Vollendung meines Filmdrehbuchs nur förderlich sein.

Die Kirchenzeitungen gaben bekannt: »Der Schriftsteller und Chefregisseur Hans René begibt sich zur Vertiefung usw., usw. ... in das Kloster der Steyler Patres ...« Auf diese Notiz hin schrieb mir mein Vater, er habe ja nie viel von meinem Leben verstanden, aber daß ich jetzt »auf geistlich reisen« wollte, das verstünde er überhaupt nicht: »Daß du so falsch sein kannst, hätt' ich mir nicht gedacht!«

Was ahnte mein Vater schon von meinen Selbstsuggestionen, von den seltsamen Wegen, die Gott mich wandeln ließ?

Nach vier Wochen Klosterleben wußte ich, daß der liebe Gott es mir sehr schwer machte, ihm auch nur ein bißchen näherzukommen. Wohl wissend, daß ich nie ein Heiligmäßiger werden könnte, tat ich alles, um wenigstens den Patres gefällig zu sein in Gebet, Betrachtung und Zerknirschung. Doch in Gott war ich nie – nie. Im Gegenteil: Der Teufel fuhr in mich. Ich wurde von lüsternen Vorstellungen und lebhaften Gedanken an überaus weltliche Freuden arg geplagt, obwohl Essen und Trinken alles andere als üppig waren.

Nach einem Monat offenbarte ich dem Oberen des Klosters, daß ich ein räudiges Schaf sein und bleiben würde, er möge mich ziehen lassen. Gelassen hörte er mich an und ließ mich gehen. Ich war sehr froh darüber. Denn wäre ich länger im Kloster geblieben, hätte ich eines Tages die Kleidung und den Haarschnitt der Mönche annehmen müssen. Wer weiß, vielleicht hätte mich diese Prozedur Gott nähergebracht.

Schlechten Gewissens kehrte ich zu meinem väterlichen Freund Dr. Börner zurück und gestand, daß ich nicht die Gnade verspürt hatte, ein aufrichtiger Diener Gottes zu werden.

Dr. Börner drang in mich, es nicht bei diesem einen Versuch bewenden zu lassen, ich sollte mich den Jesuiten anvertrauen, sie seien die besten Teufelsaustreiber. Ich sagte mit Bestimmtheit »Nein!« Er entließ mich ohne ein gutes, aber auch ohne ein böses Wort. Von dieser Stunde an war ich für ihn gestorben. Er kümmerte sich viele Monate nicht mehr um mich. Die geistlichen Aufsichtsräte der Inka-Film nahmen die Tatsache, daß ich nicht Mitbruder in Christo werden konnte, ihrerseits schweigend hin.

Mit dem Dominikanerpater Carolus Stumpf fuhr ich nach Tirol, um mit den Passionsspielern von Erl, einem Dorf am Fuße des Kaisergebirges, Fühlung zu nehmen. Der Erler Pfarrer sagte gern seine Mitarbeit zu, und die Erler Bauern versprachen die Mitwirkung an unserem Film gegen Zusicherung eines guten Soldes. Prachtvolle Schnee- und Sonnentage machten uns dieses schönste Tal Tirols unvergeßlich. Im Schlafwagenexpreß fuhren wir am dreiundzwanzigsten Dezember über Innsbruck heim nach Wien.

Die Sekretärin der Inka-Film tischte mir brühwarm meine bevorstehende Entlassung auf. Den Grund dazu hatte man in meinem dunklen Vorleben gefunden, das der Kameramann Bruno aufzuhellen bemüht gewesen war, den ich aus Graz geholt und mit einer gut bezahlten Stellung bei der Inka-Film versorgt hatte. Das geflügelte Wort: Tu keinem etwas Gutes, dann hast du auch nichts Böses zu erwarten, bewahrheitete sich an mir wieder einmal.

Eine schöne Bescherung zum Heiligen Abend! Josef Friedrichs Stiefvater ließ mich gegen Aushändigung eines Monatsgehalts mein Einverständnis mit der fristlosen Entlassung unterschreiben, wünschte »Gesegnetes Weihnachtsfest« und ging.

Die zweite schöne Bescherung an diesem Tage wurde mir in Gestalt der gewaltsamen Verlobung mit Deli, der Brezel- und Keksfabrikanten-Tochter, zuteil.

Binnen kurzem war ich wieder völlig blank und häufiger Leihhauskunde. In Wien war meines Bleibens nicht länger. Einen Teil meiner Habseligkeiten verschenkte ich an Berta, eine junge Schauspielerin mit herrlichem, langem Haar, das bis in die Kniekehlen reichte. Sie hat alles an ihren neuen Geliebten weitergeschenkt. Jahre später begegnete ich ihr mit einem Mann – er trug meine schöne Sporthose!

An Braut Deli schrieb ich einen Abschiedsbrief mit der Bitte, ihrerseits die Verlobung aufzulösen. Die Antwort bestand aus einem einzigen Wort: »Schuft«.

Ich glaube, daß es keines großen Nachdenkens bei mir bedurft hat, ich habe auch nicht lange das Für und Wider erwogen, ich habe unter dem Schicksalsschlag der fristlosen Entlassung einfach meiner ersten Regung nachgegeben und bin nach Berlin gefahren, wieder einmal voller Hoffnung, in dieser Stadt der ungeahnten Möglichkeiten endlich mein Glück zu machen. Wie schwer es sein würde, in einer fremden Stadt Fuß zu fassen, darüber stellte ich nicht einmal während der langen Bahnreise Überlegungen an, sondern vertraute blind dem Leitmotiv meines Lebens: Ohne Glück soll der Mensch nicht sein auf der Welt. Ein Zufall schubste mir einen Mann vor die Füße, den ich vor dem Überfahrenwerden erretten konnte. Das Schicksal wollte es, daß er Generaldirektor einer großen Versicherungsgesellschaft, ein Mann mit vielen Beziehungen und obendrein sehr dankbar war.

Er brachte mich in das große, weltweit bekannte Verlagshaus Ullstein. Paul Wiegler, Schriftsteller und Literaturhistoriker von Rang, nahm sich meiner an. Und der Chef des Hauses, Herr Ullstein persönlich.

Sie ermutigten mich, einen Roman zu schreiben und zahlten mir sogar einen Vorschuß. Nachdem ich mein erstes Manuskript, der Titel hieß »Tatort Schauspielhaus«, abgeliefert hatte, wurde ich zu Paul Wiegler bestellt. »Kernmayr«, sagte er, »Sie haben viel Fantasie, und das ist wichtig für einen Schriftsteller. Ihr Manuskript ist nicht schlecht, aber bevor wir es wirklich drucken könnten, muß es ins Deutsche übersetzt werden.«

Einen Augenblick lang war ich beleidigt, denn ich war überzeugt, daß ich deutsch schreiben konnte. Wiegler bewies mir freundlich, was ich alles falsch gemacht hatte.

Nachdem maßgebende Lektoren, wie Wiegler selbst und ein Herr Rilla, Bruder von Walter Rilla, diesen meinen ersten Roman umgeschrieben hatten, wurde er mein erster Erfolg.

Ich habe den Berlinern ungemein viel zu danken. Nicht nur den Filmleuten und den Verlegern, auch den einfachen Menschen. Sie waren zu mir, dem Österreicher, sehr gut. Sie mochten meine Sprache, obwohl sie mit meinem steirischen Dialekt nichts anzufangen wußten. Sie hatten eben eine Schwäche für das Österreichische. Kaum hatte ich den Mund aufgemacht, wurde ich schon zum Essen oder auch zur Liebe eingeladen.

Berlin war eine großartige Stadt. In welcher anderen Stadt der Welt hätte man, wenn man tüchtig war, so schnell Karriere gemacht wie im Berlin von 1928/29? Wo wäre wohl ein Neuling, ein Nichts, ein Außenseiter so gut aufgenommen worden wie ich in Berlin.

Eine der bekanntesten Erscheinungen des damaligen Berlin war der katholische Großstadtapostel Dr. Karl Sonnenschein. Ein Rheinländer. Er sah aus wie ein ehemaliger Korpsstudent, voller Schmisse im Gesicht. Ein frommer Mann mit einem guten Herzen.

Wenn er bei einem Minister, ich denke an den Reichspostminister Giesberth, zum Mittagessen eingeladen worden war, wurde er vorher gefragt: »Wieviel Leute werden Sie mitbringen?« – »Höchstens fünf.«

Nachher waren es dann doch fünfundzwanzig. Handwerker, Studenten, Landstreicher. Sie alle wurden gastlich aufgenommen.

Er hatte eine große katholisch-soziale Studentenbewegung aufgezogen; ich gehörte zu seinen Schützlingen. Ihm habe ich viel, ja, sogar sehr viel zu verdanken. Wenn man ihn beim Mittagessen antraf, drückte er einem seine Gabel in die Hand, er selber aß mit dem Löffel weiter. Es schmeckte ihm nur, wenn der andere mit ihm aß.

Er war kein gesunder Mann, er hatte ein Lungenleiden und mußte eines Tages fort aus Berlin, in den Süden. Alle bedauerten, ihn zu verlieren. Reiche Leute überschütteten ihn mit Geschenken, brachten ihm kofferweise Kleider ins Haus. Ehe er die Stadt verließ, hatte er alles wieder verschenkt. Mit einem Hemd und einer Hose fuhr er weg.

Er hatte mit meinem ehemaligen Religionsprofessor und geistlichen Betreuer Prof. Dr. Johannes Ude, »dem Stummen von Österreich«, und mit Eugenio Pacelli, dem nachmaligen Papst Pius XII., in Rom studiert.

Eugenio Pacelli habe ich, als er noch Nuntius in Berlin war, gefilmt. Ich drehte einen Film über den Katholikentag in Potsdam. Die Kamera war geliehen. Vom Fotografieren verstand ich nichts. Ich drehte drauflos. Und, siehe da, es gelang. Der Dompropst zu Potsdam bat mich zum Mittagessen. An der großen Mittagstafel saß ich Nuntius Eugenio Pacelli gegenüber. Von seiner Gestalt, seiner Sprache, seinen Händen war ich begeistert. Ich vergaß aufs Essen – es gab kleine

Markknödel, einer davon fiel mir auf dem Weg vom Teller in den Mund vom Löffel. Alle sahen mich an, man lächelte. Eugenio Pacelli sagte: »Das kann jedem passieren!«

Nachmittags filmte ich den Nuntius in der Josefskapelle in Potsdam. Er erteilte den Segen. Ich filmte seine Hände. Einige Tage später suchte ich ihn auf, um ihm den Film vorzuführen. Ich traf ihn, als er, einen dünnen Bambusstock in der Hand, aus dem Garten kam. Er lud mich zum Tee ein.

*

In Berlin gab es in den zwanziger Jahren einen interessanten Mann, einen Pazifisten, den Dominikanerpater Strathmann. Ein wahrer Heiliger. Manche Nacht habe ich ihm zugehört. Ich glaube, daß ich einen Teil meines Erfolges der Tatsache verdanke, daß ich großen Persönlichkeiten zugehört habe. Ich war immer bereit, mich belehren zu lassen.

Auch den Modekaplan Fahsel habe ich kennengelernt. Die Frauen von Berlin umschwärmten ihn, belagerten ihn. Er war ein schöner Mann. Er hielt Vorträge über Erotik und Exotik. Sein Auditorium bestand meistens vor allem aus Frauen. Sie jubelten ihm zu wie einem Filmschauspieler. Er wohnte bei einer Schulratswitwe in einer Acht-Zimmer-Wohnung. Ich war des öfteren bei ihm zum Kaffee. Er besaß Schallplatten aus der ganzen Welt. Negerspirituals liebte er am meisten.

In meiner allerersten Zeit in Berlin habe ich den großen Schauspieler Emil Jannings kennengelernt, als ich noch in der Presseabteilung der UFA arbeitete. Er hat sich mit mir, der ich doch ein unbekannter Schreiberling war, sehr freundlich unterhalten und mir ein Interview gegeben. Und das kam so:

»Baby« war eine kleine Kamera. Sie war die billigste unter den vielen Fotoapparaten. Sie war so billig, daß ich sie zu einer Zeit, als der Hunger mich sehr quälte, die Quartiersfrau mich wegen Mietschulden auf die Straße setzte und meine Zahnbürste als Pfand zurückbehielt, nicht verkaufen konnte. Niemand wußte von meinem Hunger, von meiner Obdachlosigkeit, niemand dachte daran, mir eine halbe Mark für eine Terrine Löffelerbsen bei Aschinger zu geben.

Viel Geschriebenes über vielerlei Themen hatte ich den Redakteuren schon vorgelegt.

»Nee, nee, Mensch, det is nischt für uns! Nimm dir 'ne Zigarette, hau ab! Wir brauchen nur Aktualitäten und die bebildert!«

Ich begab mich auf die Suche nach einer Aktualität. »Eine Frage noch, Herr Redakteur, was soll's denn sein?«

Er lachte. »Das mußt du selber wissen! Dafür wirst du ja auch bezahlt.«

Berlin ist eine schöne Stadt, wenn man satt ist. Ich war hungrig. Die Stadt war mir zuwider. Ich ging durch die Straßen, hielt nach einer Aktualität Ausschau. Mein Körper war geschwächt, mein Gehirn frei, ich ging nicht, ich schwebte dahin. So kam ich zum Tiergarten. Kein Liebespaar, kein Selbstmörder weit und breit.

Ein toller, hellblau lackierter Maybach kam angebraust. Statt einer Hupe ertönte eine Fanfare. Dann gab es einen Knall. Ein Hinterrad war ohne Luft, der Pneu geplatzt. Aus dem Auto stieg der bekannte Schauspieler Emil Jannings. Hinter ihm der Chauffeur.

Jannings fluchte.

Ich zog meinen Hut, stellte mich vor. »Bitte, ein Interview! Was denken Sie über die Mode?«

Jannings: »Wie bitte!? Mode? Mir egal!«

Ich gestand Emil Jannings meine Notlage. Er lachte. »Wart' mal, Junge, das werden wir gleich haben!«

Emil Jannings zog seinen Rock aus, krempelte die Hemdsärmel hoch und half dem Chauffeur, das Rad vom Wagen zu montieren. »So. Und nun knipse runter, was du im Kasten hast!«

Ich knipste Emil Jannings von allen Seiten.

Jannings sagte: »Was ich über Mode denke? Modern ist alles, was ich trage! Das ist aber nicht von mir, das ist von Oscar Wilde!«

Ich war der glücklichste Mensch der Welt – bis mir einfiel, daß in meiner Babybox überhaupt kein Film war.

»Was denn, was denn, Junge, was hast du denn?! Soll ich dir noch ein Eckhaus schenken?« fragte Emil Jannings. Er griff in die Tasche und drückte mir einen Taler in die Hand. »Nun aber fix, kauf dir einen Film. Ich warte!«

So schnell hat noch kein Mensch eine Filmrolle gekauft wie ich.

Der Drogist mußte mir das überzählige Geld – ich war schon auf der Straße – nachtragen.

Emil Jannings hatte sein Versprechen gehalten. Er hatte gewartet. Ich knipste. Er tat alles, worum ich ihn bat. Er reichte mir die Hand und ließ diese Szene von seinem Chauffeur knipsen.

Es gab gute Bilder und eine Geschichte: Sie hieß: »Mein Freund Emil Jannings«.

Bilder und Manuskripte wurde ich reißend los. Die Honorare waren gut, mein Hunger gestillt.

Viele Jahre später, ich war der Nachbar von Emil Jannings am Wolfgangsee, haben wir noch oft von dieser ersten Begegnung in Berlin gesprochen.

Ich bin zu Hitlers Zeiten und nach 1945 oft gefragt worden: »Wie standen die Jannings' eigentlich zum Dritten Reich, zu Adolf Hitler, zum Nationalsozialismus?«

Niemand weiß so gut wie ich, daß Emil Jannings die Bonzen des Regimes nie geliebt hat. Er konnte das nach dem Krieg beteuern, soviel er wollte, niemand glaubte ihm. So waren es nur wenige Freunde, die ihm treu geblieben sind, vor allem der berühmte Dichter Alexander Lernet-Holenia und ich, die wir in seiner Nähe am Wolfgangsee wohnten.

Offen herausgesagt, die Jannings standen Ja und Nein zum Dritten Reich. Eines war Tatsache: als Künstler, als Emil Jannings, der den deutschen Filmruhm in die Welt getragen hat, stand er halt bei Hitler und vor allem bei Josef Goebbels. Aber ein Nationalsozialist war Emil Jannings nie. Man munkelte, er müsse seine Mutter verstecken. Ich war oft bei Emil Jannings – seine Mutter habe ich nie zu Gesicht bekommen.

Emil Jannings wurde gleich, nachdem Goebbels den Bereich Film als hervorragendstes Propagandamittel für sich annektiert hatte, in den Kunstbeirat gewählt. Er bekam im Dritten Reich die höchsten Gagen: man sprach von einer halben Million, und selbst wenn es nur dreihunderttausend gewesen wären, in jenen Jahren war es eine Summe, von der ebenso hervorragende Schauspieler nicht zu träumen wagten.

Im Rahmen der Tobias-Film Berlin war Emil Jannings wortführend. Es geschah nur, was er befürwortete. Alle Gunst, die das Dritte Reich zu verschenken hatte, wurde ihm zuteil. Noch Anfang 1945 bekam er den Auftrag, in München einen Film zu drehen. Als Wohnung wurde ihm die Villa von Robert Ley, Chef der Deutschen Arbeitsfront, zur Verfügung gestellt. Sprit für sein Auto bekam er bis zuletzt. Sein Diener Franz brauchte nicht einzurücken. Seine Frau Gussy hatte immer genügend Lebensmittel im Haus, und zu trinken gab es auch genug.

Man erzählte sich die Geschichte von zwei maßgebenden deutschen Nazi-Autoren, die Emil Jannings erpressen wollten, weil sie wußten, daß auf seinem Besitz am Wolfgangsee Tausende Flaschen Cognac eingemauert waren. Sie wußten auch, daß er ein großes Bankkonto in der Schweiz hatte.

Ich selber war zugegen, als Emil Jannings, nachdem er die Ausreisegenehmigung in der Tasche hatte, mit seiner Familie in die Schweiz fuhr und sich dort das erste General-Motors-Auto, einen Mercuri, kaufte. Er bezahlte mit Schweizer Franken.

Ihn hat die Sonne des Dritten Reiches beschienen, das ist gewiß. Bei einer maßgebenden Sitzung in München, auf welcher der letzte Reichsfilmdramaturg gemeinsam mit dem Produktionsleiter Helmut Schreiber (alias »Kalanag«, Adolf Hitlers großem Zauberer und Magier) entschied, welche Filme noch gedreht werden sollten, sagte er: »Kernmayr, Sie sollten einen Film über den Volkssturm schreiben!« – Dabei blinzelte er mir zu.

Unter vier Augen war Emil Jannings kein Nationalsozialist, ganz bestimmt nicht. Aber er war auch nicht wie viele andere dagegen, wie z. B. Willi Forst, Karl Hartl und andere große Filmleute.

Um 1948 herum wurde im Hause Jannings anläßlich der Wiederkehr des nach Amerika emigrierten, weltweit bekannten ehemaligen Produktionschefs der UFA, Erich Pommer, ein Fest gefeiert. Als die Gäste besonders schöne Rosen im Garten bewunderten, sagte Jannings' Tochter arglos: »Diese Rosenstöcke sind ein Geschenk von Goebbels«, was ein nicht eben freundliches Echo fand. Da sagte Frau Gussy Jannings: »Kinder, er ist tot, laßt ihn in Frieden ruhen!«

Ich glaube, Jannings konnte gar nicht gegen Hitler sein. Man muß ihm wohl irgendeine Konzession gemacht haben. Ich bin nie dahinter gekommen, welche. Immer war ihm die Rolle wichtiger als das politische Ziel eines Films. So übernahm er auch die Rolle des Ohm Krüger. Sein Regisseur Hans Steinhoff, mit dem er die Filme herstellte, war ein Nazi. Schon mit »Der alte und der junge König« zeigten die beiden, Hauptdarsteller wie Regisseur, daß sie mit Adolf Hitlers Wollen einverstanden waren.

Nach 1945 sagte Emil Jannings einmal zu mir: »Kernmayr, wie konnten Sie so dumm sein, dem Adolf zu vertrauen!? Ich habe von Anfang an gewußt, daß das ein Schaumschläger, ein politischer Hochstapler, ein Verbrecher ist. Aber in keinem anderen Staat hätten Werner Krauss und ich die Chance gehabt, diese großen Rollen zu spielen.« Trotz alledem, Emil Jannings war der Größte unter den Schauspielern.

*

Ich hatte Elsbeth, meine zweite Frau, ziemlich satt, ja, ich kann sagen, sie hing mir zum Halse heraus. Vor allem jedoch ihre arrogante Verwandtschaft. Aber sie wollte sich nicht scheiden lassen. Wir zankten uns Tag und Nacht. Schließlich wurde mir die Sache zu dumm, ich packte meinen Koffer. Meine außereheliche Tochter Gretl, die bei uns lebte, gab ich in ein Internat. Ich selber fuhr dritter Klasse in die weite Welt.

Daß Elsbeth sich nicht scheiden lassen wollte, störte mich wenig. Diese Ehe schützte mich in gewisser Weise vor den Frauen, nicht vor ihrer Liebe, nein, das hätte ich auch nicht gewollt, aber sie bewahrte mich vor weiteren Hochzeiten.

Ich war Liebhaber, und mein Leben als Liebhaber gefiel mir. Elsbeth kümmerte sich nun nicht mehr um mich. Sie ließ mich in Ruhe.

Jahre später, ich war schon Chefdramaturg in Wien, tauchte Elsbeth wieder auf mit dem verlockenden Vorschlag, sie mit zwanzigtausend Mark abzufinden. Ich verdiente gut; das Geld hätte mir nicht weh getan. Trotzdem dachte ich: »Gustl, sei wachsam!« – Elsbeth konnte mir erzählen, was sie wollte, sie konnte mir den Vorteil einer einmaligen Abfindung in den leuchtendsten Farben schildern, ich sagte Scheidung ja, Abfindung nein. Wie gut ich daran getan hatte, ersah ich aus der Vermählungsanzeige, die ich vier Monate darauf erhielt. Ich habe meinem Nachfolger von Herzen gewünscht, daß er mit Elsbeth glücklich werden möge. Ich selber war froh, daß ich sie los hatte.

Kurz nach dieser Scheidung heiratete ich in Wien die Dame Margarethe, genannt Mae. Mae war meine Sekretärin und ein hübsches, charmantes Mädchen. Mae hatte einen Verehrer, einen reichen Fabrikanten. Und dem wollte ich beweisen, daß ich ihn ausstechen konnte. Es gelang mir. Ich heiratete Mae. Wir bewohnten ein kleines Häuschen in Hietzing. Ich verdiente gut, und wir hätten zusammen glücklich sein können. Wir waren es nicht. Ich war eifersüchtig, kontrollierte sie von früh bis spät, hielt es selber aber nicht für nötig, ihr die Treue zu halten.

Alle paar Wochen pflegte Mae ihre Koffer zu packen und zu ihrer hübschen Schwester Ella zu flüchten, von der ich sie reumütig zurück holte. Zuerst gab es Tränen, dann Versöhnung im Bett. Die Ehe mit Mae hat nicht länger als neun Monate gehalten, aber mir den Stoff zu einem Roman geliefert: »Die große Liebe« erschien im Paul Zsolnay-Verlag und brachte mir einen schönen finanziellen Erfolg.

*

Den Verleger Paul von Zsolnay – er hat mehrere Bücher von mir herausgebracht – hatte ich in Wien kennengelernt. Ich erinnere mich noch genau an unsere erste Begegnung. Zsolnay war in einer unangenehmen Lage. Die Nationalsozialisten bemühten sich nach dem Anschluß 1938, ihm den Verlag wegzunehmen.

Im Auftrag von Goebbels war ich nach Wien geschickt worden, um die Dramaturgie der Wien-Film zu übernehmen. Produktionschef war Karl Hartl, sein Stellvertreter Erich von Neusser, Direktionsassistent Heinz Ewert. Als ich nach Wien kam, hatte die Wien-Film mehrere Akademiker als Dramaturgen und gewiß keine schlechten. Daß ich, der ehemalige Fleischhauergeselle, ihnen als Vorgesetzter nicht willkommen sein konnte, war begründet. Diese hochgebildeten Dramaturgen taten daher alles, um mir ein Bein zu stellen.

Ich mußte immer Lexikon und Duden zu Hilfe nehmen, um mir

ihre Vorschläge ins Deutsche zu übersetzen. Ihre Exposés wimmelten von Fremdwörtern.

Als ich in meiner Eigenschaft als Chefdramaturg der Wien-Film zu Paul von Zsolnay kam, wollte ich einige Neuerscheinungen seines Verlages zur Verfilmung erwerben. Ich bildete mir ein, durch meine Position mit Herrn von Zsolnay leichtes Spiel zu haben. Ich hatte mich gründlich geirrt.

Paul von Zsolnay saß selbstbewußt und unnachgiebig unter seinen Mitarbeitern. Er zuckte mit keiner Wimper, als ich ihm den Preis nannte, den ich für die Verfilmung seiner Bücher bezahlen wollte.

»Nein, Herr Kernmayr, es tut mir sehr leid . . . aber unter solchen Umständen müssen wir darauf verzichten, mit der Wien-Film Geschäfte zu machen.«

Ich traute meinen Ohren nicht. »Wissen Sie überhaupt, wer hinter der Wien-Film steht?« hielt ich ihm entgegen.

»Das ist völlig uninteressant!«

»An der guten Laune des Herrn Reichspropagandaministers muß Ihnen eine ganze Menge gelegen sein, Herr von Zsolnay!«

»Darum geht es hier nicht, Herr Kernmayr«, sagte Herr von Zsolnay ruhig, »es geht auch nicht um unseren Verlag, es geht um die Autoren, die ich vertrete. Meine Autoren haben Anspruch auf eine entsprechende Vergütung, wenn ihre Werke verfilmt werden.«

»Wir halten den Vorschlag, den wir Ihnen gemacht haben, für durchaus akzeptabel!«

»Ich bedaure, das ist er leider nicht. Solange ich noch Chef dieses Unternehmens bin, werde ich keine Verträge von der Art machen, wie Sie sie mir jetzt vorschlagen!«

Damit war die Verhandlung beendet. Einige Tage darauf ging ich noch einmal zu Herrn von Zsolnay. Diesmal allein. Wir tauschten einen Händedruck, und ich ging auf seine Forderungen ein. Paul von Zsolnay hat mir mein überhebliches Betragen, das ich bei dem ersten Gespräch an den Tag gelegt hatte, wohl im Interesse seiner Autoren nicht übelgenommen.

In seinem Verlag habe ich auch Frank Thiess und meinen späteren Freund, den Schriftsteller und Dramatiker, nachmals Vize-Direktor des Burgtheaters, Hofrat Dr. Friedrich Schreyvogl, kennengelernt.

Paul von Zsolnay war ein bemerkenswerter Mann und zum Verleger geboren.

Nach einem weiten Umweg über die Landwirtschaft und das Bankgeschäft entdeckte er seine Liebe zu Büchern, seine Liebe zu den Menschen, die diese Bücher schreiben und zu jenen, denen man mit diesen Büchern Freude bereiten kann. Es war eine ehrliche und tiefe Liebe, die sein ganzes weiteres Leben umgestimmt hat. Er sagte wörtlich zu mir: »Wenn Sie fragen, wie groß die Liebe sein soll, so möchte ich zitieren: das Maß der Liebe ist ohne Maß.«

Er suchte den Umgang mit Autoren. Die Autoren waren damals genauso unzufrieden wie heute. Sie bildeten sich auch damals ein, von den Verlegern schlecht behandelt zu werden und für sie nichts anderes zu sein als das unentbehrliche Mittel zum Zweck des Geldverdienens.

Paul von Zsolnay verstand vom Verlagswesen nichts, aber er hatte eine gute Nase für Autoren. Der Erfolg seines Verlages ist das beste Beispiel dafür, daß man den Beruf des Verlegers genausowenig lernen kann wie den Beruf des Schriftstellers.

Als Paul von Zsolnay schon ein prominenter Verleger war, kam ein anderer prominenter Verleger zu ihm und sagte: »Herr von Zsolnay, Ihr Verlag hat einen großen Aufschwung genommen. Kunststück, Sie haben die besten Autoren, die wir in Europa und Übersee haben. Wenn man von Hause aus so reich ist wie Sie, ist eben alles einfach ... Aber ich glaube, ein richtiger Verleger wird man nur dann, wenn man so wie ich mit Bücherpacken angefangen hat.«

»Verzeihen Sie, Herr Professor«, sagte Paul von Zsolnay darauf, »Bücher packen kann ich bis heute noch nicht. Dafür aber verstehe ich etwas von Manuskripten und von Autoren, und ich glaube, daß dies das wichtigste in unserem Beruf ist.«

Paul von Zsolnay liebte seine Autoren und schreckte auch nicht davor zurück, das Buch eines Autors herauszubringen, selbst wenn er im vorhinein wußte, daß er damit keinen großen finanziellen Erfolg haben würde.

Er ließ keinen im Stich, zahlte aber auch nur bescheidene Honorare. Ich werde es ihm nie vergessen, daß er mich herausgebracht hat, obwohl er wußte, daß ich der NSDAP angehörte. Ich bin ihm dankbar, daß er 1950 ohne Ressentiment Bücher von mir verlegt hat. Er sagte: »Es gibt bessere, viel bessere Autoren als Sie einer sind. Aber ich brauche auch Autoren, die Glück haben, und deren Bücher ich verkaufen kann.«

*

Karl Hartl, der hochangesehene Regisseur, war bei der Wien-Film Produktionschef. Unsere Tagesarbeit begann damit, daß ich punkt zehn Uhr in seiner Villa zu erscheinen hatte. Wenn ich mich auch nur wenige Minuten verspätete, grollte er: »Aus Ihnen wird nie etwas werden, Kernmayr . . . tun Sie endlich mal was gegen Ihre entsetzliche Unpünktlichkeit!«

Dann wurde gefrühstückt. Dabei überließ sich Hartl oftmals seinen politischen Betrachtungen. Mich nannte er einen Vollidioten, weil ich an den Nationalsozialismus glaubte. Er war einer der wenigen, die Goebbels und dem jeweiligen Reichsfilmdramaturgen in fachlichen Fragen zu widersprechen wagten. Er konnte es sich erlauben, weil er im Rahmen der Wien-Film die erfolgreichsten deutschen Filme herstellte. Er hatte ein gutes Team beisammen, ausgezeichnete Regisseure – Geza von Bolvary, Willi Forst, Gustav Ucicky, Emmerich Emo, Franz Antel usw.

Wir politisierten bis zum Mittagessen. Karl Hartl machte dann bis 3 Uhr ein Nickerchen. Dann erst fingen wir an zu arbeiten. Dafür hatte ich Punkt zehn Uhr vormittags bei ihm erscheinen müssen! Es wurde wirklich gearbeitet. Oft bis weit über Mitternacht, wenn wir unsere Arbeitsgespräche beim Heurigen oder in einer Bar fortsetzten. So entstanden die Filme »Donauschiffer« und der große Mozartfilm »Wen die Götter lieben«, den Karl Hartl selbst inszeniert hat.

Ich konnte einen meiner Freunde, den ungarischen Theater- und Filmautor Tibor Jost, zur Mitarbeit an einem Drehbuch hinzuziehen, weil Goebbels es mir zur Auflage gemacht hatte, die besten Autoren für die Wien-Film einzukaufen. Auch Nichtarier, auch Kommunisten.

Der Propagandaminister sagte wörtlich: »Es macht nichts, wenn Sie einmal einen Juden als Mitarbeiter erwischen, nur darf er nicht mit seinem Namen zeichnen. Die Besten sind für unsere Filmproduktion gerade gut genug. Sparen Sie nicht bei den Honoraren, zahlen Sie gut, dann bekommen Sie auch gute Arbeiten.«

Tibor Jost meldete sich bei der Wien-Film, um sich über den Auftrag, den er erhalten sollte, zu orientieren. Er gehörte zu den Menschen, die aus ihrer Überzeugung schlecht einen Hehl machen können. Er legte gleich mit ein paar Anti-Nazi-Witzen los. Erich von Neusser lachte, die Witze waren gut. »Großartig, lieber Jost, wirklich ausgezeichnet. Aber ich bitte Sie, wenn Sie jetzt zum Kernmayr 'rübergehen, dem dürfen Sie solche Witze um Gottes Willen nicht erzählen. Der ist nämlich ein Nazi.«

Tibor Jost fand seine Witze viel zu gut, um sie für sich behalten zu können. Er erzählte sie mir, kaum daß wir über das Notwendigste gesprochen hatten. »Mein lieber Kollege Jost«, warnte ich, »eines sage ich Ihnen ... mir können Sie solche Witze ja ruhig erzählen, aber ich werde Sie jetzt mit Ihrem Mitautor zusammenbringen. Ich flehe Sie an, erzählen Sie dem Ihre Witze nicht.«

Es war im Dritten Reich in Künstlerkreisen nicht leicht, ein Nazi zu sein – jedenfalls bei der Wien-Film nicht, wo Erich von Neusser – er ist inzwischen verstorben – und ich die Parteigenossen waren. Und trotzdem hat nach 1945 niemand vom Film oder vom Theater ihn oder mich für die Geschehnisse der Vergangenheit verantwortlich gemacht.

1921 oder 1922, ich weiß es nicht mehr so genau, denn es ist immerhin ein halbes Jahrhundert her, habe ich Adolf Hitler im Bahnhofswartesaal von Linz an der Donau kennengelernt. Er schlug mir auf die Schulter und sagte: »Warten Sie es ab, Kernmayr. Die Zeit arbeitet für mich. Meine große Zeit kommt erst.«

Ich verstand nicht, was er damit sagen wollte. »Wieso große Zeit?« fragte ich.

»Verlassen Sie sich drauf, ich weiß, was ich sage, Sie kommen auch noch dran.«

Einen Augenblick hatte ich geglaubt, es mit einem Spinner zu tun zu haben. Aber seine Augen waren hellwach. Der Name Hitler sagte mir nichts; mir schien das ziemliche Angeberei, was er sagte, aber ich habe diese Sätze nicht vergessen.

*

1939, kurz vor Kriegsbeginn, war ich mit vielen österreichischen Künstlern und Persönlichkeiten des öffentlichen und kulturellen Lebens Adolf Hitlers Gast im Schloßhotel Kobenzl. Ich saß mit dem Schauspieler Ferdinand Marian am Tische Hitlers.

Hitler fragte Ferdinand Marian, ob er seinen Aufstieg als Schauspieler den Sternen oder seinem Können verdanke.

Marian, der es darauf anlegte, Hitler nicht unmittelbar antworten zu müssen, wendete sich zu mir und fragte in seinem breitesten Steirisch: »Na, was glaubst... hoab' ich's selber g'schafft... oder die Stern'?«

Mir war bekannt, daß nicht alles, was man hätte sagen und fragen mögen, in Gegenwart Adolf Hitlers ausgesprochen werden durfte; Neulinge wurden von Martin Bormann genauestens instruiert, welches Thema berührt werden durfte und welches beileibe nicht; später gab es sogar gedruckte Anweisungen darüber.

Daß Adolf Hitler den Astrologen nicht gut gesinnt war, wußte ich aus dem Munde des ehemaligen k.u.k. Rittmeisters Schöffel, der in Purkersdorf bei Wien eine astrologische Zeitschrift herausgab, an der auch mein Freund Dr. Fritz Stüber mitarbeitete. Seit Monaten schon bekamen sie »Ermahnungen« von höchsten NS-Stellen, ihre düsteren Prophezeiungen für die Zukunft Deutschlands zu lassen, es wurde ihnen sogar mit dem Verbot der Zeitschrift gedroht. Ehe ich mir noch eine Antwort zurechtgelegt hatte, fuhr Marian schon fort: »Mein Führer . . . Ich sag's, wie ich's mir denke . . . was ich geworden bin, verdanke ich dem lieben Herrgott . . . und auch meinem Vater, der in Wien k.u.k. Staatsopernsänger war.«

Hitler lächelte maliziös: »Soso, Sie glauben also, der Herrgott war's?« Und ohne eine Bestätigung abzuwarten, wandte er sich an mich: »Glauben Sie auch an den Herrgott? Oder glauben Sie an die Macht der Sterne?« Er sah mich durchbohrend an, und ich antwortete prompt: »Jawohl, mein Führer, die Sterne haben bestimmt einen starken Einfluß!« »Aha!«, sagte er triumphierend. »Das habe ich mir gedacht! Aberglaube . . . das ist bei Künstlern wohl so üblich!?«

Er klopfte dreimal mit der Faust auf den Tisch: »Toi, toi, toi . . . nicht wahr?« Und dann legte er los: »Ich bekomme täglich Horoskope zugeschickt . . . manchmal gezeichnet von bekannten Namen, manchmal anonym . . . man will sie zwar vor mir verbergen, aber ich weiß Bescheid. Sie sind schlecht, ganz schlecht! Ich kümmere mich nicht darum, ich gehe meinen eigenen Weg. Horoskope! Dieses Gewächs gilt nicht für Männer . . . dieses Gefasel kann nur Memmen und Weiber erschrecken . . .«

Und dann erzählte er, wie schon so oft, von seinen Erfolgen vor und nach der Machtergreifung. Plötzlich schlug er sich mit der flachen Hand auf den Oberschenkel und rief: »Mein Stern ist die Vorsehung! Ich verlasse mich auf meinen Willen . . . Mit meinem Willen habe ich noch alles erreicht, was ich mir vorgenommen habe . . .«

Marian und ich sagten wie aus einem Munde: »Jawohl, mein Führer!«

»Der Hess glaubt auch an die Sterne. Ich weiß es«, fuhr Hitler fort, »wenn es nach den Sternen ginge, könnte ich einpacken! Aber ich kümmere mich nicht um die Astrologen! Sie schreiben absichtlich Unangenehmes in meine Horoskope, sie wollen mich damit erschrecken... mich an mir selber irremachen! Aber das verfängt bei mir nicht! Ich werde mit diesen Miesmachern aufräumen! Erst unlängst hat mir so ein Horoskopmacher geraten, meine Getreuen ablösen zu lassen... so, wie es Stalin tut, liquidieren... oder wie Mussolini, Wachablösung. Aber ich denke nicht daran! Diesem Obergescheiten habe ich die richtige Antwort gegeben... ob er schon etwas von deutscher Treue gehört hätte! Nein, nein, meine alten Kämpfer tausche ich nicht gegen Märzveilchen ein (Märzveilchen wurden jene Millionen Deutsche genannt, die nach der Märzwahl 1933 in die Partei eingetreten waren). Glauben Sie, Kernmayr, meine Idee wird viel später erst ganz groß werden... vielleicht in fünfzehn oder zwanzig Jahren... da brauche ich gar nichts mehr dazutun!«

Ich hielt meine Zigarette unangezündet in der Hand – Rauchen war in Gegenwart Hitlers nicht erwünscht – und stellte mit halber Stimme die Frage: »Mein Führer... von wo soll die Renaissance kommen?«

Hitler starrte an die Decke. Nach einer kleinen Pause entschied er: »Aus Österreich!«

Unvermittelt, wie es seine Art war, stand er auf und ging zu einem anderen Tisch.

\*

Ich finde es erstaunlich, daß Marie Louise, die fünfte Kernmayrin, auch ein ganz kleines bißchen von den Sternen beeinflußt wird. Meine rothaarige Callas der Feder, Marie Louise Fischer, pflegt zu sagen:

»Die meisten Leute halten mich für eine Intellektuelle, nur, weil ich eine Brille trage, studiert habe und Romane schreibe. Und das ärgert mich, weil das mit der Intellektuellen gar nicht stimmt. Wenn ich eine Zeitung oder Zeitschrift in die Hand bekomme, schlage ich immer zuerst das Horoskop auf, und ich freue mich wie ein Schneekönig, wenn ich eine vielversprechende Voraussage für mich finde – das ist doch wirklich alles andere als intellektuell!

Wenn aber etwas Schlechtes drin steht, sage ich mir: ›Ach, Unsinn, das stimmt ja doch alles nicht . . . wer wird denn an so einen Blödsinn glauben?‹ und habe es im Nu vergessen.«

Immerhin haben klügere Leute als die fünfte Kernmayrin an die Macht der Sterne geglaubt – man denke nur an den berühmten Hofastronomen Rudolfs II., den kaiserlichen Mathematiker Johannes Kepler, der, wenn er schwach bei Kasse war, für hochgestellte Persönlichkeiten nach bestem Wissen und Gewissen Horoskope anfertigte – und wenn jemand etwas von den Sternen verstanden hat, dann war es doch Johannes Kepler!

\*

Eines sehr frühen Morgens – besser gesagt zu sehr später Nachtstunde – saß ich im ›Old Inn‹, einem Lokal Unter den Linden in Berlin. Die Küche, die Getränke und die Bedienung waren um so hervorragender, als man bei dem Besitzer des ›Old Inn‹ siebenmal hintereinander die Zeche schuldig bleiben konnte, ohne daß einem Lokalverbot drohte.

Im ›Old Inn‹ lernte ich einen ausgesprochen starken Mann, Felix Graf von Luckner, einen der letzten Ritter, kennen. Er war ehemaliger Korvettenkapitän, in Dresden geboren und unter anderem auch Großmeister des Souveränen Tempelherrenordens zu Jerusalem. Graf Luckner ist 1966 gestorben. Zwei Tage vor seinem Tode hatte er noch mit mir telefoniert und mir eine Lausbubengeschichte als seinen Beitrag zu einem Buch über prominente Persönlichkeiten geschickt.

In den dreißiger Jahren ist Graf Luckner mit seiner Segeljacht ›Seeteufel‹ auf große Weltfahrt gegangen, und er hat über seine abenteuerlichen Erlebnisse eine Anzahl Bücher geschrieben.

Dieser erstaunliche Mann trat also im ›Old Inn‹, mit einem dicken Berliner Telefonbuch in der Hand, an meinen Tisch mit den Worten: »Entschuldigen Sie. Ich weiß nicht, wer Sie sind, aber Sie sind mir sympathisch. Ich habe neun Flaschen Schampus getrunken und Austern, Kaviar und andere teure Sachen gegessen. Nicht allein, sondern mit zwei Damen und einem Herrn. Ich habe das Geld, das meine Zeche kosten wird, nicht bei mir. Können Sie dieses Telefonbuch mitten durchreißen? Wenn ja, dann übernehme ich Ihre Zeche.«

Ich sagte: »Verehrter Graf, es wäre unfair, mit Ihnen eine Wette abzuschließen. So ein dickes Telefonbuch mit Hunderten von Seiten kann man nicht durchreißen.«

»Man muß es mit einem Griff zerreißen. Wollen Sie die Wette annehmen?«

Ich lachte. »Graf, es ist nicht fair ... Aber wenn Sie darauf bestehen, bitte.«

Graf Luckner nahm das Telefonbuch in beide Hände, Hände, die eines Waffenscheins bedurft hätten.

Dann fletschte er die Zähne, tat, als strenge er sich ungeheuer an, und mit einem Ruck hatte er das dicke Berliner Telefonbuch in zwei Teile quer durchgerissen.

»Ich habe die Wette verloren«, sagte ich.

»Ach was«, lachte Luckner, »wissen Sie, das gehört zu meiner Schau. Ich habe schon zahllose Berliner, Hamburger und Münchner Telefonbücher zerrissen. Ich bin darauf trainiert. Es wäre unfair, wenn ich jetzt auf der Bezahlung meiner Zeche bestehen würde.«

Wir tranken zwei Flaschen Champagner zusammen, fanden Gefallen aneinander; ich küßte seine beiden Damen, er küßte meine Dame, und zum Schluß hatten wir die Damen vergessen. In einem sehr obskuren Lokal im französischen Viertel von Berlin tranken wir noch Champagner mit Pilsener.

Er wußte am nächsten Tag nicht, wie er nach Hause gekommen war. Ich fand um meinen Hals gehängt ein Schild, auf dem standen mein Name und meine Adresse. Ein Chauffeur hatte mich um neun Uhr vormittags nach Hause gebracht. Ich wohnte Barneyweg 1 am Breitenbachplatz. Meine damalige Wirtschafterin, eine Adventistin, die am Samstag nicht arbeitete und am Telefon niemals log, nahm mich unter ihre Fittiche, zog mich aus, wusch mich, deckte mich zu, blieb an meinem Bett sitzen und betete. Sie hat mich für schwer krank gehalten!

Ein Großteil der Deutschen und zahllose Ausländer sind dem »böhmischen Gefreiten« bereitwillig gefolgt, solange der Erfolg auf seiner Seite war. Von den Österreichern gar nicht zu reden. Die rissen sich die Ärsche für ›ihren Adolf‹ auf. Und ich ebenfalls, das muß ich zugeben. Ich war auch nicht der Dümmste, und trotzdem bin ich seinen Versprechungen und der Faszination, die er auf die arbeitslosen, hungrigen Massen ebenso ausgeübt hat wie auf zahllose Intellektuelle, erlegen. In der wirtschaftlichen Misere und politischen Zerrissenheit der dreißiger Jahre hätte auch ein Herr Irgendwer, der Arbeit und Brot zu beschaffen versprochen hätte, in Deutschland an die Macht kommen können.

Die Deutschen bekamen das Huhn in den Topf und den Volkswagen in die Garage versprochen! Was Wunder, daß sie das Denken vergaßen und bereitwillig glaubten.

Es ist auch heute noch schwer, was Hitler und seine Zeit betrifft, ehrlich zu sein. Aber wenn ich schon aus meinem abenteuerlichen Leben berichten will, dann muß ich gestehen: Ich habe an Adolf Hitler geglaubt. Eines Tages ließ er mich nach München ins Café ›Carlton‹ kommen. »Kernmayr, ich möchte nicht, daß Ihr Buch ›Kamerad Schnürschuh‹ verfilmt wird. Wie Sie wissen, steht am Brenner Mussolini, und die Jugoslawen sind uns auch nicht gut gesonnen. Wenn die jetzt den Kärntner Abwehrkampf nach 1918 im Film vorgesetzt bekommen, gäbe es womöglich Schwierigkeiten. Schauen Sie sich das Stück ›Ich für Dich und Du für mich‹ im Theater am Nollendorfplatz an. Ich meine, daraus sollten Sie einen Film machen. Es soll aber kein Heil-Hitler-Film werden!«

Bei meinem Buch »Kamerad Schnürschuh« handelte es sich um den Kärntner Abwehrkampf 1918, als die Jugoslawen ein Stück vom Lande Kärnten besetzt gehalten hatten.

An unserem Gespräch nahm der damals noch nicht zum Professor ernannte, aber schon sehr bekannte Filmregisseur Karl Fröhlich teil.

Zu ihm sagte Adolf Hitler: »Fröhlich, nehmen Sie ruhig das Parteiabzeichen vom Rock. Ich glaube Ihnen den Nationalsozialisten nicht.«

Übrigens sagte Goebbels auch einmal zu mir, als man überlegte, ob man den Dichter Erich Kästner, der unter einem anderen Namen als Drehbuch- und Theaterautor arbeiten durfte, an einige Filme ansetzen sollte: »Kernmayr, ich habe das Gefühl, so ein handfester Nationalsozialist, der auch Opfer auf sich nimmt, sind Sie nicht. Bei Kästner weiß ich bestimmt, daß er kein Nazi ist. Bei Ihnen weiß ich es nicht genau. Ich habe das Gefühl, Sie sind keiner. Wenn Sie Kästner brauchen, bezahlen Sie ihn anständig. Denn er ist ein so bedeutender Schriftsteller, daß sich mancher schreibende Parteigenosse eine Scheibe davon abschneiden könnte.«

Erich Kästner schrieb unter zwei Pseudonymen, soweit mir bekannt war.

Der populäre Regisseur und Drehbuchautor Ernst Marischka heimste mit seinen Filmen Welterfolge ein. Auch ihm durfte ich mitteilen: »Du kannst deinen Freund und Autor Österreicher beschäftigen. Sein Name darf nur nicht im Filmvorspann oder in der Presse auftauchen.« Österreicher war ein bekannter Librettist.

Adolf Hitler selbst schickte mich zu Hans Moser. Dieser beliebte Filmschauspieler litt darunter, daß seine nichtarische Frau in Wien gelegentlich öffentlichen Beschimpfungen ausgesetzt war.

»Kernmayr, gehen Sie zu der gnädigen Frau«, sagte Hitler, »und richten Sie ihr aus, es wäre mir mehr als recht, wenn sie Österreich verließe. Ich habe schon darüber mit Goebbels gesprochen; Hans Moser bekommt einen Teil seiner Gagen in das Land überwiesen, in das seine Frau übersiedelt.«

Blanca weinte bitterlich. Hans Moser nicht minder. Sie bewohnten eine kleine Villa, ein Schlößchen, in Hitzing, und der Entschluß, allein außer Landes zu gehen, fiel Blanca unendlich schwer.

Viele Jahre später, als sie wieder in Österreich war, hat sie sich noch freundlich an meinen Beistand erinnert.

Salzburg im Bombenalarm. In einem Luftschutzkeller gestand Hans Moser: »Weißt, Gustl, ohne Blanca bin ich nichts. Alles, was ich geworden bin, verdanke ich meiner Frau!«

Blanca bekam einen Paß und eine Ausreisegenehmigung für Ungarn. Wenn es seine Zeit zuließ, fuhr Hans Moser übers Wochenende zu ihr nach Budapest.

Selbstverständlich mußte auch Hans Moser, der sehr aufs Geld schaute, Federn lassen, wenn für irgendeinen Zweck gesammelt wurde.

Der Besitzer des ›Stadtkruges‹ in Wien und seine schöne Frau waren gute Freunde von mir. Die Nazi-Prominenz, vom Gauleiter angefangen, verkehrte dort. Wir von der Wien-Film ebenfalls, Hans Albers, Zarah Leander, Hans Moser und wie sie alle hießen. Wir haben dort gefeiert und viel getrunken. Mit dem Gestapo-Chef Dr. Kaltenbrunner aus Linz an der Donau mußte Hans Moser ›Die Reblaus‹ singen und fürs Winterhilfswerk sammeln. Die WHW-Büchse schüttelnd, drängte er: »Geben's mehr! Geben's mehr!«

Um seiner Frau willen hat er den Nationalsozialisten Konzessionen gemacht.

Ich habe für Hans Moser so erfolgreiche Filme geschrieben wie »Schrammeln«, »Einmal der liebe Herrgott sein« und »Wiener G'schichten«.

Wenn einer unserer favorisierten Künstler der Wien-Film Ärger mit der NSDAP bekam, hieß es:

»Geh, Gustl, schau, daß du beim Chef« – damit war Hitler gemeint – »für mich dies und das durchsetzen kannst.«

Hans Moser, zum Beispiel, lag viel daran, daß er mehr Geld nach Budapest überweisen durfte, weil seiner Frau das Haushalten mit Geld schwerfiel. Sein wahrer Name war übrigens Julier, er stammte aus einer Hugenotten-Familie.

Ich habe nicht – was begreiflich ist – mit meinen Künstlerfreunden über die Nazis geschimpft. Ich habe nur, wenn ich eingeladen war, darum gebeten, daß sie keinen ausländischen Sender in meiner Gegenwart hörten, sondern damit warteten, bis ich fort war. Denn wenn irgend etwas davon herauskam, würde es heißen, der Kernmayr war dabei. Ich wäre selber in Verdacht geraten und hätte keinem mehr nützen können. Sie wußten sehr wohl, daß damit keinem geholfen gewesen wäre, aber wörtlich sagten sie, ich solle sie am Arsch lecken; ich wäre ein Scheiß-Nazi. Ich habe mitangesehen, wie sie die Auszeichnungen, die sie von den Naziführern entgegengenommen hatten, auf den Boden warfen und darauf herumtrampelten. Wenn sie zuviel getrunken hatten, wurden sie gelegentlich ungeheuer mutig. »Scheiß-Hitler, verrecke!« wünschten sie aus voller Brust. Am nächsten Tag, wieder nüchtern geworden, sagten sie: »Gustl, es ist doch gut, daß wenigstens einer von uns bei der Partei ist!«

Wenn schon ein Depp, dann ein richtiger. Und so ein richtiger Depp bin ich gewesen. Ich hätte es nicht notwendig gehabt, mich zu den Soldaten zu melden. Aber ich hatte einmal einen Roman gelesen: »Die Geschäfte des Herrn Ouverant«, geschrieben von dem deutschen Industriellen Wolf aus Köln. Mir war ein Satz aus diesem Roman in Erinnerung geblieben, der etwa besagte: Wenn man sich vor einer politischen Situation drücken will, muß man sich unter die Fittiche der Armee begeben. Das habe ich dreimal praktiziert. Ich wurde Sonderführer Z, Schmalspurleutnant.

Adolf Hitler sagte: »Ich will keinen Helden aus Ihnen machen, Kernmayr. Aber . . . ich möchte einen Bericht haben, nicht für die Zeitungen, sondern für mich, wie der Soldat im Krieg über die NSDAP und über mich denkt.«

Tatsache ist, daß ich die Geschichte des Sonderführers geschrieben habe. Dieser Held war ein kompletter Depp. Und dieser Held war ich.

Darüber werde ich später berichten.

Eines Tages stand vor der Lainzerstraße 107 ein Panzerfahrzeug. Neben dem Kraftfahrer saß ein Rittmeister, Herr Hartenstein, im Zivilberuf Spitzenfabrikant aus Plauen in Sachsen. Sein Besuch galt mir.

Herr Hartenstein kam im Auftrag der Obersten Heeresleitung mit dem Befehl, mich unverzüglich bei Generaloberst Heinrich Guderian in Berlin vorzustellen.

Ich hatte damals eine Braut, Aline Steinle aus Sigmaringen; wir wollten in drei Wochen heiraten.

Ich nahm von meiner Braut Aline Abschied.

Im Schlafwagen brachte mir der Rittmeister einiges Militärische bei.

Ich erfuhr, wie man sich meldet: In voller Uniform, Hand am Koppel, Pistole umgeschnallt, Handschuhe, »Sonderführer Hans Gustl Kernmayr meldet sich . . .«

Ich habe dieses Melden x-mal geübt – jedesmal mit einem anderen Text.

Hartenstein gab es schließlich auf: »Sie sind der gelernteste Zivilist, den ich je erlebt habe!«

Er setzte mir seine Offiziersmütze auf. Ich mußte vor ihm salutieren und die Hacken zusammenschlagen.

Als er mir beim Frühstück noch erklären wollte, wie man Messer und Gabel handhabt, und daß man warten muß, bis der Vorgesetzte sein Glas erhebt und trinkt, platzte mir der Kragen: »Essen und Trinken und wie man sich benimmt, habe ich mit meinen über vierzig Jahren schon gelernt.«

Hartenstein war nicht böse, nur verdutzt. In Berlin angekommen, fuhren wir mit dem Taxi zum Karlsbad, einem Riesenbau, in dem es von Offizieren und vor allem von Generalstäblern wimmelte. Hier wurde ich dem Chef der Zweiten Panzerarmee, Generaloberst Heinrich Guderian, vorgestellt.

»Kernmayr«, sagte er, »ich habe mir lange überlegt, ob ich Sie in Uniform als meinen persönlichen Berichterstatter mitnehmen soll . . .«

Ich hatte gerade verdattert »Herr Guderian . . .« herausgebracht, als Rittmeister Hartenstein mir auch schon die Faust in die Seite stupste und »Generaloberst!« zuflüsterte.

Ich fing noch einmal an: »Herr Generaloberst . . .«

»Haltung annehmen! Haltung!« erinnerte Hartenstein vernehmlich.

»Lassen Sie ihn, Hartenstein«, begütigte Guderian, »er ist doch ein Zivilist!« Nach einer Atempause fügte er hinzu: »Und wird immer ein Zivilist bleiben.«

Wir sprachen von seinem Kameraden, dem General und Ritterkreuzträger Dietl. Ich war vorher bei Dietl in Narvik gewesen. Hitler hatte es so gewünscht. Dietl »rekommandierte« mich seinerseits dem Generalobersten Heinrich Guderian. Der Zivilist H. G. K. schien den Generalen nicht unwillkommen zu sein.

Ich lernte auch Generaloberst Rommel kennen, die Obersten Beierlein und von Liebenberg, lauter liebenswerte Männer.

Generaloberst Heinrich Guderian ernannte mich zum Sonderführer Z. Er gab Rittmeister Hartenstein den Auftrag, mich noch in Berlin mit Uniform und allem, was dazu gehört, auszustaffieren.

Gegenüber vom Hotel ›Eden‹ neben dem Zoo wurde ich in einer Equipierungsstelle für Offiziere innerhalb von zwei Stunden mit allem, was ich brauchte, ausgestattet: Tellerkappe, Interimskäppchen, Uniform, Handschuhe, Strümpfe. Nur mit den Stiefeln gab es Schwierigkeiten. Von Geburt an lebe ich auf großem Fuße. Meine Freunde behaupten sogar, ich ließe meine Schuhe auf einer Bootswerft arbeiten. Stiefel für mich zu finden war sehr schwierig. Schließlich entdeckte ich doch ein Paar Größe 47 und obendrein ein Paar Stiefeletten.

Als Sonderführer Z in Uniform lud ich stolzgeschwellt Herrn Hartenstein ins Hotel ›Eden‹ zum Essen ein.

Wer saß dort? Der bekannte Regisseur und Produktionschef der Wien-Film, Karl Hartl, die Regisseure Willi Forst und Gustav Ucicky, Emmerich Emo, Generaldirektor Fritz Hirt, Erich von Neusser, Sohn eines k. u. k. Obersten und Maria-Theresien-Ritters.

Sie erhoben sich allesamt, wie ich mit Genugtuung sah. Vor ihnen stand nicht mehr der Zivilist und Chefdramaturg der Wien-Film, sondern der Schmalspurleutnant Sonderführer Z Hans Gustl Kernmayr. Sie rückten zusammen, und wir setzten uns zu ihnen.

Am gleichen Tag noch habe ich der Mutter meines Freundes Erich von Neusser einen Besuch gemacht. Selbst diese alte Dame, die jahrelang »lieber Hans Gustl« gesagt hatte, redete mich nun, wo ich in Uniform steckte, mit »Herr Leutnant« an. Der k. u. k. Oberst, der schon lange in Pension war, sagte natürlich ebenfalls »Herr Leutnant«. Ich staunte, was so eine Uniform für eine Wirkung hatte.

Wenn mein Vater, der gute Glaser- und Fleischhauermeister, und meine Mutter Resi gesehen hätten, wie ihr Bub, der doch einmal der oft zitierte Nagel zu ihrem Sarg gewesen war, sich gemausert hatte!

\*

Im Schlafwagen nach Warschau gelangt, fuhr ich mit einer Pferdedroschke ins Hotel ›Royal‹, dem gegenüber der Festungsstab II einquartiert war.

Als ich mich bei Guderian meldete, sagte er freundlich: »Beschaffen Sie sich eine Extra-Uniform, damit die Moskauer sehen, was wir für schöne Männer haben.« Dann mußte ich eine Weile in seinem Vorzimmer warten.

Schließlich stellte mich Guderian seinen engsten Mitarbeitern vor. Adjutant Oberstleutnant Büssing, ein schneidiger Oberschlesier, musterte mich von allen Seiten und sparte nicht mit wohlmeinenden Ratschlägen, etwa von der Art, daß ich nicht eingezogen worden sei, um mich als Held zu bewähren, sondern um über den Einzug in Moskau zu berichten, nicht etwa für die Zeitungen, nein, für das Wehrwissenschaftliche Institut.

Ich mußte mich bei einem weiteren Stabsoffizier melden. Handschuhe an, Handschuhe aus, Hand am Koppel, mein Sprüchlein aufsagen.

»Aha, Sie sind der Mann beim Chef, persönlich mit Adolf Hitler bekannt.« Woher die das wohl wissen mochten?

Anschließend wollte ich einen guten Bekannten aufsuchen, der in Wien mir gegenüber in der Sankt-Veit-Straße wohnte, den etwas schwerhörigen Chef der Nachrichtenabteilung der Panzergruppe Guderian, Oberst Albert Praun. Ich traf ihn nicht an. Man sagte, ich würde ihn im Hotel Royal finden. Die vier anwesenden Unteroffiziere grüßten zackig. In einem von ihnen entdeckte ich einen alten Freund, den Schriftsteller und Maler Erich Landgrebe. Er und der Oberst Praun wohnten in Wien im selben Haus.

Landgrebe und ich gingen zu Praun ins Hotel Royal. Wenige Tage darauf avancierte auch Freund Landgrebe zum Sonderführer Z, Schmalspurleutnant wie ich. Denn es hieß, man könne »sooo nicht mit ihm an einem Tisch sitzen«. Später ist er doch noch als richtiger Offizier der Panzertruppe in amerikanische Kriegsgefangenschaft geraten.

*

Drei Tage vor dem Einmarsch in die Sowjetunion verschwanden in Warschau meine Stiefel Größe 47. Schuld daran war eine schöne Frau.

Ich saß in der ›Goldenen Gans‹, einem von den hohen Militärs bevorzugten Restaurant. Die Bedienerinnen sprachen mit uns Deutschen kein Wort Deutsch. Sie lehnten auch jedes Trinkgeld ab.

Die Uniform kleidete mich gut, obwohl ich ein bißchen dick war.

Alles an mir war noch neu und der silberne Dolch an der Seite mein ganzer Stolz. Ich fand mich fast so schön wie die polnischen Ulanen des Ersten Weltkrieges, die mir als Bub schon imponiert hatten, weil sie so schmuck aussahen mit Lanzen und Fähnchen, schneidig, tapfer, elegant.

Ich liebte Polen und vor allem die Polinnen mit den kleinen Füßen, zarten Fesseln, geraden Beinchen, die in juchtenledernen Stiefelchen besonders bezaubernd anzusehen waren.

»Wie heißen Sie?« fragte ich eine der Bedienerinnen, die – wie man munkelte – angeblich alle dem polnischen Adel angehörten.

Keine Antwort.

»Sie sind schön!«

Keine Antwort.

»Ich liebe Ihre Heimat.«

Keine Antwort.

Hartnäckig kippte ich einen Wodka nach dem andern, bis ich nicht mehr Herr meiner Sinne war. Ich hatte nicht bemerkt, daß mittlerweile alle Gäste, außer mir, das Lokal verlassen hatten.

»Laß mich bei dir bleiben«, sagte ich zu der schweigsamen Schönen.

»Nein!«

»Bitte, bitte. Wer weiß, wie lange ich noch lebe. Ich ziehe in den Krieg.«

Sie lachte. Dann sagte sie auf deutsch: »Ihr Deutschen könnt ja nichts anderes als Krieg führen. Wenn du tot bist, ist ein Deutscher weniger.« Sie beugte sich näher zu mir: »Wenn du mir sagst, wann der Krieg mit Rußland beginnt, kannst du bei mir bleiben.«

Ich wußte es nicht. Ich kannte kein Datum. Ich wußte nur, daß es hieß, wir würden gegen Rußland ziehen. Wann, das wußten nur Generaloberst Guderian und seine Generalstäbler.

Nur um etwas zu sagen, antwortete ich aufs Geradewohl: »Übermorgen.«

Leise führte sie mich eine Treppe hinauf in ihr Zimmer.

Am nächsten Morgen frühstückten wir im Bett: Kaffee, Schinken, Eier. Ich fühlte mich großartig bis zu dem Augenblick, wo ich entdeckte: Meine Stiefel waren weg! Alles Suchen, alles Fragen half nichts; die Stiefel waren weg. Ljuba sagte, sie habe gewollt, daß die Stiefel verschwinden.

Um zehn Uhr vormittags sollte ich mich beim Oberbefehlshaber des Festungsstabes Panzergruppe 2, Generaloberst Guderian, melden.

»Ljuba, sag, wo sind meine Stiefel!« schrie ich, hundert Kilo schwer, groß, in Uniform und auf Socken – eine lächerliche Figur.

Sie kicherte. Sie lachte. »Ich will nicht, daß du zu deinen Soldaten gehst. Bleib bei mir. Ich werde dich verstecken!«

Ich weinte vor Verzweiflung. Ljuba weinte auch.

»Liebst du diesen Hitler?«

»Lieben? Nein! Aber ich bin Soldat. Deutscher Soldat!«

Eine wahre Flut haßerfüllter Worte gegen die Deutschen spie sie mir entgegen.

»Ich bin ein Deutscher!« brüllte ich. »Gib meine Stiefel heraus!«

Sie lachte nur und spuckte mich an.

Wutentbrannt schlug ich einmal, zweimal, dreimal zu.

Ljuba starrte mich kalt an. »Schwein! Deutsches Schwein!«

\*

In Warschau gab es damals kaum noch Taxis. Was an Treibstoff aufzutreiben gewesen war, hatten die Deutschen beschlagnahmt. Es gab Droschken, vor die ein Fahrrad gespannt war.

Ich fuhr in Socken ins Hotel Royal. Hauptmann Spieß log ich an: »Ich war betrunken. Als ich in der Frühe aufgewacht bin, waren meine Stiefel weg. Ich muß mich um zehn Uhr bei Generaloberst Guderian melden!«

Der Hauptmann besorgte einen VW-Kübelwagen, mit dem wir von Schuhgeschäft zu Schuhgeschäft, von Militärlager zu Militärlager fuhren. Wir fanden die schönsten Stiefel bis zur Schuhnummer 45. Ich brauchte Größe 47.

In der äußersten Not zwängte ich mich in ein Paar Schnürstiefel Größe 46. Die Zehen taten mir weh. Die Fersen taten mir weh. Ich erstand ein Paar Wickelgamaschen. Die Wickelgamaschen rutschten immerzu. So gerüstet, meldete ich mich um zehn Uhr bei Guderian.

Er sagte lächelnd: »Kamerad Schnürschuh, Ihre Wickelgamasche rutscht!«

Ohne mich um die Anwesenden zu kümmern, bückte ich mich und zog die Wickelgamasche herauf.

»Haltung!« pfiff ein Major mich an.

Guderian sagte begütigend: »Schon gut, Kamerad. Unser Freund Kernmayr ist nicht bei uns, um Soldat zu sein. Er soll über den Feldzug schreiben.«

Am gleichen Abend gab es ein Essen für sechshundert Offiziere.

Ich meldete mich bei einem Major aus Klagenfurt; er hieß wie mein angesehener, nun verstorbener Kollege der Feder: Josef Perkonig. Daheim Kaufmann und Reserveoffizier, betreute er hier die Offiziersmesse. Ich kannte ihn, wir duzten uns. Den Major Eichholzer, der neben ihm stand, kannte und duzte ich ebenfalls. Aber das galt wohl nur in Friedenszeiten. Denn die beiden Majore korrigierten mich: »Für Sie, Herr Kernmayr, immer noch Sie!«

Als Guderian eintrat, nahmen alle Haltung an.

Der damalige Chef der Nachrichtentruppe, Ritterkreuzträger Albert Praun, befahl mich an den Tisch von Guderian. Ich genoß es sehr, daß mir erstaunte Blicke folgten. Adjutant Büssing räumte seinen Platz, ich saß beim Generalobersten, der zwei Stunden lang von seiner Frau, seinen Söhnen, von seinem Blitzvormarsch in Frankreich erzählte.

Das Essen war spartanisch, der Wein schien mir für einen Toast, der auf Guderian ausgebracht wurde, zu sauer.

Er dankte: »Viel Soldatenglück, meine Herren!«

Um elf Uhr abends verabschiedete sich Guderian von den Herren an seinem Tisch mit Handschlag. »Sie bleiben zu meiner besonderen Verwendung, Kernmayr«, sagte er freundlich zu mir, gab mir die Hand und wandte sich zum Gehen.

Die beiden Majore aus Enns und aus Klagenfurt hatten spornstreichs das »Du« wiedergefunden: »Kamerad Kernmayr, was können wir für dich tun?«

Am nächsten Tag stand in der Liste der Führungsstaffel:

Befehlshaber: Generaloberst Heinrich Guderian. Dann folgten die Namen der Generalstabsoffiziere. Und gleich dahinter: Sonderführer ZbV Hans Gustl Kernmayr.

Der Kernmayr schien plötzlich auch für Leute vom Hauptmann aufwärts zu existieren; sie erzählten dem »Schreiberling« und »gelernten Zivilisten« ausführlich von ihren Heldentaten.

\*

Am späten Nachmittag dieses Tages war ich noch einmal in die ›Goldene Gans‹ gegangen. Ich fragte nach Ljuba. Niemand wollte sie je gesehen noch gekannt haben. Ich habe sie trotzdem gefunden. Sie hat geweint und mir ein Heiligenbild mit der Schwarzen Muttergottes in die Hand gedrückt: »Verzeih mir!«

Den Einmarsch in Rußland habe ich nicht in Stiefeln Größe 47, sondern in Schnürschuhen Nummer 46 mitgemacht. Nach sechs Wochen waren Zehen und Fersen vereitert. Ich habe in dieser Zeit so viel Ängste ausgestanden, daß ich den Schmerz an den Füßen nicht gespürt habe.

\*

Ich finde, man kann sich mit jedem Menschen vertragen. Nur: beim Reden kommen die Leute zusammen, beim Schreiben kommen sie auseinander.

Manche, die dieses Buch lesen, werden sagen: »Der Hans Gustl Kernmayr ist frech und schreibt sich allerlei von der Leber herunter!«

Und darum schreibe ich: Ich war von Adolf Hitler fasziniert.

Wenn ich in meinem Buch »Ein Volk kehrt heim« nachblättere, das ich innerhalb von vierzehn Tagen auf Anweisung Hitlers geschrieben habe und das von dem größten Anti-Nazi überhaupt und Kulturpapst von Berlin, Paul Wiegler, eingerichtet wurde, jenem Mann, der mich als Schriftsteller sozusagen erfunden hat, staune ich nachträglich.

Für Paul Wiegler konnte ich in meiner Eigenschaft als Nationalsozialist gelegentlich nützlich sein. Zumindest habe ich seiner Freundin Frau Norden, der Mutter des jetzigen Propagandachefs der DDR, helfen können.

Paul Wiegler sagte eines Tages zu mir: »Gustl, Sie können die

Wohnung von Frau Norden in der Künstlerkolonie am Breitenbachplatz haben. Frau Norden muß, weil sie Jüdin ist, aus der Wohnung heraus. Sie hat noch Möbel und weiß nicht, wohin damit.«
Ich habe die Möbel gekauft, und Frau Norden hat mir gesagt, wieviel Geld sie dafür haben wollte. Ich habe es ihr über Paul Wiegler gegeben.

Nach 1945 war Paul Wiegler einer der ersten, der mir einen Brief geschrieben hat, in dem stand: »Ich werde Ihnen nie vergessen, und das können Sie überall angeben, ich werde es bestätigen, wie anständig Sie im Fall Frau Norden gehandelt haben.«

\*

Unter den Österreichern wimmelte es schon vor 1938 von Nazis. Ich will nicht behaupten, daß 99 Prozent bei der Abstimmung für Adolf Hitler gestimmt haben, aber ehrlicherweise sollte man zugeben, daß gewiß 70 bis 75 Prozent der Österreicher für den Anschluß gestimmt haben.

Wie war es vorher in Österreich? Da ist man eingesperrt worden, wenn man gesungen hat: »Am Rhein, am schönen deutschen Rhein!«

Wenn die Studenten in Graz in der Herrengasse auf und ab gingen, farbige Bänder um die Brust, farbige Mützen auf dem Kopf, haben sie gesungen: »Es braust ein Ruf wie Donnerhall mit Schwertgeklirr und Wogenprall. Zum Rhein, zum schönen deutschen Rhein!« Und schon eilten Polizisten mit Säbel und Pickelhaube herbei. Um den Hals trugen sie einen silbernen Mond, in den eine Nummer eingraviert war. Diese Polizisten stammten aus Slowenien, aus der Tschechoslowakei, aus Polen oder Ungarn. Sie haben auf alles, was deutsch war, auf Wogenprall, Donnerhall, Rhein und Schwertgeklirr mit dem Säbel eingeschlagen.

Ich habe mir nach 1945 ein Herz gefaßt und mein Buch »Ein Volk kehrt heim« noch einmal gelesen, und ich habe mir eingestehen müssen, daß es einen ärgeren Kitschier als mich damals nicht gegeben haben kann. Wenn ich gleich auf der ersten Seite lese: »Dem unbekannten nationalsozialistischen Kämpfer in der deutschen Ostmark«, frage ich mich, wieso ich das schreiben konnte. Denn dieses Wort »Ostmark« habe ich nie ausstehen können.

Hitler hatte das Buch bei mir bestellt. Als ich das Manuskript bei Paul Wiegler ablieferte, hat er traurig gesagt: »Und wir müssen das Buch bringen!« Der Deutsche Verlag, ehemals Ullstein, war schon nicht mehr der Verlag der Brüder Ullstein. Die Brüder waren – soviel ich wußte – ausbezahlt worden und hatten Deutschland den Rücken gekehrt.

Hitler hat sich für dieses Buch bei mir mit einem Brief bedankt, den ich ganz stolz Karl Hartl, dem Produktionschef der Wien-Film, vorwies; er hat ihn mir aus der Hand gerissen, zusammengeknüllt und auf den Boden geworfen: »Scheißpapier!« Ich habe mich gebückt und den Brief aufgehoben, ja, ich habe ihn sogar mit einem heißen Bügeleisen wieder glattgebügelt.

Das Buch »Ein Volk kehrt heim«, in einer Auflage von 200 000 Exemplaren gedruckt, wurde eines Tages eingestampft, weil die Grazer SS-Oberen, meine lieben Landsleute, »Fehler« darin und obendrein mein Vorstrafenregister entdeckt hatten.

Leiter der Reichsschrifttumskammer war damals ein Österreicher mit Professorentitel. Als er sagte: »Lieber Gustl, du kannst recht bekommen. Aber, willst du leben oder willst du sterben? Es kann dir passieren, daß du mit dem Auto fährst, plötzlich löst sich ein Rad, und du bist gewesen. Führe keinen Prozeß gegen die SS-Leute. Laß das Buch einstampfen«; ich habe es einstampfen lassen, denn ich wollte nicht sterben.

Wegen dieses Buches hätte ich mich eigentlich 1945 bei der Entnazifizierung herausreden können. Aber das war mir, offen gestanden, zu blöd. Abgesehen davon hat mir dieses Buch trotzdem geholfen, entnazifiziert zu werden. Und das kam so:

Mein Anwalt – schon sein Vater, ein alter, klerikaler Ehrenmann, hatte mich gut gekannt – war kein Nazi. Notgedrungen blätterte er in dem inkriminierten Buch »Ein Volk kehrt heim«. Dabei stieß er auf das Foto von Adolf Hitler am Heldengedenkplatz in Wien vor einer schier unübersehbaren Menschenmenge, Abertausende mit zum Führergruß erhobener Hand. »Dieses Bild lasse ich vergrößern«, sagte er.

Er hat das Foto in einzelne Teile zerlegen und diese vergrößern lassen. Seine Ahnung hatte ihn nicht getrogen: da standen etliche Herren, die in Österreich nach 1945 allerhand zu sagen hatten, mit hochgereckter Hand.

Diesen Leuten hat mein Anwalt das Foto vorgelegt. Daraufhin wurde mein Fall eingestellt.

Am 15. März 1938 hatte Hitler in Wien vor der Neuen Hofburg den Massen versprochen: »Ich werde Österreich in einen blühenden Garten verwandeln.« Und die Österreicher haben es ihm nur allzu gern geglaubt.

Ich habe noch kurz vor Kriegsende, April 1945, in Madonna di Campiglio vor den Tiroler Standschützen eine Ansprache zu Hitlers Geburtstag halten müssen. Das Wort von dem blühenden Garten wollte mir nicht aus dem Kopf, und so rutschte mir geradewegs auf die Zunge: »Kameraden, ich erinnere euch an die Worte unseres Führers, der gesagt hat: ›Ich werde Österreich in einen blühenden Garten verwandeln‹!«

Nach 1945 habe ich noch viele Jahre gebangt, daß einer sagen würde: »Der Kernmayr war ein Kriegsverlängerer. Er hat damals in Madonna di Campiglio eine Durchhalterede gehalten.« Gottlob, keiner ist gegen mich aufgestanden. Im Gegenteil, viele haben nach dem Kriege, gebeten und ungebeten, mündlich oder schriftlich, etwa in dem Sinne bekundet: »Er war ein Nazi, aber er hat keinem etwas zuleide getan. Er hat geholfen, wenn er helfen konnte.«

\*

22. Juni 1941, 3.15 Uhr morgens. Keine Minute früher, keine Minute später begann der Rußlandkrieg mit einer dreihundert Sekunden dauernden Kanonade. Unter den vierzigtausend Schuß erzitterten fünf Minuten lang die Luft, das Wasser, die Erde und die Menschen.

In meiner Brusttasche steckte ein Schreiben von Guderian: »Der Befehlshaber der Panzergruppe 2 H. Q. 18. Juni 1941 hat den Sonderführer Kernmayr beauftragt, über den Einsatz der Panzergruppe zu berichten. Er ist in jeder Weise bei dieser Aufgabe zu unterstützen.«

Die Eintragungen in meinem Wehrpaß lauten:
22. 6. bis 10. 7. 1941 Doppelschlacht von Bialystok und Minsk
22. 6. bis 24. 6. 1941 Durchbruch durch die Grenzstellung und Eroberung von Brest Litowsk
24. 6. bis 5. 7. 1941 Schlacht von Bialystok-Slomin
8. 7. bis 5. 8. 1941 Schlacht bei Smolensk
9. 7. bis 14. 7. 1941 Durchbruch durch die Dnjeprstellung
Der Oberst der Panzerarmee, Albert Praun, bestätigte, als ich das EK II bekommen sollte: »Sie haben sich in unserem Kreise einwandfrei benommen und auch mehrere Male im feindlichen Feuer gut gehalten.«
Kunststück! Was hätte ich denn machen sollen? Daß ich vor lauter Angst geschwitzt habe, das hat man mir nicht angesehen.

\*

Ein sudetendeutscher Pionier hatte mit zweihundertfünfzig seiner Kameraden innerhalb von sechsundachtzig Stunden aus rund tausend Kubikmeter Holz und zehn Tonnen Eisen eine Brücke über den Bug geschlagen. Von den zweihundertfünfzig Pionieren waren im Zivilberuf 33 Schreiner, 6 Schlosser, 6 Techniker, Landwirte, Winzer, Edelsteinschleifer, Anstreicher, Schneider, Schuhmacher, Kaufleute, Beamte, Akademiker.

Hunderttausend Soldaten sind über diese Brücke nach Osten marschiert, immer den Russen auf den Fersen.

Ich sprach mit einem Gefangenen. Major oder Oberstleutnant, ich wußte es nicht genau, im sowjetischen Generalstab. Er trug einen langen Mantel, saß auf einem Stuhl und starrte vor sich hin.

Unser Dolmetscher übersetzte die Fragen. Zuerst bekamen wir keine Antwort. Dann stellte es sich heraus: Er war ein Sohn Stalins.

Ich habe mir sogleich eingebildet, daß nun, nachdem wir den Sohn Stalins gefangengenommen hatten, der Krieg im Osten im Laufe der nächsten Wochen beendet sein würde. Wieder einmal mehr war der Wunsch der Vater des Gedankens.

Ein Unterarzt entfernte ein steckengebliebenes Projektil bei einem russischen Soldaten. Ohne Betäubung. Der Verwundete verzog dabei keine Miene. Ich habe gestaunt über den Mann.

Eine Salve aus einer russischen Maschinenpistole ging über unsere Köpfe hinweg. Ein Reserverad rollte den Hügel hinunter.

Der Oberfähnrich schrie: »Scheiße!«

So wie ich dastand, ohne Waffe, setzte ich fluchend hinter dem Reserverad her. Auf einigen Büscheln von verbranntem Gras blieb es schließlich liegen.

Ich bückte mich gerade danach, da sprang ein Sowjetsoldat hinter einem Gebüsch hervor.

Ich war zu Tode erschrocken.

Meine Pistole lag im Auto. Mit dieser Pistole hatte ich nur ein einziges Mal, aber dafür mit einem großen Heiterkeitserfolg, geschossen. Als Hauptmann Spieß mir erklärte, wie sie funktionierte, drückte ich los, die Kugel traf eine Tellermine. Als ich die Augen wieder öffnete, lebte ich wahrhaftig noch! Alle um mich herum lachten!

Waffenlos stand ich dem Sowjetsoldaten gegenüber. Er legte den Finger auf die Lippen und machte: »Schhhh!«

Ich begriff. Er wollte nicht, daß ich schrie und damit auf ihn aufmerksam machte.

Auf meiner Stirn stand Schweiß. Der Russe warf mir das Gewehr vor die Füße; er hob die Hände über den Kopf und begann vor mir herzugehen.

Fähnrich Roßnagel schüttelte angesichts meines Russen verwundert den Kopf: »Die dümmsten Bauern haben die dicksten Kartoffeln.«

Die Kameraden glaubten wohl, ich sei ein Held gewesen.

Das Reserverad hatte ich total vergessen. – Die Anspannung meiner ersten persönlichen »Feindberührung« habe ich mit dem Lied des Landstreichers und Ausrufers aus meinem 1938 entstandenen Musical von der k.u.k. Praterzeit »Wolkenreiters Panoptikum« aus mir herausgesungen:

»Die Straße ist weit, die Straße ist breit.

Wen sie hat, behält sie in Ewigkeit.

Immerfort, immerzu, ohne Rast, ohne Ruh.

Geliebte Straße, wie schön bist du!«

Ich konnte nicht anders, ich mußte einfach singen!

Minsk. Wir lagen, wie man so schön sagt, in Ruhestellung. Wir hatten ein Gefecht mit den Russen auf dem Friedhof gehabt. Als ich den Regimentskommandeur Adam sagen hörte: »Gut, daß das Gefecht zu Ende ist, ich hatte keine Munition mehr«, sank mir noch nachträglich das Herz in die Hose.

Ich war wirklich ein gelernter Zivilist. Alle Augenblicke rutschten mir die Wickelgamaschen herunter. Meine eitrigen Füße taten mir weh, ich hinkte.

Von irgendwo schossen die Russen. Ein Major, der uns vom Oberkommando als Beobachter geschickt worden war, bekam einen Steckschuß in die Ferse.

»Kernmayr, bringen Sie den Kameraden zum Sanitäter!« befahl Guderian.

»Zuerst zünden Sie mir, bitte, eine Zigarette an«, bat der Major.

Ich zündete zwei Zigaretten an, eine für ihn, eine für mich. Mir lief der Schweiß über den Rücken; aber Befehl war Befehl.

Ich nahm den Major hinten beim Halskragen und schleifte ihn in Richtung Sanka.

Ich schaute links, ich schaute rechts. Drei russische Panzerwagen rollten auf uns zu. Sie schossen, aber Gott sei Dank über unsere Köpfe hinweg. Ich stand stocksteif da, eine ungeladene Pistole in der Hand, den Major am Kragen.

Die Panzer wurden abgeschossen; ich stand immer noch wie angewurzelt.

Panzerschützen und andere Soldaten kletterten aus den Gräben. Sie schlugen sich lachend mit den Händen auf die Schenkel. Die Offiziere lachten mit. Der Sonderführer Z hatte russischen Panzerwagen standgehalten!

Der Major sagte anerkennend: »Tapfer, tapfer. Ich hätte nie gedacht, daß ein Zivilist so tapfer sein könnte. Sie wollen sich wohl das Ritterkreuz verdienen?«

Ich habe den Major dem Sanitäter übergeben und im stillen gedacht: »Leck mich am Arsch! Wenn Sie wüßten, Herr Major, daß ich mich vor Angst angeschissen habe . . .«

Ich verzog mich in den Keller eines halbverfallenen Hauses, zog meine Hosen aus und versuchte, sie mit Papier vom Heldentum zu

reinigen. Dem Gestank nach zu urteilen, mußten in diesem Keller schon tausend Russen ihre Notdurft verrichtet haben. Ich war wohl der erste Deutsche. Denn der Russe, dem ich hier unten begegnete, zitterte am ganzen Körper. Er faltete die Hände; ich tat, als hätte ich ihn nicht gesehen, zog meine Hose hoch und ging nach oben.
»Aufsitzen!« befahl der Nachrichtenoffizier. Wir fuhren los. Meine Finger rochen nach Kot. Waschen müßte eine Wohltat sein! Ich saß im letzten Kübelwagen. Hinter uns fuhren zwei Kradfahrer. Ich trug einen Kradmantel. Ich schwitzte. Wir fuhren und fuhren und fuhren. Schaute ich nach links, sah ich im Wald Russen, schaute ich nach rechts, sah ich Russen. Die Russen staunten wohl dermaßen über unseren unverhofften Anblick, daß sie zu schießen vergaßen. Wenn sie zu schießen anfingen, waren wir schon weit genug weg.

Als ich mich einmal umwandte, bemerkte ich hinter uns eine Staubwolke. Ich schrie nach hinten: »Gehören die zu uns?«

Einer der Kradfahrer brüllte: »Scheiße! Russen sind's!«

Es wurde eine Fahrt um Leben und Tod. Wir waren schneller.

An diesem Abend schrieb ich ein seitenlanges Gedicht, das nichts mit dem Krieg zu tun hatte: »Die Mietskaserne«. Jahre später habe ich es meinem Freund Emil Jannings in Sankt Wolfgang zum 60. Geburtstag verehrt. Er hat es gelesen und laut gesagt: »Scheiße!« – Er war in dieser Beziehung kein feiner Mann.

*

Kein Waschwasser, kein Trinkwasser, kein Tee. Und morgen würde die russische Sonne wieder herunterbrennen wie ein Fegefeuer.

Der Oberfähnrich quengelte gerade: »Leute, wir sind im Arsch. Wir befinden uns in einer Scheißlage!«, als eine Meldung einlief, die mich betraf, obwohl doch jeder genau wußte, daß ich der miserabelste aller Soldaten und Soldatsein nicht mein Auftrag war; schließlich sollte ich nichts weiter, als über den Weg nach und den Einzug in Moskau schreiben.

Ich bekam ein beschriebenes Blatt in die Hand gedrückt:
»Auf dem schnellsten Weg zu Guderian! Wenn du Glück hast,

kannst du morgen um zehn Uhr in der Früh beim O.B.-Gefechtsstand sein. – Praun.«

Wenn ich Glück hatte, würde Guderian die Kameraden und den Oberfähnrich herausboxen.

»Beim ersten Schuß haust du ab. Verstanden?« rief der Oberfähnrich.

Zwölf Uhr dreißig, Dnjepr-Brücke elf!

Ich wartete. Den ersten Schuß überhörte ich. Ich wartete weiter. Dreißig Kilometer hatte ich zu laufen.

Dann begann die Erde zu beben. Ich lief in die Finsternis, ich lief durch brennende Wälder, ich lief um mein Leben. Um zwei Uhr morgens brausten deutsche Stukas über mich hinweg. Ich bin zu Boden gesunken und eingeschlafen, bis ein deutscher Soldat mich wachrüttelte.

Ein Feuerstoß – ich lag mit der Nase im Dreck. Ich brüllte meine Feldpostnummer und, als jede Reaktion ausblieb, das Götzzitat. Diese Sprache verstand mein Gegenüber. Ich kam rechtzeitig auf den Befehlsstand. Meine Panzerschützenkameraden wurden freigekämpft; fünf von ihnen hat es nichts mehr genutzt.

Ein Sanitäter verband meine eitrigen Füße.

Mich überfiel der Gedanke: »Habe ich das notwendig?«

Josef Goebbels, Propagandaminister und Schutzherr des deutschen Films, hatte mich schließlich ein für allemal, so ließ er dem Produktionsleiter der Wien-Film, Karl Hartl, ausrichten, vom Soldatendienst freistellen lassen. Ich hatte aber dabeisein wollen. Darum lag ich hier im Dreck.

*

Wir lagen in der Nähe der ehemals polnischen Kreisstadt Minsk in Quartier. Abends hielten wir Ausschau nach Frauen. Wir fanden sie auch. Junge, ältere und ganz alte.

Einmal entdeckte ich außer zwei Brüsten in der Bluse sechs Eierhandgranaten. Sie waren für uns bestimmt gewesen. Ich ließ die Frau laufen.

Wir hatten Quartier bei einem jüdischen Zahnarzt. Er bot uns alles, was er besaß, Essen, Getränke und seine schönen Töchter: »Herr Offizier, wir sind so froh, daß Sie gekommen sind. Unter den Sowjets haben wir wie in einem Kerker gelebt.«

Ich habe ihm gesagt, daß er vor uns keine Angst zu haben brauchte, aber ihm den Rat gegeben, er solle sich mit Frau und Töchtern verdrücken.

»Herr Offizier«, Tränen standen in seinen Augen, »wohin sollen wir uns verdrücken? Zuerst lebten wir unter den Polen und hatten es nicht gut. Jetzt hatten die Sowjets uns besetzt, und wir hatten es auch nicht gut. Die Deutschen sind gute Leute«, sagte der Zahnarzt.

Nach einigen Tagen kamen nacheinander der Rabbiner, der katholische Pfarrer, der Bürgermeister: »Wir sind ja so froh, daß die Deutschen gekommen sind!«

Der Pfarrer wollte sogar die Glocken läuten lassen. Ein Hauptmann ließ ihn vorsorglich in Haft nehmen. Das hätte uns gerade noch gefehlt, daß er mit Glockengeläut die Russen auf uns aufmerksam machte!

Die Handwerker des Ortes, Schuster, Schneider, Bäcker, Fleischhauer, mußten für uns arbeiten, und sie haben für uns gekocht.

Die Feldgendarmerie brachte neun polnische Plünderer. Auf Plünderei stand die Todesstrafe. Aber ein Oberst hatte Mitleid, er redete jedem einzelnen von ihnen ins Gewissen; sie durften sich aus dem Staube machen.

Nach drei Stunden wurden vier dieser Plünderer, mit Rucksäcken voll gestohlener Ware, wieder von der Feldgendarmerie aufgegriffen.

Der Oberst ließ ihnen die Rucksäcke abnehmen. Er hieß sie ihr letztes Gebet zum Himmel schicken – dann jagte er sie zum Teufel.

Nach kaum zwei Stunden waren sie abermals da. Der Oberst ging von einem zum anderen. Jedem schlug er einmal links und einmal rechts ins Gesicht. Dann mußten sie sich umdrehen. Er trat mit aller Kraft jedem den Stiefel in den Hintern und ließ sie davonjagen. Wir haben sie nicht wiedergesehen.

Am nächsten Tag marschierten wir weiter nach Minsk hinein. Hier trafen wir auf russische Frauen, die sächsisches oder schwäbisches Deutsch sprachen. Sie gehörten zu jener deutschstämmigen

Volksgruppe, die mehr als ein Jahrhundert zuvor vom Zaren nach Weißrußland geholt worden war, um das menschenleere Land zu besiedeln. Sie waren ihren Sitten und ihrer Sprache treu geblieben.

Wir boten ihnen Geld, sie wollten nichts als Brot. Wir gaben alles Brot, das wir besaßen. Sie waren auf der Suche nach ihren in Gefangenschaft geratenen Männern.

*

Eines Nachts saßen wir in einem Pfarrhaus in munterer Runde mit Mädchen, die uns zwei gebratene Gänse gebracht hatten.

Ich wollte gerade meinen Arm um eines der Mädchen legen, als ich einen Blick von ihr zum Fenster auffing. Stutzig geworden, stand ich auf und schaute hinaus vor die Tür: Männer, junge und alte, stoben davon.

Wir setzten ihnen nach und konnten einige stellen; sie trugen Messer in den Händen.

»Wer ist der Anführer?«

Verbissenes Schweigen, keine Antwort.

»Wenn der Anführer sich nicht meldet, werdet ihr erschossen!«

Ein polnischer katholischer Kaplan trat vor.

Wir waren mit dem Leben davongekommen. Wir vergaßen die Mädchen und den Wein und sogar den Kaplan und stolperten unserem Quartier zu, wo wir, ernüchtert von unserem Rausch, auf die Erde fielen.

Am nächsten Tag hing der Kaplan am Glockenturm. Die Polen hatten ihn gehängt. Am Strick war ein Schild befestigt: »Verräter!« Er hatte niemanden verraten, er hatte sich für die anderen geopfert.

*

Weil ich irgendwo Mineralwasser auftreiben wollte, betrat ich in Minsk eine Apotheke. In der Apotheke war niemand. In der rechten Hand meine ungeladene Pistole, ging ich durch eine Tür eine Treppe hinunter.

Der Apotheker hockte mit seiner Familie im Keller.

»Aqua mineralis!«

Der Apotheker trug einige Flaschen Mineralwasser herbei. Durch das nächtliche Erlebnis äußerst mißtrauisch geworden, ließ ich die Familie von jeder Flasche einen Schluck trinken, wartete eine Zeitlang ab, und dann erst stillte ich meinen Nachdurst.

Die Pistole in der Hand, betrat ich das Parteihaus der Kommunisten in Minsk, ein Riesengebäude mit vielen Gipsbüsten von Lenin, Stalin und anderen Parteigrößen. Die Türen standen offen, Schränke und Schreibtische waren aufgebrochen, der Inhalt lag auf dem Boden. Dazwischen tote Zivilisten, tote Soldaten, tote Frauen.

Mit aller Vorsicht habe ich mit dem Pistolenlauf eine angelehnte Tür vollends aufgestoßen. Drinnen stand eine Frau, Entsetzen im Gesicht, an der Wand. Bei meinem Eintritt riß sie mit beiden Händen ihre Röcke hoch: bräunliche Schenkel, vom Strumpfband aufwärts nackt. Sie setzte sich auf den Schreibtisch, ließ Kopf und Rücken hintenüber fallen, stellte die Füße auf. Ergeben wartend lag sie da, eine Hand sank seitlich herunter, blutend. Durchschuß.

Ich habe ihr übers Haar gestreichelt und die Hand verbunden. Wir haben eine Zigarette miteinander geraucht. Was in meinem Brotbeutel steckte, habe ich ihr gegeben: Sardinen, Tee, Schokolade, ein Stück Hartwurst.

Sie war Lehrerin und sprach gebrochen Deutsch.

Ich bin durch das ganze Haus gegangen, von Raum zu Raum. In manchen lagen tote Frauen auf dem Boden. Eine hielt noch mit beiden Händen ihren Bauch, Blut sickerte durch die Finger.

Eine Eierhandgranate explodierte irgendwo. Der Lärm erschreckte mich furchtbar.

In dieser Nacht schlief ich auf einer aufgeblasenen Gummimatratze im Zelt von Oberst Praun. Nach diesem Tag hätte ich nicht allein sein können.

Ich habe von dem requirierten süßen, kaukasischen Rotwein getrunken, einen Liter, zwei Liter, drei Liter, und konnte trotzdem keinen Schlaf finden: Angst und das Grauen saßen mir im Genick.

Das war der Krieg?!

Mit Generaloberst Guderian saß ich in seinem Omnibus. Er sagte: »Hitler kann sich von seiner Freundschaft mit England nicht lösen. Ribbentrop informiert ihn falsch. Hitler glaubt, er kann den Engländern imponieren!«

Dasselbe sagte Hitler zu mir, als ich mit Guderian im Hauptquartier war. Wir waren nach Berlin geflogen.

»Nun werden die Engländer begreifen, was ich will: den Bolschewismus bekämpfen. Das kann denen auf der Insel nur recht sein. Sind doch Kapitalisten; dieser Whiskysäufer und Syphilitiker Churchill wird bald in Frieden leben.«

Adolf Hitler wäre so gern Engländer gewesen.

Wenn Guderian von seinen Besprechungen mit Hitler zurückkam, war alles in Ordnung. Kaum war er wieder auf dem Befehlsstand, trafen schon Hitlers Gegenbefehle ein.

Ich bewunderte Guderian und gratulierte ihm, weil trotzdem alles klappte. Guderian lächelte ein wenig mühsam: »Lieber Kernmayr, bei uns klappt längst nicht alles. Bei den Russen klappt es aber noch weniger. Das ist der Vorteil, den wir haben.«

Die Gespräche mit Guderian und seinen Generalstäblern waren nicht obergescheit, nicht militärisch und auch nicht politisch. Sie redeten wie durchschnittlich normale Menschen. Guderian, oft enttäuscht von Adolf Hitler, hielt ihm dennoch die Treue: »Er ist der Oberste Kriegsherr, der Chef. Seine Befehle müssen befolgt werden«, pflegte er zu sagen und – gab sie auch wider sein eigenes besseres Wissen weiter.

*

Wir lagen an der Beresina; es war ein Sonntag, und der Kommandant der berühmten Flugstaffel Mölders wurde erwartet. Ich kannte ihn von seiner Tätigkeit als Rundfunkregisseur in Stuttgart her. Reuschle hieß er und war ein netter Mensch.

Guderian hatte befohlen: »Kernmayr, Sie fliegen über Minsk und Warschau heim nach Wien!«

Er tat gut daran, mich nach Hause zu schicken. Denn ich konnte nicht mehr gehen, meine Füße waren in einem schändlichen Zustand.

Auf dem Flughafen von Smolensk wurde ich dem Flieger mit den meisten Abschüssen, Oberst Mölders, vorgestellt. Ein dem Aussehen nach eher unscheinbarer Mann, dem überdies kein Wort über seine Abschußerfolge zu entlocken war, was mich sehr erstaunte.

Meine zwei Piloten bis Warschau waren ein Klempner und ein Automechaniker. Der Vogel war eine JU 52, die außer uns eine Menge Gerümpel in ihrem Bauch barg. Da die JU 52 nur 150 Meter hoch über dem Boden fliegen durfte, war der Flug eine Strapaze. Ob ich saß, stand oder auf dem Boden lag, mir war schwindelig, rote Kreise tanzten vor meinen Augen. Ich legte mich auf den Bauch, was aber auch nichts half.

Die Piloten schienen bester Laune, weil sie nach Warschau fliegen durften; mir war ziemlich plümerant zumute, während sie, aus Jux, aus Landkarten gefaltete Papiermützen einander auf die Köpfe stülpten.

Ein halbes Dutzend hirnverletzte Soldaten wartete seit langem am Rande des Flugplatzes auf den Abtransport in die Heimat. Ich gab meinen beiden Piloten Weisung, die Schwerverletzten nach Warschau zu fliegen und sofort zurückzukommen.

Es wurde Nacht, ohne daß sie wiederkamen. Erst am nächsten Morgen trudelten sie ein mit der Ausrede, sie hätten in Warschau eine Panne gehabt. In Wirklichkeit waren sie in einem Bordell gewesen. Sie sagten: »Schaun's, Herr Sonderführer, man weiß ja net, wie lang man noch lebt!«

In Warschau nahm mich ein Oberst in Empfang: »Was fällt Ihnen ein! Sie haben den Flugplan durcheinandergebracht. Sie Zivilist, Sie!« Er schimpfte mich einen Zivilisten!

Als ich auf die hirnverletzten Soldaten hinwies, schrie er: »Die gingen Sie einen Dreck an! Befehl ist Befehl! Sie haben zu gehorchen!«

Ich nahm die Hände an die Hosennaht: »Jawohl, Herr Oberst! Ich werde Generaloberst Guderian Meldung machen!«

Das Gesicht des Obersten veränderte sich. »Generaloberst Guderian? Soso«, sagte er, plötzlich besänftigt, »Sie kennen Guderian. Dann will ich noch einmal ein Auge zudrücken, Kamerad!«

Er ließ mir eine Schlafwagenkarte nach Wien aushändigen.

Ein stark nach Schnaps duftender, angetrunkener Oberst betrat mein Schlafwagenabteil. Ich stand auf und stellte mich vor. Er verlangte das untere Bett für sich. Ich wies auf meine Fahrkarte, nach der mir das untere Bett zustand, ich wies auf meine vereiterten, verbundenen Füße.
»Sie haben meinem Befehl zu folgen!« moserte er. »Ich befehle . . .«
Mir war alles egal. »Herr Oberst! Lecken Sie mich am Arsch! Ich nehme das untere Bett.«
Dem Oberst blieb die Spucke weg, er fand keine Worte.
Erst der Schlafwagenschaffner konnte dem Oberst klarmachen, daß laut Fahrkarte mir das untere Bett zustand.
Der Oberst schrie: »Hauen Sie ab, Sie Kommunist!« Und dann veranstaltete er ein nächtliches Schnarchkonzert sondergleichen.
In Wien konnte ich meiner unsäglich schmerzenden Füße wegen nicht aufstehen. Zwei Sanitäter trugen mich auf einer Bahre bis vor den Bahnhof. Da stand meine Frau Aline geborene Steinle aus Sigmaringen, die Augen voller mitleidiger Tränen. Ich habe das sehr genossen.
Ein Millstätter Regimentsarzt, Dr. Burgstaller, nahm sich meiner Füße an; kopfschüttelnd fragte er: »Wie konnten Sie mit diesen Füßen gehen?!«
»Ich hatte Angst«, antwortete ich, »vor lauter Angst habe ich die Schmerzen nicht gespürt.«

\*

*Wien, Mittwoch, 23. September 1942 – Sonderausgabe »Neues Wiener Tagblatt«:*
*STALINGRAD GEFALLEN*
*Die sowjetische Schlüsselstellung an der Wolga nach tagelangen erbitterten Nahkämpfen in deutscher Hand.*
Diese vierseitige Sonderausgabe sollte laut Aufdruck fünf Reichspfennige kosten.
Wie war die eklatante Falschmeldung möglich gewesen? Stalingrad ist tatsächlich erst Monate später gefallen.

In der Nacht vom 22. zum 23. September 1942 hatte der Redakteur und mein Freund, der Lyriker, Journalist von Rang und Antinazi Dr. Fritz Stüber in der Redaktion des »Neuen Wiener Tagblatt« Dienst.

Die Zigaretten waren alle, der Kaffee auch. Er nahm Mantel und Hut und wollte im Caféhaus Brot- und Fleischmarken gegen ein paar Zigaretten einhandeln. Die Vertraulichen Informationen, die vom Gaupresseamt Wien in roten, verschlossenen Umschlägen mit dem Vermerk »V.I.« stündlich auf seinen Schreibtisch kamen, ließ er noch ungeöffnet liegen. Um mit seinen Worten zu reden: Er hatte mit der Partei und allem, was dazu gehörte, von jeher nichts im Sinn.

Mit dem Satz: »Wenn jemand nach mir fragt, sagen Sie, ich wär' gestorben«, wollte er das Zimmer verlassen.

Im Türrahmen stieß er mit dem Telegraphisten zusammen. Höflich sagte jeder: »Hoppla!«

Der Telegraphist war ein außerordentlich geübter Mann in seinem Beruf. Er bekam kurzfristig jede noch so schwer zu erreichende Telefonverbindung, hatte ein Gehör wie ein Luchs und konnte auch ein völlig verstümmeltes Fernschreiben oder Telegramm entziffern.

Aufgeregt sagt er jetzt: »Herr Doktor, Herr Doktor . . . ausziehen! Ausziehen und dableiben! Mit dem Fortgehen is' nix, Berlin ist an der Klink'n. Der Dertinger . . . direkt aus dem Promi hat er gesagt . . . in a paar Minuten kommt a wichtige Sondermeldung durch!«

Dr. Stüber hängt Hut und Mantel an den Haken. »Soso, der Dertinger. Ist ja schon recht, aber wo nehm' ich derweil Zigaretten her? Haben Sie vielleicht ein paar? Selbstverständlich auf Revanch'. Und warum erzählen Sie mir das alles? Warum denn nicht dem Alten?«

Der ›Alte‹, das ist der Chefredakteur.

Der Telegraphist legt ein paar Zigaretten auf den Schreibtisch. »Der Chef ist nicht zu erreichen. Er ist noch beim Nachtmahl, hat man mir gesagt.«

Dr. Stüber zündet eine Zigarette an und lächelt. »Stimmt nicht, mein Freund. Der Alte ist in der Setzerei. Ich hab' ihn selber dort getroffen. Er macht den Umbruch heute persönlich . . . Was ist denn los in Berlin? Was Interessantes? Hat der Dertinger keine Andeutung gemacht?«

»Nein, Herr Doktor. Sie wissen ja, mit unsereinem spricht der nicht . . .«

Dr. Stüber ruft in der Druckerei an und sagt dem Chef durch, was er weiß: »Herr Kollege, Berlin ist an uns interessiert. Der Dertinger, direkt aus dem Propagandaministerium.«

Der Chefredakteur, der bei jeder Gelegenheit zu sagen pflegte, er sei nichts weiter als ein Befehlsempfänger des Propagandaministeriums, ließ sich sofort mit Dertinger verbinden. Er wußte, daß Dertinger (nachmals Außenminister der DDR und 1969 verstorben) ein guter Journalist war, zwar ein Eigenbrötler, aber überall gut angeschrieben, weil er allen nur das erzählte, was sie gern hören wollten.

Außerdem war Dertinger stets ausgezeichnet informiert und wußte, wo bei vielen hochgestellten Leuten die »Leichen« lagen. Er hatte in allen Ministerien seine Späher und Horcher. In Kollegenkreisen galt Dertinger als einer, der weder rot noch braun, noch schwarz war und der nur eine Partei liebte: sich selber.

Für das »Neue Wiener Tagblatt« und seinen Chefredakteur war es wichtig, daß man zu Dertinger, der zu den zehn auserwählten Pressevertretern gehörte, die das Vertrauen des Propaganda-Ministers Dr. Goebbels besaßen, einen »guten Draht« hatte.

Dann war Dertinger am Apparat.

»Heil Hitler! Wie geht's, wie steht's, lieber Dertinger?« sagte der Chefredakteur. »Ich höre, Sie haben eine Sondermeldung für uns. Stimmt das?«

»Das stimmt. Wenn ich etwas sage, dann stimmt es immer. Und was ich Ihnen jetzt zu sagen habe, kommt direkt vom Führer . . . Der Herr Minister hat mich beauftragt, Ihnen zu sagen, daß Sie die erste Seite für eine große Sondermeldung freihalten sollen . . .«

»Eine Sondermeldung?« wiederholte der Chefredakteur. »Können Sie mir noch nichts Näheres sagen, und für welche Ausgabe? Die Reichsausgabe kommt um neun Uhr abends heraus und die Wiener Ausgabe um zwei Uhr früh.«

Dertinger leicht gereizt, ungeduldig: »Ja, ja, ich weiß, aber das hat damit nichts zu tun. Der Minister besteht in diesem Falle auf einer Sonderausgabe!«

»Was!? Sonderausgabe?! Ja... ist denn die Nachricht so...?«

Der Chefredakteur verstummt, wird erst blaß, dann rot und staunt: »Was? Wirklich? Na, großartig!« Und zu Dr. Stüber gewandt: »Stalingrad ist gefallen!«

Den Telefonhörer ans Ohr gepreßt, angelt er vom Schreibtisch die Ausgabe vom 22. September 1942 und fragt: »Unter uns, Herr Dertinger, haben Sie den heutigen Wehrmachtsbericht gelesen? Da steht doch kein Wort von... Einen Moment, ich lese es Ihnen gleich vor...« Und der Chefredakteur wiederholt den Wortlaut des Wehrmachtsberichts vom 22. September 1942:

»Das Oberkommando der Wehrmacht gibt bekannt... Im Kampf um Stalingrad wurden in harten Nahkämpfen gegen erbitterten feindlichen Widerstand weitere befestigte Häuserblocks genommen und Gefangene eingebracht. Entlastungsangriffe gegen die Riegelstellung der Stadt scheiterten unter hohen Verlusten des Feindes, der dabei einundzwanzig Panzerwagen verlor...«

Der Chefredakteur unterbricht sich und sagt eindringlich: »Herr Dertinger, kein Wort, daß wir Stalingrad gestürmt haben oder kurz vor der Einnahme stehen.«

Er lauscht der Antwort aus Berlin.

»Aber man hätte doch irgend etwas... wie bitte, Herr Dertinger... ich möcht' schon bitten, gelt... Ich übergebe an Doktor Stüber!«

Dr. Stüber sagt in die Muschel: »Ja, der Chef hat recht. Im gestrigen Wehrmachtsbericht...«

»Der gestrige Wehrmachtsbericht interessiert mich nicht!« hat der Dertinger geschrien. »Heute ist der große Tag. Die Nachricht kommt direkt aus dem Führerhauptquartier!«

»Ja, ja, ja, Herr Dertinger, aber sollen wir nicht doch lieber den Wehrmachtsbericht abwarten? Ich meine den offiziellen Bericht?«

»Es handelt sich hier nicht um den Wehrmachtsbericht, sondern um eine Sondermeldung! Bereiten Sie alles für eine Sonderausgabe vor, wie ich gesagt habe. Und jetzt hören Sie auf zu reden und geben

Sie mir endlich die Aufnahme. Ich werde gleich den Wortlaut und den Kommentar durchgeben!« hat der Dertinger gesagt.

»Schön, wenn Sie meinen . . . Sie werden es schon wissen. Aber trotzdem . . . wann ist denn der Wehrmachtsbericht, ich meine die offizielle Sondermeldung, zu erwarten?«

»Fragen Sie nicht so viel, Stüber, Sie wissen ganz genau, wenn der Führer befohlen hat, dann . . . kümmern Sie sich lieber um die Sonderausgabe!« hat ihn der Dertinger gereizt abgewiesen.

»Bittschön, Herr Dertinger, Sie wissen, daß ich Sie ungemein schätze, aber unter uns gesagt, das Ganze kommt mir ein bißchen spanisch vor. Und jetzt verbinde ich Sie mit der Diktat-Aufnahme, einen Moment . . .«

Dertinger diktierte einen langen Leitartikel für die Sonderausgabe, dem er die Überschrift gab: »Die Entscheidung«.

Dr. Stüber fragte nach einer halben Stunde in Berlin telefonisch an: »Was ist mit dem Wehrmachtsbericht, Herr Dertinger?«

»Ich bitte Sie, Stüber, lassen Sie mich endlich in Ruhe mit dem Wehrmachtsbericht! Wenn ich sage, er kommt, dann kommt er. Lassen Sie auf jeden Fall mal zehn Zeilen frei . . . den können Sie gegebenenfalls noch im Handsatz einfügen«, hat der Dertinger geschnauzt.

»Herr Dertinger, was Sie von uns verlangen, ist ein bisserl viel. Wir haben keinen offiziellen Auftrag«, warf Stüber ein.

»Ich habe wohl schlecht gehört, Herr Doktor? Was wollen Sie denn noch . . . wenn ich Ihnen gesagt habe: Auf Befehl des Führers! Der Führer ist gerade dabei. Er macht ja den Wehrmachtsbericht. Und damit Sie nicht selber nachdenken brauchen, gebe ich Ihnen schon den Aufmacher. Ganz fett und groß: STALINGRAD GEFALLEN – Verstanden? Und dann, Sie werden doch wohl irgendeinen PK-Bericht im Archiv haben . . . über Stalingrad ist schon genug geschmiert worden. Greifen Sie mal 'rein in die Kiste, nehmen Sie einen tollen Artikel«, hat der Dertinger geantwortet.

Dr. Stüber suchte Verbindung mit dem Wiener Gaupresseamt; die leitenden Herren saßen im ›Stadtkrug‹. Wieder hängte sich Dr. Stüber ans Telefon. Aber niemand wußte etwas von einer Sondermeldung und schon gar nichts davon, daß Stalingrad gefallen war.

Die Redakteure, die Metteure und die Drucker machten sich an die Arbeit für die vierseitige Sonderausgabe »Stalingrad gefallen«, in der auch die Soldaten vom Wiener Hausregiment Nr. 4, die Hoch- und Deutschmeister, genannt »Wiener Edelknaben«, erwähnt waren.

Mittlerweile Dertinger wieder aus Berlin: »Ich verstehe nicht, Stüber, wie Sie an meinen Worten zweifeln können und beim Gaupresseamt nachfragen . . . wenn der Führer etwas sagt, dann stimmt es. Ich verstehe Sie wirklich nicht, Stüber, wenn Sie so weitermachen, kann das für Sie schwerwiegende Folgen haben . . .«

»Ich bin nicht stur, Herr Dertinger, wie Sie vielleicht annehmen«, antwortete Stüber gelassen, »aber schließlich trage ich die Verantwortung, und ich gebe Ihre Sondermeldung nicht in Satz, ehe nicht die offizielle Bestätigung vom OKW vorliegt.«

Dertinger hat gebrüllt: »Stüber, das kann Sie Kopf und Kragen kosten, wenn Sie jetzt Dummheiten machen. Der Wehrmachtsbericht kommt . . . Schluß! Ich habe mehr zu tun, als Ihnen das immer wieder einzubleuen. Schließlich ist Stalingrad gefallen, und das kommt nicht jeden Tag vor. Seien Sie froh, daß ich Ihnen diese Sondermeldung vorab gegeben habe. Die anderen haben noch keine Ahnung!«

Um 21 Uhr lieferte das »Neue Wiener Tagblatt« seine Reichsausgabe aus. Kein Wort vom Fall Stalingrads.

Um 22 Uhr kam endlich ein Bote vom Wiener Gaupresseamt. »V. I.« stand auf dem Umschlag. Vertrauliche Information. Der Chefredakteur riß dem Boten den Umschlag aus der Hand. »Endlich, das wird die Meldung sein!«

Dr. Stüber, die Kollegen und Setzer scharten sich um ihn: »Ist Stalingrad gefallen? Bittschön, Herr Doktor, lesen S' vor . . .«

Der Chefredakteur riß den Umschlag auf, zog einen Zettel heraus, seine Augen huschten über die Zeilen. Dann las er laut: »Der Astronom Johann Kepler ist in Zukunft nur noch mit einem ›p‹ zu schreiben und nicht, wie irrtümlich in der Presse geschehen ist, mit zwei ›pp‹.«

Der Chefredakteur ließ den Zettel fallen und verschwand in seinem Büro. Einer sagte aus Herzensgrund: »Scheiße!«

Die Sonderausgabe war bis auf den Raum, der für den Wehrmachtsbericht unter der Schlagzeile »STALINGRAD GEFALLEN«

ausgespart worden war, fix und fertig gesetzt. Auf der Handpresse wurden acht Abzüge gemacht. Der Metteur kam mit einem dieser Abzüge zu Dr. Stüber und sagte: »I woas net, Herr Doktor, i trau dem ganzen Schwindel net ...«

»Aber, Freundchen, wie können Sie so etwas sagen? Der Dertinger, der hört doch das Gras wachsen. Der ist sonst immer mit seinen Informationen in Ordnung. Wenn er etwas sagt ... und außerdem: Der Führer hat's befohlen. Na, der Führer muß es doch wissen.«

»Ach, Herr Doktor, schon, schon ... aber, i sag's, wie's mir ums Herz is, i hoab dös G'fühl ...«

Berlin war wieder an der Strippe: die Sondermeldung werde in Kürze kommen. Das Papier für die Rotation war bereitgestellt, zwei Karten von Stalingrad und dem Kampfgebiet waren klischiert.

Um sechs Uhr früh war Dertinger wieder am Telefon.

»Ist die Sonderausgabe fertig?« fragte er.

»Fertig bis auf den Text der Sondermeldung«, antwortete Dr. Stüber, »der ist vom OKW noch nicht durchgekommen.«

»Hören Sie doch auf mit Ihrem OKW und drucken Sie endlich an!« hat der Dertinger verlangt.

»Aber Dertinger«, sträubte sich Dr. Stüber, »überlegen Sie doch, was Sie sagen! Wir können jetzt nicht hunderttausend Stück der Sonderausgabe drucken und später die Sondermeldung reinkleben. Sie sind selber von der Zeitung und wissen, was geht und was nicht geht!«

Dertinger (so hat es Stüber dem Chefredakteur berichtet): »Stüber, ich muß Ihnen sagen, kollegial, wenn Sie so weitermachen ... Ich verlange, daß geschieht, was der Führer befohlen hat. Der Minister hat die Sonderausgabe angeordnet ... Haben Sie jetzt endlich begriffen?«

Dertinger hatte aufgelegt.

Um sieben Uhr früh kamen an diesem trüben 23. September 1942 zwei eilige, aufgeregte Herren:

»Im Auftrage des Gauleiters muß alles, was mit der Sonderausgabe *Stalingrad gefallen* zusammenhängt, eingesammelt und unter Verschluß gebracht werden!«

Zehn Minuten später betraten zwei Männer vom SD in Feldgrau, Pistolen umgeschnallt, das Zimmer des Chefredakteurs:

»Hausdurchsuchung! – Keiner verläßt das Haus! Sagen Sie das all Ihren Leuten!« Und dann die Frage: »Wieviel Abzüge wurden von der Sonderausgabe *Stalingrad gefallen* gemacht?«

Der Chefredakteur zuckte die Achseln: »Das weiß ich nicht. Fragen Sie Dr. Stüber.«

Stüber ging mit den SD-Männern in die Setzerei. Jeder einzelne wurde gefragt, wie viele Handabzüge von der Sondernummer gemacht worden seien. Niemand wollte sich genau erinnern. Schließlich waren sieben Abzüge beisammen.

»Es waren doch mindestens acht Stück ... wo sind die anderen?«

Einer der beiden SD-Männer forderte barsch den Metteur auf, der sitzen geblieben war, sich von seinem Platz zu erheben. »Ich muß Sie untersuchen.«

Der Metteur blieb unbeirrt sitzen. »Wenn Sie wüßten, wie schwer ich aufsteh'!« Er klopfte mit der Hand auf sein Bein. »Holz ... Frankreichfeldzug ...«

»Sind Sie kriegsversehrt?«

»Und ob. Für mich ist der Krieg aus.«

Der SD-Mann winkte ab: »Schon gut.«

Die Schiffe mit dem Satz der Sonderausgabe wurden in den Redaktionstresor eingeschlossen, das Schloß bekam ein Siegel.

Dr. Stüber steuerte zu dieser Amtshandlung die Frage bei: »Erlauben Sie, meine Herren, aber es würde mich schon interessieren. Ist Stalingrad nun gefallen oder nicht?«

»Das werden Sie schon noch früh genug erfahren!« Grußlos verließen die beiden SD-Leute das Haus.

Einen der verschwundenen Abzüge der Sonderausgabe hat sich Dr. Stüber, wie er es selber ausdrückte, unter den Nagel gerissen. Und zwar den Abzug, der unter dem Sitzfleisch des invaliden Metteurs die Hausdurchsuchung überstanden hatte.

Heute befindet er sich in meinem Besitz.

Mit Maschine geschrieben steht in meinem Wehrpaß, ausgestellt in Wien III, Wehrnummer OO/LF/32/2:
»Auf Grund WK XVII/ stellv. Gen. Kdo XVII A. K. Avt. II a/R/ Ia AZ. 34 XN I 10 846/41 geh. v. 18. Aug. 1941 bis 28. 11. 1941 als Schütze Ldw II degradiert.«
Ich war plötzlich Schütze Arsch!
Der Oberst im Wehrkommando Wien, ein Kärntner, Herr Inder-Maur, sagte: »Kamerad, wer weiß, für was es gut ist.«
Mir kamen trotzdem die Tränen. Was war der Grund für meine Degradierung gewesen?
Am 19. 9. 1939 waren auf mein Ansuchen hin meine Vorstrafen aus dem Strafregister getilgt worden:
»Der Herr Reichsminister der Justiz hat auf Ihr Ansuchen die in den Jahren von 1919 bis 1927 durch das Landesgericht Graz mit den Urteilen vom
23. 6. 1919 Vr 896/19
13. 10. 1921 21 Vr 2481/21
7. 5. 1926 Vr III 4207/25
und des Amtsgerichtes Graz mit dem Urteil vom
31. 7. 1926 U IV 1068/26
und des Landesgerichtes Graz vom
19. 6. 1927 Vr V 2986/26
erfolgten Verurteilungen im Strafregister getilgt. Hiervon werden Sie verständigt.
Staatsanwaltschaft beim Landesgericht Graz, am 19. 9. 1939
Stampiglie: Erster Staatsanwalt Dr. Gottscheber.
Mord war keiner dabei, Raub auch nicht, kein Überfall, kein Bankeinbruch. Keine Blutschande, keine Vergewaltigung, keine Nötigung, keine Kindesmißhandlung. Es waren Vergehen, begangen aus jugendlicher Dummheit, aus Unerfahrenheit, Gleichgültigkeit. Ich habe mir viel in meinem Leben versaut wegen dieser Vergehen.
Meine Strafen haben auf zwei Monate, drei Monate, eine Woche, acht Monate Arrest gelautet und sind mir dennoch ein Menschenleben lang nachgelaufen.
Die allerletzte Strafe lautete auf 60,– Mark Geldbuße, weil ich beim Autofahren einen Radfahrer gestreift hatte. In Mödling bei Wien

kam ich 1938 deshalb vor den Richter. Da ich zu der Zeit als Chefdramaturg bei der Wien-Film war, bat ich ihn, auf Verlesung meiner Vorstrafen zu verzichten.

Er lachte. Laut und vernehmlich sagte er: »Richter bin ich. Der Angeklagte sind Sie. Sie sind vorbestraft wegen...«

Weiter ist er nicht gekommen; ich bin wutentbrannt auf ihn zugegangen und habe ihm wortlos ins Gesicht gespuckt.

Richter, Staatsanwalt und Amtsschreiber wurden blaß; letzterer schrie nach dem Wachmann.

Ich verließ den Raum; mein Anwalt lief hinter mir her: »Das kann Sie Jahre kosten!«

»Umgekehrt ist auch gefahren.«

Mein Anwalt hat sich hinter den Gerichtspräsidenten gesteckt, der ein schneidiger Parteigenosse war. Der hat sich seinen Bezirksrichter vorgenommen und verlangt, er möge sich bei mir entschuldigen.

Zwei Tage nach diesem Vorfall stand vor meinem Häuschen Lainzer Hauptstraße 107 der Bezirksrichter von Mödling. Er bat um Entschuldigung. Es war mir peinlich. »Ich bin kein Parteigenosse. Ich bin nur geduldet!« sagte er.

Ich umarmte ihn und bat ihn meinerseits um Entschuldigung.

Er hatte sein Mütchen an dem Uniformträger Kernmayr kühlen und deshalb meine Vorstrafen verlesen wollen.

Wir tranken drei Flaschen Gumpoldskirchner und eine Flasche Schlumberger Sekt. Er übernachtete bei mir. Am nächsten Tag fuhr ich ihn nach Mödling. Wir schieden als Freunde. Er ist im Osten erfroren.

Mein Dossier war mir, von unfreundlicher Hand ferngesteuert, lautlos nachgefolgt bis nach Rußland hinein. Wieder hatten mich meine Jugendsünden beim Schlafittchen gepackt:

Ich wurde, wie gesagt, in den Stand des Schützen Arsch versetzt. Ade, Sonderführer Z.

*

Für Rußland hatte ich mich gegen Cholera impfen lassen müssen; mitten auf der Brust, und das gleich dreimal. Es war keine angenehme Sache, vor allem, wenn man eine Hochzeitsnacht hinter sich zu bringen hatte. Denn noch vor dem Einrücken heiratete ich Aline Steinle, die Frau, von der ich Feldpostbriefe und -päckchen erwarten durfte.

Aber zuvor mußte ich anstrengenden Abschied von vier lieben, schönen Mädchen und Frauen nehmen.

Ich gebe, wenn auch ungern, zu, daß keine von ihnen den Versuch unternahm, mir von der bevorstehenden Heirat abzuraten. Den Gustl lieben, ja, aber ihn heiraten, lieber nicht. Ich muß schon ein rechter Hundsknochen von Mann gewesen sein, daß ich den Frauen nur als Liebhaber angenehm war.

Eine Frau in Mauer bei Wien, nach Hitlers Auffassung zwar rassig, aber nicht »reinrassig«, machte mir den Abschied schwer. Überdies hatte ich seit sechs Jahren ein festes Verhältnis mit der Frau des bekannten Bühnen- und Filmschauspielers Hermann Speelmans. Er kümmerte sich um seine kleine, schöne Felicitas, »Lizzerl«, wie sie genannt wurde, herzlich wenig. Er trank gern und vor allem stets zuviel. Er verkam, weil er verkommen wollte. Er hatte 1933 Schlagzeilen gemacht, als er nach dem dritten Akt von Bernhard Shaws »Heiliger Johanna« in dem Moment, in dem der Vorhang zum zweitenmal niederging, die Hosen herunterließ und dem Publikum seine nackte Kehrseite zeigte.

Das liebe, blonde Lizzerl, Wienerin, Bildhauerin, Malerin und Schauspielerin, war sechs lange Jahre aufs innigste mit mir verbunden.

Ich war zum Wochenende mit meinem kleinen Opel Olympia und der Gattin eines bekannten Sängers der Wiener Staatsoper zum Krebsessen nach Bansin an der Ostsee gefahren.

Den Schauspieler Speelmans kannte ich seit längerem, seine Frau nicht. Wir haben uns, wie man so schön sagt, auf den ersten Blick ineinander verliebt. Wir tranken unendlich viel Waldmeisterbowle und sind um drei Uhr in der Früh, uns an den Händen haltend, zum Strand gelaufen. Wortlos haben wir uns ausgezogen und sind nackt weit hinausgeschwommen in den heraufkommenden Morgen hinein. Meine eigentliche Begleiterin hatte ich total vergessen. Als ich in unser gemeinsames Hotelzimmer zurückkehrte, schlief sie tief und friedlich.

Lizzerl und ich haben uns über alle Maßen liebgehabt. Ich konnte sie trotzdem nicht heiraten. Denn eine meiner früheren Freundinnen – ihren Namen will ich nicht nennen, sie lebt noch – ist nach einem stümperhaft arrangierten angeblichen Selbstmordversuch zu meinem damaligen Generaldirektor Fritz Hirt gegangen und hat ihm erzählt, ich hätte ein Verhältnis mit einer »Halbjüdin«. Lizzerls Vater war ein ehemals k.u.k. österreichischer Regimentsarzt, ihre nichtjüdische Mutter Annerl stammte aus Millstatt in Kärnten.

Eines Tages wurde ich zu Hirt zitiert: »Gustl, Gustl, das kann dir das Genick brechen!«

»Was?« fragte ich erstaunt.

»Mir ist erzählt worden, daß du schon lange Zeit ein Verhältnis mit einer Halbjüdin hast. Du machst sofort Schluß damit, andernfalls müßte ich der Gauleitung entsprechend berichten.«

Das war deutlich eine volle Breitseite gegen meine Position als Chefdramaturg der Wien-Film, aus der mich die Wiener schon seit Monaten herausschubsen wollten.

Rudolph Oertl, ein bekannter Burgtheaterdichter, hatte an den Produktionschef der Wien-Film, Karl Hartl, einen Brief gerichtet mit der Frage: »Wieso kommt dieser ehemalige Fleischer, Metzger und Wurststopfer dazu, Chefdramaturg bei der Wien-Film zu sein?« Der Brief trug die Unterschriften aller für die Wien-Film als Dramaturgen tätigen Akademiker.

Karl Hartl beschied daraufhin die Dramaturgen zu sich und sagte in meiner Gegenwart:

»Meine Herren, ich will Ihnen Ihre Frage beantworten. Nicht einer von Ihnen hat mir bisher ein brauchbares Filmprojekt vorgeschlagen. Das Geheimnis bei unserem Freund Gustl ist, daß ihm etwas einfällt. Ich trinke mit ihm eine halbe Nacht hindurch; um vier Uhr in der Früh gehen wir nach Hause. Wir bleiben zufällig vor dem Hotel ›König von Ungarn‹ stehen, wo Mozart gewohnt hat. Gustl sagt: ›Ja, wen die Götter lieben!‹ Dieser Satz war die Initialzündung für unseren erfolgreichen Film ›Wen die Götter lieben‹. Ein anderes Beispiel: Ich stehe mit Gustl am Kahlenberg, unter uns zieht die Donau dahin. Kernmayr sagt aus einer Eingebung des Augenblicks heraus: ›Wir sollten einen Film über die Donauschiffer machen.‹ Wir haben den Film ›Die Donauschiffer‹ gedreht, mit dem ungarischen Staatsschauspieler Paul Javor, mit dem Burgtheaterschauspieler Attila Hörbiger, mit Hilde Krahl.«

Keiner der Anwesenden sagte ein Wort.

»Ein anderes Mal«, fuhr Karl Hartl fort, »saßen wir mundfaul im Café ›Fenstergucker‹; nach einer Weile sagte der Gustl: ›Man müßte das Leben eines Oberkellners verfilmen.‹ Er brachte später ein Manuskript an mit dem Titel ›Café Attaché‹. Dann schlug er den Titel ›Wiener G'schichten‹ vor. Wie Sie alle wissen, ist der Film ›Wiener G'schichten‹ ein großer Erfolg geworden.«

*

Als ich »Wiener G'schichten« vor gar nicht langer Zeit noch einmal im Fernsehen gesehen habe, habe ich nasse Augen gekriegt vor lauter Rührung darüber, was ich damals doch so alles zuwege gebracht hatte. Unbeschwert habe ich geschrieben. In diesem Film kamen ganz groß heraus Géza von Bolvary und die Schauspielerin Marte Harell. Der Produzent Heinrich Haas, mein Grazer Motorradfreund vom Rummelplatz, immer sparsam bis zum schieren Geiz, der diese Welt und seine 20 Millionen schon verlassen hat, mochte Marte Harell nicht. Ich bestand darauf, daß sie die Rolle bekam. Sie hat sich dafür mit einem goldenen Zigarettenetui bedankt: »Für diesen unvergeßlichen Dienst vielen Dank – Marte Harell.«

Ich habe an diese Schauspielerin geglaubt, die nicht nur schön, sondern auch hochbegabt und unglaublich fleißig war. Sie ließ alles im Stich, wenn es um ihren Beruf ging. Sie stand früh um fünf Uhr auf; sie aß und trank weniger als ein Vogel, lebte nur ihrer Arbeit und ihrer Schönheit. Man nannte sie Österreichs Botschafterin des Charmes und der Liebe.

Manche Leute behaupten auch heute noch, obwohl es nicht stimmt, ich hätte mit der Harell eine Liebesgeschichte gehabt. Frauen, die zu schön waren, hatten für mich keinen Reiz. Denn sie machten mir den Rang als »Diva« streitig. Denn sie waren nicht dankbar, wie die weniger schönen Frauen, die mir die Schuhe aufschnürten und die Strümpfe abstreiften, mir alle Bequemlichkeiten und obendrein jene Bereitwilligkeit boten, meinen gelegentlichen kleinen diktatorischen Gelüsten zu folgen. Die weniger schönen Frauen sind nach meiner Erfahrung nicht selten auch die klügeren.

Als Beispiel brauche ich nur meine jetzige Frau, die rothaarige – ich habe nun mal zeitlebens eine Schwäche für die Rothaarigen behalten – fünfte Kernmayrin und Schriftstellerin Marie Louise Fischer anzuführen. Nachdem meine vierte Ehe in die Binsen gegangen war, hat sie es geschafft, daß ich mit ihr – trotz eherner gegenteiliger Vorsätze – zum Standesamt und später auch vor den katholischen Traualtar gegangen bin. Wie gescheit muß sie sein, daß diese Ehe anhält! Sie hat natürlich bald herausgefunden, wie wohl es mir tut, wenn sie mich im Glauben läßt, ich sei der klügste, der schönste, der genialischste, der liebste aller Männer. Ich bin überzeugt, im Grunde genommen mögen das alle Männer; ein eitler Mensch wie ich erst recht.

*

Aline Steinle, Diakonissin und zur Ehefrau Nummer vier ausersehen, war groß, besaß ein klares, gutes Gesicht und, was mir am meisten imponierte, im Schwäbischen einen Wald. Diesen Wald gab sie her, um von dem Erlös unsere Möbel zu kaufen. Zum erstenmal freite ich ein Mädchen, ein richtig bürgerliches Mädchen mit Möbeln, Bettwäsche, Eßbesteck und allem, was dazu gehört.

In Sigmaringen in der Leopoldstraße 12 gab es eine alte Frau, die ein Leben lang nur gespart, und eine Tante, die dasselbe getan hatte. Sie lebten von der Pension eines Postbeamten. Als ich – wie es sich gehört – bei ihnen um Alines Hand anhielt, witterten sie in mir einen Mädchenverderber und hätten am liebsten nein gesagt.

Ihr Ja ermutigte Aline und mich sogleich zu einem innigen, hüllenlosen Schäferstündchen in Alines unverschlossenem Zimmer.

Mutter Luise Steinle hatte falsche Zähne, die ihr aus dem Mund fielen, als sie, wie zur Salzsäule erstarrt im Türrahmen stehenbleibend, nur ein ungläubiges »Hano!« herausbrachte. Dann sank sie rücklings in die Arme von Tante Berta, die schmunzelnd hinter ihr stand.

Meine Aline schämte sich dermaßen, daß sie sich wortlos anzog und das Zimmer verließ.

Am nächsten Tag fuhr ich nach Wien zurück. Von dort sandte ich Aline ein Telegramm, sie möge nicht vergessen, daß am Tage der Hochzeit sie die Hauptperson sei.

Der Standesbeamte von Hitzing kannte mich, weil er mich schon einmal getraut hatte, und zwar mit der sehr aparten und attraktiven Mae, die eigentlich Margarethe hieß und einige Monate bei der Wien-Film meine Sekretärin gewesen war.

Mit unseren Trauzeugen Fritzi Ecker und der Frau des Nachrichtenobersten Praun haben wir bei den ›Drei Husaren‹ gut gegessen, wo mein Freund Heckher Geschäftsführer war. Er hat sozusagen aus Mäusespeck ein Hochzeitsessen à la Sacher im Frieden 1910 gezaubert. Wir tafelten in bester Laune, als der berühmte Schauspieler Heinrich George an unseren Tisch kam und mir die Hand auf die Schulter hieb, daß ich aufstöhnte.

»Sie sind also der Schmierfink, der Schreiberknecht, der mich für ›Tatort Schauspielhaus‹ als Vorbild genommen hat!« donnerte er. Er hatte recht, aber ich hätte nie gedacht, daß er diesen meinen ersten Roman, dessen Erstabdruck in der »Berliner Illustrirten« erschienen war, je zu Gesicht bekommen würde. Für diesen Roman hatte ich insgesamt zwölftausend Mark Honorar eingestrichen. Für ein Rotes Ullsteinbuch, mochte es nun eine Großauflage erreichen oder nicht, bekam damals jeder, ob Ludwig Wolf, Vicki Baum, Alexander Lernet-Holenia, ich oder irgendein anderer Autor, ein Pauschalhonorar von achthundert Mark.

Der gute Heckher, heute Geschäftsführer von ›Horcher‹, Madrid, ist mehrmals hinunter in den Weinkeller gestiegen, denn am Ende tranken nicht vier, sondern zwanzig Personen wacker auf das Wohl der Brautleute.

In dieser Nacht war ich ein totaler Versager – wegen der Choleraimpfung.

Ausgerüstet, als führe ich in einen mondänen Kurort statt in den Krieg, nahm ich am nächsten Tag Abschied von Aline. Ein Dienstmann schleppte zwei große Koffer, einen Rucksack, Stahlhelm, Gasmaske und was sonst noch hinter mir her.

Aline hatte mir versprechen müssen, mit dem Gehalt eines Leutnants, das waren rund 270,– Mark im Monat, auszukommen; über die Einkünfte aus meiner Schriftstellerei konnte sie nicht verfügen. Sie schrieb mir eines Tages an die Front: »Seit wann handelst du mit Stoffen?« – Die Bavaria Filmkunst AG hatte nämlich brieflich bestätigt, daß sie den »Stoff« für »Einmal der liebe Herrgott sein« angekauft und mir zehntausend Mark dafür überwiesen hätte. In der Eile der Heirat war eben keine Zeit gewesen, Frau Aline in den Wortschatz der Filmwelt und in meine Finanzen einzuweihen.

*

Meine jahrelange innige Verbindung mit Lizzerl hatte ohne unser Verschulden ein Ende nehmen müssen: Die Nürnberger Gesetze wurden zunehmend härter ausgelegt, ebenso das Blutschutzgesetz.

Wenn wir ausgingen, waren oft auch Funktionäre der NSDAP dabei, Filmdramaturgen aus dem Reich, die wir in Wien »demoralisiert« hatten. Lizzerl pflegte ihrem Herzen über die Partei und Adolf Hitler unbekümmert um die Zuhörenden Luft zu machen. Und wenn sie in Rage geriet, nannte sie mich einen Scheißnazischmierer.

Eines Tages verlangte Lizzerl, ich solle sie heiraten, obwohl sie genau wußte, daß es nach den geltenden Gesetzen unmöglich war; sie suchte bloß einen Vorwand, um mich wieder einmal zu beschimpfen und anschließend – wie schon so oft – auf und davon zu gehen. Diesmal fuhr Lizzerl zum Malen nach Capri. Als sie wiederkam, versöhnten wir uns zwar aufs angenehmste, aber ich mußte ihr sagen: »In einigen Tagen heirate ich ein Fräulein Aline Steinle aus Sigmaringen.«

Lizzerl ließ ihr zorngeladenes Temperament an meiner Wohnung aus und verschwand auch aus ihrer eigenen in der Mariahilferstraße. Ein Telegramm von ihr am nächsten Tag besagte, ich möge mich mit einer Nichte von ihr treffen, Tochter eines ehemaligen österreichischen Generalkonsuls in der Türkei. Diese Nichte brachte mir die Nachricht, daß ein Schwesterkind von Lizzerl, das aus Sicherheitsgründen in Holland im Exil lebte, in Gefahr sei. Der Vater, ein ungarischer Jude und sehr bekannter Chemiker, der seine Erfindungen in alle Welt verkaufte, war bei Kriegsbeginn in Indien interniert worden. Lizzerl ließ mich durch die Nichte bitten, ich möge mich als der Vater des kleinen Mädchens ausgeben.

Ich wußte – man schrieb immerhin das Jahr 1941 –, wie die Gauleitung in Wien, das Rassenamt, die Reichskulturkammer in Berlin reagieren würden, und mir war, offen gestanden, äußerst mulmig zumute.

Als ich meine Sorge mit Aline besprach, sagte sie: »Klar, daß du dich zu dem Kind bekennst!« – Ich tat es schriftlich, ich tat es telegrafisch. Weiter habe ich nichts tun können. Ob mein Bekenntnis dem Mädchen in Holland genützt hat oder nicht, habe ich nie erfahren.

Jedenfalls erschien bald darauf ein SS-Offizier, Sohn eines bekannten Bildhauers aus Hohenzollern, bei mir: »Alles ganz schön und gut mit dem Judenbankert«, sagte er, »aber alles hat seinen Preis. Der Führer hat für Sie einen Auftrag . . . Sie werden als Schriftsteller ans Schwarze Meer fahren. Man wird Ihnen dort Dokumente übergeben. Und zwar werden sie Ihnen von Frauen zugespielt. Sie haben also Gelegenheit zu beweisen, daß Sie ein Weiberheld sind.«

Ich mußte geloben, die Dokumente, koste es, was es wolle, zu sichern und keiner Menschenseele gegenüber von meinem Auftrag zu sprechen.

Wie schon so oft im Leben, habe ich zu allem »Ja« gesagt, obwohl mir der Hintern mit Grundeis ging. Mehr als schiefgehen konnte es schließlich nicht.

Meine Reise ans Schwarze Meer segelte unter der Filmflagge »Die Donauschiffer«. Mit mir fuhr Werner Hochbaum, Preuße, Antinazi und Regisseur des geplanten Films; sein letzter Film, »Die vier Unteroffiziere«, war bei Goebbels und dem Publikum gut angekommen. Als er später zu den Soldaten eingezogen wurde, habe ich ihn durch General Dietl für kurze Zeit freibekommen können, der auf meine Bitte den Gefreiten der Veterinärkompanie Werner Hochbaum, den »Roßknödelschupfer«, wie er ihn ein wenig spöttisch nannte, durch Fernschreiben suchen ließ. Wir haben gemeinsam vergnügliche Tage in Oslo verbracht. Als wir kein Geld mehr hatten, sind wir zum Rundfunk gegangen und haben den Soldaten über Funk lustige Geschichten erzählt. Das Honorar haben wir sogleich versoffen; Werner Hochbaum erlitt im Hotel Royal in Oslo einen Blutsturz.

1945 hat er bewiesen, daß er ein verläßlicher Freund war. Er hätte mich sofort wieder beschäftigt, wenn man mich nicht kurzfristig ins

Lager gesteckt hätte; später hat er nicht gezögert, dem H. G. Kernmayr einen »Persilschein« auszustellen.

Werner Hochbaum, ein Jugoslawe namens de Monti, der Armbanduhren mindestens im Dutzend bei sich trug, der Produktionsleiter Walter Tjaden, ein großer Könner auf dem Gebiet der Tonfilmtechnik, und ich flogen nach Budapest.

Die Uhren des Herrn de Monti sahen aus, als wären sie aus reinstem Gold, dabei war es nur Trompetengold, jede Uhr kostete drei Mark und fünfzig Pfennige. Mit diesen Uhren hat er Gassen- und Bürgermädchen beschenkt, die er seinen Zwecken dienstbar machen wollte.

In Budapest holten wir bei der Nationalbank erst einmal die uns großzügigst zugeteilten Devisen, dann gingen wir in ein Nachtlokal. Als notorischer Luftikus habe ich meine ganze Barschaft – dem wirklich seriösen Produktionsleiter Tjaden ist es auch nicht anders ergangen – in dieser einen Nacht durchgebracht.

Ich schlief bei Joza, einer schönen Zigeunerin, Star in einem exklusiven Lokal auf der Margaretheninsel, wo sie – in weißem Frack und Zylinder – die Conférence machte. Joza hat mich später hin und wieder in Wien und Berlin besucht, bevor sie schließlich ein richtiger Lord zu seinem Eheweibe erkor.

Von Budapest fuhr unser – wie man heute sagen würde – Team mit dem schönen Schiff Prinz Eugen nach Belgrad, wo ich den Auftrag hatte, mich bei der Ehefrau eines jugoslawischen Unterstaatssekretärs zu melden, die von Beruf Filmschauspielerin war. Ihr sollte ich – als Gegenleistung für die Dokumente, die sie mir aushändigen würde – die Hauptrolle in einem in Serbien zu drehenden Film anbieten.

Der Unterstaatssekretär im königlich-jugoslawischen Propagandaministerium und seine filmbeflissene Frau Milizza schlugen vor, in die ›Dardanella‹ zu gehen. Wir vier von der Wien-Film hatten nichts dagegen einzuwenden.

›Dardanella‹, außerhalb der Stadt gelegen, galt als das interessanteste Nachtlokal Belgrads. Reiche serbische Schweinezüchter und Gutsbesitzer tranken dort französischen Champagner, albanische Lastträger tranken Bier und Schnaps. Von Abendkleidung keine

Spur, ein uns ungewohntes malerisches Bild. Es fiel uns auf, daß alle mit dem Geld herumwarfen, als wären es Bonbons oder Brotkrumen. Von der weißgekälkten Decke hingen elektrische Drähte mit nackten, von Fliegendreck starrenden Glühbirnen. Auf den Tischen aus grobem Holz fehlten die Tischtücher. Gabeln und Messer waren »Made in Solingen«. Aber es gab köstliche Speisen, gewürzt mit altem Slibowicz!

Auf einer Bretterbühne saßen, wie die Schwalben auf einem Telegrafendraht, auf Strohstühlen Zigeunerinnen, Sängerinnen, Tänzerinnen, Musikanten. Unter den Stühlen standen gefüllte Weinkrüge. Alle tranken und stellten den Krug wieder unter den Stuhl. Die Sänger zupften kleine Mandolinen als Begleitmusik und tanzten auch dazu. Die Bauchtänzerinnen aus Anatolien mochten wohl so an die hundert Kilo und mehr wiegen. In den Händen Tamburins, tanzten sie zwanzig bis fünfundzwanzig Minuten lang.

Die Lastträger, die Gutsbesitzer, die Kaufleute und auch der Staatssekretär starrten wie gebannt auf die fetten Tänzerinnen. Sie waren von diesen Fleischmassen hingerissen. Uns berührte es eher komisch.

Ein Mann in bosnischer Kleidung bat mich vom Tisch weg. Er führte mich in eine »Künstler«-Garderobe, wo zwei Männer und eine Tänzerin aus Bessarabien warteten. Die Tänzerin hatte ihre Leibesfülle in schwarze Seide gezwängt, auf der Stirn, an den Ohren, um den Hals und an den Armen klingelten zahllose Goldmünzen, an den dicken Fingern jeder Hand steckten mehrere mit farbigen Steinen besetzte Ringe.

Die drei Gestalten redeten auf mich ein, ohne daß ich ein Wort verstanden hätte. Ihren Redefluß unterbrachen sie hin und wieder mit einem »Heil Hitler!« Schließlich drückten sie mir ein mit einer einfachen Kordel zugebundenes Päckchen in die Hand.

Ich habe das Päckchen nicht geöffnet, auch nicht, als ich im Hotel allein war. Wenn ich nicht mehr tun mußte, als Päckchen zu transportieren, dachte ich, nun gut. Ich hatte Weisung, das Päckchen unter keinen Umständen in der deutschen Botschaft oder im deutschen Konsulat abzugeben. Hitler vertraute den Auslandsdeutschen offenbar mehr als den Diplomaten, was mich nicht wunderte, als ein Auslandsdeutscher der deutschen Kolonie mir beteuerte: »Wir sehnen den Tag herbei, an dem wir die Gnaden und Sonnen Adolf Hitlers erleben dürfen!«

König, Polizei und Politiker mißtrauten den Auslandsdeutschen mit Recht. Hitler versuchte, diesen Argwohn einzuschläfern. So hatte er Werlin, Grazer wie ich, der sein Vertrauen besaß, beauftragt, in seinem Namen dem jungen König von Jugoslawien einen prachtvollen Mercedes-Sportwagen als Geschenk zu überbringen.

Werlin sagte mir damals: »Wenn ich ein zweites Leben zu verschenken hätte, das eine Leben gehörte dem Mercedes-Stern und das andere Adolf Hitler.«

Werlin und ich haben 1944 das Leben des zum Tode verurteilten Grazer Autohändlers Peter Heidinger gerettet. Heidinger war in seiner Jugend Hausknecht beim Ein- und Ausspannwirtshaus ›Hasen‹ am Griesplatz in Graz gewesen. Dann wurde er Motorradfahrer und später von Hitlers Gnaden ungekrönter Autokönig der Steiermark.

1944 ist man ihm draufgekommen, daß er viele Hunderttausende Liter Benzin verschoben hatte. Er wurde zum Tode verurteilt. Weil er ein Grazer Landsmann war, sind Werlin und ich um sein Leben gelaufen. Werlin gelang es schließlich, ihn vor dem Strang zu retten. Als das Nazireich ein Ende nahm, öffneten sich auch für Peter Heidinger, aus dem nun über Nacht ein scheinbares Opfer des NS-Regimes geworden war, die Gefängnistore.

\*

Es war höchste Zeit, Belgrad zu verlassen, das auf den Straßen von Polizisten wimmelte. Die Regierung schien einen Aufstand zu erwarten. Ob von den Kroaten, Slowenen, Serben oder Mazedoniern, wer konnte das angesichts der ewig unruhigen Stämme dieses Landes wissen. Herr de Monti hatte überdies in Erfahrung gebracht, daß sich die Polizei für mich interessierte.

Wir fuhren auf der Donau dem Schwarzen Meer entgegen. Nie in meinem Leben habe ich so viele sinnverwirrende Luftspiegelungen gesehen wie auf diesem Teil der Donaufahrt!

Der Dampfer hielt in Orsova, einer großen Station der Donaudampfschiffahrtsgesellschaft. Orsova war einstmals von den Römern als Siedlung und Festung angelegt worden; nun zählte es sechstausend Einwohner, es gab Caféhäuser, Gasthöfe mit Fremdenzimmern, ein Kino.

Wir luden den Donaudampfschiffahrts-Kapitän zum Abendessen ein. Ich fragte ihn: »Wo kann man sich abends mit gefälligen Frauen unterhalten?«

Der Kapitän schien amüsiert. »Da brauchen Sie nicht weit zu gehen: in Ihrem Gasthof!«

Tatsächlich, der Gasthof, in dem wir wohnten, hatte einen regelrechten, behördlich genehmigten Bordellbetrieb.

Die Bordellmutter hieß Rosa, ging nach der Mode von 1914 gekleidet, trug übermäßig viel Schmuck an Armen und Händen und war eine charmante Feldmarschalleutnantswitwe aus dem Ersten Weltkrieg! Die bejahrte Glucke Rosa hatte vier »Hühnchen« unter ihren Fittichen, eine Österreicherin, eine Deutsche aus Flensburg, eine Rumänin, eine Serbin. Die Österreicherin und die Flensburgerin waren blond gefärbt.

»Nur vier? Wir sind mit dem Kapitän fünf!«

Die Feldmarschalleutnantswitwe tat diesen Einwurf ab: »Meine vier Hühnchen haben schon fünfundzwanzig Militärs, die zehn Tage lang hier im Manöver waren, zufriedengestellt« und wies einen Brief vor. Er war mit 25 Namen unterschrieben. Die Herren bestätigten, daß sie sich mit den vier »Hühnchen« herrlich vergnügt hatten.

*

Früh am nächsten Morgen ruderte mich ein starker Bauernbub für wenig Geld über die Donau nach Ada Kaleh, der malerischen Insel mitten im Strom, die ehedem Sitz eines Paschas gewesen war.

Ada Kaleh wurde 1878 von der türkischen Garnison geräumt. Ihre Abtretung an Österreich-Ungarn war im Berliner Friedensvertrag vergessen worden; seit 1919 war sie rumänisch. Den etwa achthundert Bewohnern sicherten der Tabakanbau, die Herstellung handgedrehter Zigaretten, vor allem aber das orientalische Zuckerwerk und die Touristen das tägliche Brot.

Das Bethaus mit wertvollen orientalischen Teppichen, angeblich Geschenken des Sultans Abdul Hamid, der türkische Friedhof, das orientalische Caféhaus waren sehenswert.

Zu Gast bei dem Bürgermeister, hätte ich gern ein echtes türkisches Zimmer gesehen. Die Enttäuschung war komplett: kein Diwan, keine Orientteppiche, sondern – moderne Schleiflackmöbel! Der mohammedanische Mufti rief vom Minarett: »Allah!« wie es der Glaube befahl, aber er war auch Kapitän der Fußballmannschaft von Ada Kaleh.

An einem mit roten, gelben, grünen und blauen Lampen geschmückten Prophetengrab nahm sich ein freundliches Mädchen meiner an. Sie hieß den Burschen, mit dem Kahn zurückzurudern nach Orsova. Am nächsten Morgen ruderte sie selber mich von der Insel hinüber.

Als ich im Gasthof meinen Anzug wechselte, entdeckte ich in der rückwärtigen Hosentasche einen gewichtigen Brief. Gegen meinen Willen fast öffnete ich ihn. Er enthielt auf hauchdünnem Papier Zeichnungen und Fotos von Landkarten. Ich mußte mir leider eingestehen, daß das Mädchen an mir ganz uninteressiert gewesen war; sie hatte sich nur eines Auftrags entledigt.

Wir fuhren mit dem Schiff weiter die Donau hinunter nach Bukarest.

Die Garde des Rumänen-Königs Carol (der Coburg-Hohenzoller verschmähte die ihm angetraute Gattin und lag statt dessen im Bann der rassigen, schönen, geschäftstüchtigen Madame Lupescu) marschierte nach den Klängen des weltberühmten Grazer Komponisten Robert Stolz: »Adieu, mein kleiner Gardeoffizier, adieu, adieu und vergiß mich nicht, und vergiß mich nicht...« Die Offiziere trugen Mieder unter der Uniform, waren geschminkt, hatten rote Lippen, schwarze Augenbrauen, rote Wangen. Wenn sie an einer Kirche vorüberkamen, bekreuzigten sie sich.

Im Hotel Union in Bukarest wartete schon ein bekannter Österreicher auf mich, eine kleine Französin an seiner Seite. Er war der Sohn eines erfolgreichen Hoteliers am Semmering. Nach 1945 wurde er, da er Antinazi gewesen war, Bürgermeister.

In seiner kleinen, luxuriös eingerichteten Wohnung in einem vornehmen Stadtviertel von Bukarest tischte er Kaviar, Champagner und seine Geliebte auf. Seine Großzügigkeit war so überwältigend, daß ich mich heute noch gern daran erinnern würde, hätte sie nicht einen überaus unangenehmen Grund gehabt. Die Kleine klaute mir nämlich Brief und Päckchen. Zum Glück habe ich sie dabei erwischt. Sie gestand ein, daß sie für die Franzosen spionierte. Ich versagte mir – angesichts der eigenen sehr heiklen Situation in einem fremden Land – jeden unfreundlichen Kommentar, weil ich froh war, nicht durch den Verlust von Brief und Päckchen in Schwierigkeiten zu geraten. Weder die Ortsgruppe der NSDAP noch der Verein der Auslandsdeutschen hätte mir helfen können. – Die Kleine fuhr mich mit dem Auto ins Hotel Union und gab mir noch einen federleichten Abschiedskuß auf die Nasenspitze.

\*

Walter Tjaden mußte sich um die Aufnahmegenehmigungen für die Filmarbeiten kümmern, und Herr de Monti war offenbar untergetaucht. Sein Verlust stimmte uns nicht besonders traurig, und so fuhren Werner Hochbaum und ich weiter dem Schwarzen Meer entgegen. Zunächst mit dem »Blaue-Donau-Express« bis Galatz, von wo ein rumänisches Schiff uns bis zur Mündung der Donau ins Schwarze Meer bringen sollte.

Kaum hatten wir es uns in einem kleinen Gasthof in Galatz bequem gemacht, als Frau Hochbaum aufgeregt aus Wien telefonierte, daß die kleine Tochter mit einem Blinddarmdurchbruch ins Krankenhaus eingeliefert worden sei; es bestünde Lebensgefahr.

Werner Hochbaum sagte laut und vernehmlich: »Scheiße! Scheiße und nochmals Scheiße!«, packte seinen Koffer, und wir stiefelten um halb sieben Uhr in der Früh zum Bahnhof.

Sollte ich mutterseelenallein mit dem Schiff die Donau hinunterfahren? Niemand von der Wien-Film war je am Schwarzen Meer gewesen. Ich hätte also fabulieren können, was ich wollte, ohne dort gewesen zu sein.

Nach einem kräftigen Frühstück und einem Viertelliter Zuica hatte mein Wandertrieb über den dummen Umstand gesiegt, daß auf dem Reisedokument vom Auswärtigen Amt Berlin die Namen aller vier Reiseteilnehmer standen; diese Bestätigung war unsere besondere Legitimation.

Die Donau wälzte sich träge dem Schwarzen Meer entgegen. Dort, wo das Vogelparadies beginnt, im Mündungsdelta, ist sie bis zu zehn Kilometer breit, man sieht die Ufer nicht – ein majestätischer Strom.

Ab und zu legte das Schiff an, Passagiere stiegen aus, immer weniger Menschen blieben an Bord zurück.

Um sieben Uhr abends, noch stand die Sonne am Himmel, kamen wir am Ziel an. Es war nicht der Hafen Sulina, wo die großen Schiffe vom Schwarzen Meer anlegten, sondern ein kleiner Ort in der Bukowina, noch acht Kilometer vom Schwarzen Meer entfernt, ein Ort, der im wesentlichen von Störfang und -verarbeitung lebte. Ich habe dort tiefe Teller voll mit Kaviar gegessen. Kaviar bedeutete den Einheimischen, den Lipowanern, überhaupt nichts, sie verpackten diese Köstlichkeit in 25-Kilo-Fäßchen für den Versand.

Ich war als einziger Passagier an Bord des Schiffes übriggeblieben. Bei der Ausweiskontrolle wurde ich in Haft genommen. Man beschuldigte mich des dreifachen Mordes; der Geheimpolizist wies auf die Liste und fragte nach dem Verbleib der anderen drei Männer: Wo waren der Regisseur Werner Hochbaum, der Produktionsleiter Walter Tjaden und de Monti?

Ich habe zwar kein Wort von dem verstanden, was er sagte, aber der kleine und schmächtige Mann hatte eine Pistole in der Hand und stieß damit unmißverständlich auf die drei Namen: Tjaden, de Monti, Hochbaum.

Ich glaubte, er müsse mich verstehen, wenn ich nur langsam und deutlich ganz beharrlich wiederholte: »Bukarest! Filmproduktion! Wien-Film!« Ich zeigte ihm mein Geld, rumänisches und deutsches; vielleicht hat er das als Bestechungsversuch angesehen, denn er schaffte mich, mit Handschellen versehen, in einen weißgetünchten, fensterlosen Raum; die Bewachung übernahmen zwei Gendarmen.

Das sah alles gar nicht sehr heiter aus; nervös rauchte ich eine Zigarette nach der andern. Der ominöse Brief und das Päckchen befanden sich unter einem Stoß Taschentücher in meinem Koffer. Und den hatte der Geheimpolizist in Verwahr!

Nach einer ganzen Weile wurde die Tür aufgesperrt, der Geheimpolizist winkte mit der Hand eine schmächtige, abgearbeitete Frau von ungefähr fünfzig Jahren herein, eine Österreicherin, die – wie sie mir später erzählte – vor über 30 Jahren hierher geheiratet hatte, einen Störfischer.

Sie gab sich alle Mühe mit dem Dolmetschen, aber sie mußte jedes Wort aus der Tiefe ihrer Erinnerung heraufholen. Es gab Schwierigkeiten wegen meines Namens. In meinem Paß stand: Gustav Johann Kernmayr – mein offizieller Name. Auf dem Dokument des Auswärtigen Amtes Berlin aber stand: Hans Gustl Kernmayr. Der Geheimpolizist wollte nicht begreifen, daß es sich um ein und dieselbe Person handelte. »Wo sind die drei anderen?«

Der Frau gelang es, all das, was ich ihr mitteilte, dem Geheimpolizisten begreiflich zu machen; er beendete die Unterhaltung, händigte mir den Koffer aus, drehte sich um und ging – wortlos.

»Ohne Glück soll man nicht sein auf der Welt«, dachte ich und drückte der Frau und dem Buben, der sie herbeigeholt hatte, Geld in die Hand. Sie führten mich zu einem kleinen Bauernhof. Die junge, appetitliche Bäuerin war, wie ich herausfand, die Braut des Geheimpolizisten; mir rutschte das Herz von neuem in die Hose!

Das Zimmer, ein schmuckloser, weißgetünchter Raum, und der Strohsack auf dem Bett waren reinlich.

Am nächsten Morgen stand die Sonne wie ein Feuerball am Himmel. Guru, die Bäuerin, saß auf einem Hocker in der Küche. Sie frühstückte: sie holte kleine, springlebendige Fischlein aus einem mit Wasser gefüllten Topf, biß ihnen die Köpfe ab, spuckte sie aus, tauchte sie in Essig und Salz und aß gemächlich ein Fischlein nach dem anderen.

Ich machte ihr mit Zeichensprache klar, daß ich gern das Schwarze Meer sehen wollte. Sie ruderte mich bereitwillig in einem kleinen Boot über einen der vielen, schmalen Wasserarme, die das Dorf wie ein Venedig en miniature erscheinen ließen, zum Meer.

Ich habe nicht lange am Ufer des Schwarzen Meeres gestanden. Mir fiel nämlich mein Koffer ein. Wir ruderten eilends zurück. Meine Taschentücher waren noch da, aber der dicke Brief, die Dokumente, das Päckchen waren verschwunden. Ich geriet in Panik.

Kam ich überhaupt noch hier weg? Ich bot Guru Geld; sie wies es entschieden zurück. Aber sie nahm drei Taschentücher, ein Hemd, zwei Krawatten und »Der silberne Reiter«, ein Ullsteinbuch aus meiner Feder, als Entgelt für die Nacht.

Ich löste eilends ein Billett bis Braila für das Schiff einer rumänischen Gesellschaft, das den Namen des Kronprinzen Michael trug.

Der Geheimpolizist wartete an der Schiffslände, der Bub schleppte für ein Trinkgeld meinen Koffer, die zwei Gendarmen standen Gewehr bei Fuß. Just in dem Augenblick, in dem der Kapitän das Zeichen zum Ablegen gab, stürzte Guru, ein Päckchen in der Hand, an ihrem Bräutigam vorbei auf das Schiff. Sie drückte mir das Päckchen in die Hand, wandte sich ab und lief davon.

Das Päckchen enthielt meine Papiere und Dokumente! Im ersten Moment habe ich erleichtert tief durchgeatmet. Im zweiten Moment fragte ich mich, wie teuer Guru wohl dieser Liebesdienst zu stehen kommen würde.

Der Boden unter meinen Füßen war zu heiß geworden. Von Braila aus fuhr ich noch am selben Tag weiter nach Wien und von dort nach Berlin.

In Wien fand ich einen Brief von Margarethe, genannt Mae, vor, in dem sie mir kurz und bündig mitteilte, daß sie mich unwiderruflich verlasse. Sie hatte nämlich während meiner Abwesenheit, hinter Büchern versteckt, drei Päckchen Präservative gefunden. Ich selber habe diese Dinger immer verabscheut; ich hatte einem Bekannten damit gefällig sein wollen, denn damals waren solche Dinger »Mangelware«, weil der Vertrieb unter Strafe stand. Mae hat mir diese Erklärung nie geglaubt.

Als ich aus Berlin zurückkam, tauchte auch mein Eheweib Mae wieder bei mir auf.

1938 – Anschluß Österreichs an Deutschland. Ich besitze aus diesen Tagen den Brief einer einfachen alten Frau. Sie schrieb an ihren Sohn, den Burgschauspieler Mayrhofer:
»Lieber guter Sohn!
Danke Dir herzlich für Deine Karte, freit uns alle, in Stainz ist schon große Enterung (Änderung). Hubmann is Birgermeister, sein Sohn is Zugfirer (Sturmführer). Hofer is Soldat. Es a man (SA Mann) Rigold Oska daselbe. So sind 10 von die Bekannten. Stigler Dokt. (Doktor) von St. Stefan ist im Landsberg Bezirkshauptmann. Alle Gemeinte (Gemeinde) Schriften sind am Haubblatz (Hauptplatz) verbrent worden.

Schuschnigg Biste (Büste) ist vom gemeinte Haus (Gemeindehaus) herabgeworfen zu dausend Drimmern (Trümmern) zertretten geworten. Gestern abent sind die Kommunisten nach Graz gefirt geworten (geführt worden). Lieber guter Sohn und Gisa meine Schrift wird hart zu lesen sein zittere so stark, daß ich die Feder kaum halten kann, und bin nur froh unt glicklich, daß ich diese Zeit erlebt habe ... Ich lebe in dieser einbiltung das auch du und Gisa ein ruhiges Leben erreichen wertet. Du weist das ist mein Einziger Wunsch. Das Tittel Bilt (Titelbild) von der Kronenzeitung mit dem Führer habe ich aufsbanen (aufspannen) lassen, das henkt (hängt) neben deinem. Ich kan dir nur sagen, die Stainzer Herrn winschen dich wieder zu Sehen.

Vil tausend Küsse und Grüße von deiner dankschuldigen Mutter in Eile.
Giebt es ein Wieter sehen? Heil Hittler!«

\*

Graz, die Landeshauptstadt, schien das jauchzende Herz der »Volkserhebung« zu sein. Der ehemalige Minister und Gesandte a. D. beim Vatikan, Dr. Rintelen, hatte einen Hochverratsprozeß hinter sich. Nun sah er seine große Stunde nahen. »Heute nacht einen Fackelzug!« forderte er. Die Rolläden vor den Geschäften rasselten herunter; Professoren, Ärzte, Arbeiter, Studenten, Schüler, Handwerker, Gewerbetreibende, Pensionisten folgten dem Ruf. Die Glocken der Grazer Kirchen läuteten. Erst die Domkirche, dann die Stadtpfarrkirche, die Franziskanerkirche, die Barmherzigenkirche, die Stiegenkirche, die Herz-Jesu-Kirche.

Ich habe das alles nicht geträumt, ich war dabei. Und so war es nicht nur in Graz, sondern in ganz Österreich. Darum habe ich mich gekränkt, als 1945 die meisten meiner Landsleute nie Nationalsozialisten gewesen sein wollten. Im Salzkammergut sagten die Bauern gar: »Wenn wir nur eine andere Sprache hätten!« Sie hätten am liebsten nicht mehr Deutsch gesprochen.

\*

Ich hatte mir in Narvik, Kirkenes und in der Tundra im hohen Norden eine abscheuliche, unerträglich schmerzhafte Arthritis geholt. Das beste würde es sein, zur Heilung in das berühmteste Schwefel-Moorbad der Welt, nach Pystian in der Slowakei, zu fahren, wo das Schwefelwasser und das Moorwasser siedendheiß aus der Erde kommen. Gedacht, getan.

In meinem Hotel saß am Nebentisch eine Tschechin mit einem kleinen Buben. Slawische Frauen sind die natürlichsten Erotikerinnen, die man sich vorstellen kann, ohne Perversitäten, denn die kennen sie nicht. Diese Dame regte daher meine Phantasie mächtig an und übte eine große Anziehungskraft auf mich aus; ich mußte einfach einen unverfänglichen ersten Kontakt mit ihr herbeiführen. Es gelang mir mit Hilfe von einigen winzig kleinen Zauberkunststükken, die ich meinem Freund, dem Zauberer Kalanag (Helmut Schreiber), abgeguckt hatte, mit denen ich nun zunächst den Buben und schließlich die Tschechin selbst zu gewinnen trachtete, was auch unschwer gelang.

Ich erfuhr unter anderem, daß sie verheiratet und ihr Mann sehr streng war. Daß sie mit ihm um sechs Uhr abends schlafen gehen mußte, daß sie um ein Uhr in der Nacht aufstand, mit ihm arbeitete, Geschäftsbücher führte, Korrespondenz erledigte. Sie besaßen in Prag ein Konfektionsgeschäft. Dies war ihr erster Urlaub, um den sie ihren Mann gebeten hatte.

Die Frau interessierte mich sehr, und ich erinnerte mich an Hans Albers, der in Prag im Hotel Excelsior eine Flucht von sieben Zimmern hatte, in denen immer viele Kerzen brannten, wenn er mit seiner Freundin Hilde Sessack, die er sehr liebte, oder auch mit Ferdinand Marian und mir in seinen Zimmern zu Abend speiste. Hans Albers bekam alles, wonach ihm der Sinn stand; er wurde überall sehr verehrt, was nicht wenig dazu beigetragen haben mag, daß er es sich in den Kopf gesetzt hatte, daß, wenn man seinerzeit nach dem Tod Hindenburgs ihn gegen Hitler aufgestellt hätte, das Volk Hans Albers zum Staatsoberhaupt der Deutschen gewählt haben würde!

Wenn es sich um Frauen handelte, pflegte er zu sagen: »Paß auf, Kernmayr, es gibt ein chinesisches Sprichwort . . .« Ich weiß nicht, ob es wirklich ein sehr chinesisches Sprichwort war, auf jeden Fall war es sehr ordinär. Ich bin ganz sicher, die Chinesen sind nicht so ordinär. Ich bin erst vor einigen Jahren in Hongkong und in Kanton gewesen, und ich habe nur sehr höfliche Chinesen kennengelernt. – Fein war Hans Albers jedenfalls nicht, er war sogar ein ausgesprochener Exhibitionist: Er rühmte sich gern seiner Männlichkeit, und bei jeder unpassenden Gelegenheit wies er »Otto«, das stämmige Zeichen seines Mannestums, den Umstehenden vor und sagte wohlgefällig: »Otto! Otto!«

Hans Albers' chinesisches Sprichwort im Ohr, habe ich nach drei vollen Tagen die Dame aus Prag, die die Deutschen gar nicht liebte, herumgekriegt. Aber bevor ich abreiste, gestand sie mir, das sei mir nur gelungen, weil sie sich an ihrem Mann habe rächen wollen, der immer so geizig ihr gegenüber sei und sie obendrein betrogen hätte, während sie bei ihm keinerlei Freiheit genoß.

Mit dieser Frau hat mich das Schicksal noch einmal auf sehr sonderbare Weise verknüpft.

Etliche Jahre nach Kriegsende bekam ich die Nachricht, sie sei mit ihrem Sohn in Österreich, und zwar in Baden bei Wien, das damals russische Besatzungszone war, und ich möge sie doch einmal besuchen. Der Brief hatte mich auf vielen Umwegen in Zinkenbach bei St. Wolfgang, wo ich damals aus begreiflichen Gründen völlig zurückgezogen wohnte, erreicht. Ich durfte zu der Zeit offiziell noch nichts schreiben, und weil mein Name nirgendwo erscheinen durfte, brauchte ich auch meine Honorare nicht zu versteuern. Ich war, offen gestanden, ganz zufrieden damit; ich bin nämlich von Haus aus eine sparsame Natur.

Ohne Frage war es ein Risiko für mich, über die Ennsbrücke in das von den Russen besetzte Oberösterreich zu fahren, aber die Neugier trieb mich.

Sie machte die schönsten Pfannengerichte, Eier auf Schinken, Eier auf Hühnerfleisch, sie hatte den besten Wodka, sie hatte den besten Wein, sie buk eine Torte, kochte herrlichen Kaffee – was mich alles nicht wundernahm: sie war Dolmetscherin bei den Russen geworden.

Nachdem sie mich so köstlich bewirtet hatte, wollte sie begreiflicherweise ihrerseits gebührende Labsal. Kurzum: Ich konnte sie ihr nicht bieten, weil mein Mißtrauen alle Liebesfähigkeit ersterben ließ. Wutentbrannt warf sie mir einen Steingutkrug an den Kopf, der eine große Platzwunde hinterließ.

Ich fuhr wieder nach Hause.

Als ob nichts geschehen wäre, kam ein Briefwechsel zwischen uns zustande. Meine Briefe gingen, wie sie es gewünscht hatte, über die Adresse einer Verwandten, einer alten, reichen Frau in Wien.

Und nun kommt ein Kriminalfall, wie er nicht besser erfunden werden könnte.

Die alte Dame in Wien fiel einem Raubmord zum Opfer. Bei der Hausdurchsuchung fand die Polizei an die Tschechin gerichtete, aber von ihr nicht abgeholte Briefe. Es waren auch Briefe von mir dabei. Der Ehemann dieser ehrenwerten Dame lenkte den Tatverdacht der Mordkommission – aus welchen Gründen auch immer – flugs auf mich.

Als ich eines Abends nach Hause kam, stellte meine Frau Aline wortkarg das Essen auf den Tisch und rückte erst auf ärgerliches Drängen nach der Ursache ihres beleidigten Schweigens damit heraus, daß zwei Kriminalbeamte aus Wien dagewesen wären.

Die Herren Kriminalbeamten aus Wien hatten nicht nur den Grund für ihre Nachforschungen genannt, sondern auch meiner Aline die Liebesbriefe gezeigt. Wo sie doch sowieso überzeugt war, daß ich sie auf Schritt und Tritt betrog, was jedenfalls zu der Zeit maßlos übertrieben war. Von Aline stammte das Wort: »Du mußt

deinen ›Otto‹ in jedes Loch stecken, und wenn es ein Mauseloch ist!«
Späte Sühne für Pystian! Zum Glück konnte ich nachweisen, daß ich
Monate hindurch nicht in Wien gewesen war, und auf gar keinen Fall
zur angegebenen Tatzeit.

\*

Von allen Freunden, die über Jahrzehnte hinweg sich als solche bewiesen haben, steht an vorderster Stelle ein großer Kollege der Feder, Axel Eggebrecht.

Wir haben uns nach 1933 kennengelernt, ich weiß nicht, ob es 1934 oder 1935 war, als er aus dem Gefängnis bzw. aus dem KZ entlassen wurde und von der Reichsschrifttumskammer Berufsverbot bekam.

Und zwar lernten wir uns in dem Büro des Filmproduzenten Hans von Wolzogen kennen, dem Sohn des weiland berühmten »Überbrettl«-Begründers zu Berlin, des Schriftstellers Ernst von Wolzogen, dessen große Zeit die Jahrhundertwende gewesen war.

Der Filmproduzent Hans von Wolzogen war von dem damaligen Reichsfilmdramaturgen Willi Krause an mich verwiesen worden. Krause, ein echter Berliner mit Herz und Schnauze, hatte ich in der »Rio-Rita-Bar« auf der Tauentzienstraße zu den Klängen des Liedes »Kleine Möwe, flieg nach Helgoland ...« einige Ohrfeigen verpaßt, weil er versuchte, seine Hand unter den Rock der Dame, mit der ich bereits in bestem Einvernehmen war, zu schieben.

Nach dieser Schlägerei haben wir uns künftig großartig miteinander vertragen. Er gab selber zu, daß er vom Film eigentlich nicht viel verstand. Statt dessen hatte er eine stets offene Hand: Er kassierte überall, auch bei mir.

Pro Film, den er mir verschaffte, ja, pro Drehbuchautor, bekam er einen Tausender bar auf die Hand, ohne Quittung, versteht sich. Man sieht, die Zahlung von Vermittlungsprovisionen war auch damals nichts Ungewöhnliches. Nur, im Fall Krause handelte es sich schließlich um einen sogenannten Staatsangestellten, und Geld nehmen vertrug sich eigentlich nicht mit seiner Funktion.

Dieser Willi Krause gab Wolzogen den Rat, mich als Drehbuchautor zu engagieren. Ich hatte eine Filmnovelle geschrieben mit dem

Titel: »Leichte Kavallerie«, nach der Operette von Franz von Suppé. Dieser Filmstoff gefiel allen ausnehmend gut.

Herr von Wolzogen besaß Geld, wenn auch nicht viel. Doch er hatte einen sehr vermögenden Finanzier, der aber nie genannt werden durfte, weil er für die Reichskulturkammer nicht tragbar war: Heinz Ullstein, ein feiner, hochgebildeter und sehr kluger Mann. Ich sollte für diese Filmnovelle ein Honorar von fünfzehntausend Reichsmark bekommen, angezahlt mit fünf Tausenderscheinen von Heinz Ullstein während eines Treffens im Café Jaedicke.

Ich wurde von Heinz Ullstein in sein Haus nach Dahlem eingeladen. Seine Frau Katharina war eine bezaubernde Gastgeberin. Fest überzeugt, daß ein Mann, der mit mir in die Jesuitenkirche an der Stresemannstraße ging, dort zur Beichte niederkniete und kommunizierte, ohne Zweifel auch für die Kameradschaft der deutschen Künstler tragbar war, meldete ich Heinz Ullstein für diese Künstlergemeinschaft an, und Herr von Wolzogen gab den zweiten Paten ab. Der erste war ich. Mit der Aufnahme von Heinz Ullstein in die Kameradschaft der deutschen Künstler in der Viktoriastraße wurde es nichts. Im Gegenteil, ich hatte Unannehmlichkeiten deswegen.

Manchmal ließ sich auch Hitler in der Viktoriastraße sehen. Bei so einer Gelegenheit hat sich der Reichsbühnenbildner Benno von Arent vor Hitler weidlich mokiert, der Parteigenosse Kernmayr sei wohl der Meinung, daß einer, der katholisch ist, beichten und kommunizieren geht, damit auch schon Arier sei.

Hitler lachte nicht, sondern fragte: »Kernmayr, wieviel anständige Juden kennen Sie eigentlich?«

Ich nannte einige Namen, darunter die Brüder Ludwig und Ernst Wolf, jene zwei Romanciers, die mir so viel in meinem Leben geholfen haben.

»Typisch«, sagte Hitler, »jeder Deutsche kennt einen anständigen Juden. Womöglich zwei!« – Er fragte weiter: »Kernmayr, hatten Sie einen Vorteil davon, daß Sie Heinz Ullstein für die Kameradschaft der deutschen Künstler vorgeschlagen haben?«

»Ja«, antwortete ich und erzählte, wie ich Heinz Ullstein kennengelernt hatte, wie er mir Geld gegeben hatte und daß wir befreundet wären.

Hitler lächelte dünn: »Aus Ihnen wird nie ein Antisemit! Und mit den anderen Antisemiten ist es wohl auch nicht weit her! Sie sind nur auf die Juden böse, weil sie die besseren Geschäfte machen und tüchtiger sind!«

Selbstverständlich ist dieses Gespräch im Hause der Kameradschaft der deutschen Künstler kein Geheimnis geblieben. Es machte die Runde, und der Reichsfilmdramaturg Willi Krause, sosehr er in meiner Schuld stand, mußte einschreiten. Er tat es auch.

*

Es ging um das Drehbuch für den Film »Leichte Kavallerie«. Meine Stärke waren die Story – wie man heute sagt – und der Dialog. Technik interessierte mich keinen Deut.

»Kernmayr«, sagte Wolzogen, »ich hätte einen Mitarbeiter, einen sehr tüchtigen Mitarbeiter. Aber er ist von der Reichsschrifttumskammer nicht anerkannt, im Gegenteil, er ist verboten und war im Konzentrationslager.«

Ich fragte nach dem Namen dieses mir zugedachten Mitarbeiters. Wolzogen sagte: »Axel Eggebrecht, ein überzeugter Antinazi.«

Ich fragte: »Wo ist Axel Eggebrecht?«

Er stand in einem kahlen Zimmer, eher einem Abstellraum, und hielt eine kurze Pfeife in der Hand.

Ich trat auf ihn zu und – ich weiß nicht, was mich dazu bewogen hat – umarmte ihn, küßte ihn auf beide Wangen und bat ihn um gute Zusammenarbeit. Axel Eggebrecht schien ganz verwirrt ob dieser spontanen Begrüßung.

Dann sollte diese Filmnovelle der Ufa verkauft werden. Es gab dort den ehemaligen Staatsanwalt Erich Corell, auch er übrigens ein eingeschworener Katholik. Ich kannte ihn seit Jahren. Meine Grazer Landsmännin, die schöne und beliebte Filmschauspielerin Jenny Jugo geborene Johanna Walther, hatte uns miteinander bekannt gemacht.

Wolzogen, Eggebrecht und ich verhandelten in Corells Büro. Er entschied schließlich: »Ich nehme diesen Film in unseren Verleih. Sie können in den Ufa-Ateliers produzieren. Doch Sie müssen mir einen

Gefallen tun: Ich bin auf eine Schauspielerin aufmerksam gemacht worden, sie ist noch sehr jung, hat aber in Budapest und Wien schon Erfolge gehabt. Ich korrespondiere mit den Eltern. Sie heißt Marika Rökk. Bitte, fahren Sie nach Budapest und versuchen Sie, dieses Talent nach Berlin zu lotsen!« Wolzogen, Eggebrecht und ich taten ihm den Gefallen. Der Vertreter der Ufa in Budapest, ein Herr Hubert, nahm uns gastlich auf.

Ich erinnere mich noch genau der Worte von Herrn Hubert: »Daß ich in Budapest für die Ufa Erfolge verbuchen kann, verdanke ich vor allem meinem Adlatus.« Er wies dabei auf den jungen, schlanken Gyula Trebitsch, der heute der größte Filmproduzent und Besitzer der größten deutschen Filmateliers ist.

Später war ich des öfteren in Gyula Trebitschs Elternhaus zum Essen oder zum Kaffee eingeladen.

Vor der Kontaktaufnahme mit Marika Rökk selbst sollten wir uns eine Nachmittags-Theatervorstellung mit diesem Wunderkind ansehen.

Marika Rökk kam auf die Bühne. Sofort brandete Beifall auf; wir applaudierten heftig mit, sie schaute zu unserer Loge und lächelte.

Am Ende des letzten Aktes, als Marika Rökk beglückt den prasselnden Beifall einheimste, lachte sie uns an, und wir lachten zurück. Später aßen wir mit ihr und den Eltern Rökk in einem sehr eleganten Restaurant. Papa Rökk sprach ein bißchen, Marika kein einziges Wort Deutsch.

Eggebrecht formte aus Zigarettenstanniol Figürchen, die er Marika verehrte. Es schien, als spinne sich da ein richtiger Flirt an.

Axel Eggebrecht war ein fröhlicher Mensch. Obwohl wir politisch in total entgegengesetzten Lagern standen, haben wir uns nicht gegenseitig den Schädel eingeschlagen. Wenn Eggebrecht sehr vergnügt war, sprang er auf und zeichnete in seinem Arbeitszimmer eine Landkarte nach der anderen auf eine große, leere Wand.

Es war eine schöne Zeit mit ihm, auch in Budapest. Wir kehrten als Marika-Rökk-»Fans« – wie man heute sagen würde – nach Berlin zurück, wo uns Heinz Ullstein mit dem Bescheid empfing: »Die Filmnovelle ›Leichte Kavallerie‹ von Hans Gustl Kernmayr, Musik

Franz von Suppé, ist vom Reichsfilmdramaturgen Krause abgelehnt worden!«
Alle Pläne waren wieder einmal in nichts zerronnen! Corell, zwar Produktionschef dieses Operettenfilms, aber kein Parteigenosse, resignierte: »Da kann man nichts machen.«
Auf meine Bitte, er möge sich doch an Goebbels wenden, antwortete er: »Ich denke nicht daran! Sie haben wohl vergessen, warum Ihre Novelle verboten wurde?«
»Nein, vergessen habe ich es nicht. Aber ich habe nicht daran gedacht.« Das Verbot war zweifellos die Quittung für das Gespräch mit Hitler in der Viktoriastraße.

Benno, der Reichsbühnenbildner, hatte es von seinem Freund Willi Krause gefordert. Ich hätte natürlich sagen können, daß ich Willi Krause bis dahin bereits mit dreitausend Mark – ohne Quittung – bestochen hatte. Aber ich war ja kein Selbstmörder, und es wäre Selbstmord gewesen, über diese dreitausend Mark zu sprechen. Willi Krause hätte es geleugnet, einen Beweis hätte ich nicht beibringen können.

Ich bin zu ihm Auf den Plöcken bei Wernigerode gefahren, wo er in Urlaub war, und habe ihm mitten in der Nacht gut zugeredet; wir tranken einen weißen Schnaps nach dem andern. »Gustl, mach mich nicht unglücklich«, sagte Willi Krause, »wenn du drauf bestehst, ich mach' dich fertig, so ungern ich das täte. Laßt euch was Neues einfallen.«

Mir ist aber nichts Neues eingefallen. Trotzdem hat mir Ullstein das gesamte vereinbarte Honorar ausgezahlt. Ullstein hat auch meinem Kollegen Axel Eggebrecht das gesamte Honorar bezahlt.

Schließlich wurde ein Filmstoff erfunden, Regie Werner Hochbaum; ein Zirkusfilm. Marika Rökk wurde nach Berlin gerufen. Sie bekam eine deutsche Gouvernante, denn sie mußte Deutsch lernen. So wie Marika Rökk alles, was man von ihr als Künstlerin verlangte, hundertprozentig tat, lernte sie auch hundertprozentig Deutsch.

Das war die erste Begegnung Marika Rökks mit dem Film. Wolzogen, Eggebrecht und ich haben sie nach Deutschland geholt.

Mehrmals in der Woche leisteten Alexander Lernet-Holenia und ich Emil Jannings Gesellschaft, nachdem er mit dem Untergang des Dritten Reiches in Acht und Bann geraten war. Wir waren sein Publikum, wenn er Rollen sprach, die er in vergangenen Tagen gespielt hatte oder solche, die er eines Tages spielen wollte. Er hätte zu gern den »Fuhrmann Henschel« gespielt und beschrieb uns ausführlich, wie er sich die Verfilmung dieses Dramas von Gerhart Hauptmann vorstellte. Es hätte ihn auch außerordentlich gereizt, das Leben des großen französischen Romanciers Honoré de Balzac im Film darzustellen. Tagelang redete er über Balzac, bis er ihn plötzlich wieder vergaß und statt seiner der römische Statthalter Pontius Pilatus an die Reihe kam.

Wenn Emil Jannings eine Rolle spielte, lebte er sie auch, und so wunderten wir uns gar nicht, daß er uns eines Tages als Pontius Pilatus empfing. Das heißt, er kam, in einige Bettlaken gehüllt, die Treppe herunter.

Emil Jannings war ein großer Schauspieler, der keine Konkurrenz zu fürchten brauchte, sondern die besten Schauspieler um sich scharte. Er wußte genau, daß ihm Werner Krauß als Schauspieler ebenbürtig war, trotzdem forderte er ihn wiederholt auf, als sein Gegenspieler in dem einen oder anderen Film mitzuwirken. Die beiden kannten sich von Jugend an und waren lange Zeit bei derselben Schmiere gewesen. Sie alberten und lachten miteinander wie Schuljungen, tauschten Erinnerungen aus und überboten sich gegenseitig an Ausgelassenheit.

Jannings' Naturell steckte voller Gegensätzlichkeiten. So paßte er wie ein Schießhund auf, daß niemand in seinem Garten, der eher ein kleiner Park und während des ganzen Krieges und bis zu seinem Tode aufs heikelste gepflegt war, auch nur einen Schritt vom Wege tat. Er konnte in so einem Fall sehr ungemütlich werden. Aber als meine kleine Tochter Maria Theresia, genannt Mares, mitten in ein Beet trat, um Blumen abzureißen, verlor er kein Wort. Ein andermal brachte es Mares in einem unbewachten Augenblick fertig, sämtliche Nüsse von der Geburtstagstorte zu naschen. Natürlich wollte ich ihr sofort eine Standpauke halten, aber Jannings legte schützend seinen Arm um Mares und sagte: »Ich verstehe Sie nicht, Kernmayr, wie kann man nur so grob zu einem Kind sein!«

Eines Tages fing er einen zwölfpfündigen Hecht im Wolfgangsee. Triumphierend wurde der »Kapitale« an Land gezogen. Nach dem einstimmigen Beschluß, dem Hecht noch eine Nacht das Leben zu gönnen, wurde er in die mit Wasser gefüllte Badewanne verfrachtet. Emil Jannings hatte alle Hände voll zu tun, daß der Hecht nicht aus der Badewanne entwich, bis wir auf die Idee kamen, die Wanne mit Holzbrettern zuzudecken.

Am nächsten Tag erzählte Jannings, was er und seine Frau in der Nacht mit dem Hecht erlebt hatten:

Um Mitternacht waren sie durch lautes Poltern aus dem Schlaf gerissen worden. Der erste Gedanke war: Einbrecher!

Jannings sprang aus dem Bett, nahm einen dicken Stock, indessen Frau Gussy flehte, er möge sich nicht einer Mörderhand aussetzen, sondern sich lieber ruhig verhalten. Emil Jannings war durchaus nicht wohl zumute, als er die Tür zum Badezimmer aufriß und das Licht einschaltete. Keine Spur von Einbrecher! Der Hecht hatte die Bretter weggestoßen und bei seinem Sprung aus der Wanne das einzige porzellanene Nachtgeschirr zerschmettert.

Lachend wollte Emil Jannings den schlüpfrigen Burschen mit den Händen fassen. Es gelang ihm nicht. Der Hecht war nicht nur glatt, er war schnell und kräftig. Mit Hilfe zweier Frottierhandtücher wurde der Ausreißer mit vereinten Kräften wieder in die Badewanne gesetzt. – Beim Morgengrauen klopfte es laut an der Schlafzimmertür; wieder sprang Jannings aus dem Bett. Den Stock in der Hand, öffnete er die Tür. War es die Möglichkeit? Der Hecht lag, mit dem Schwanze um sich schlagend, auf der Türschwelle.

Am liebsten hätte Jannings dem Ausreißer links und rechts eine Maulschelle versetzt. Aber der Hecht hatte sich aufgebäumt und ihm ins Gesicht gesehen. Da war aller Zorn verflogen. »Warum gibst du denn keine Ruhe, dummer Kerl?« hatte Jannings genörgelt.

Der Hecht verzog sein Maul. Frau Gussy meinte: »Schau, wie der lacht!« und »Ich könnte keinen Bissen von dem Ausreißer essen!«

Die erneute Jagd nach dem schlüpfrigen Prachtstück, das nicht ahnen konnte, daß es diesmal nicht in die Badewanne, sondern zurück in den Wolfgangsee gehen würde, fand ein glückliches Ende.

Am Sonntag beim Mittagessen, Aline und Mares waren dabei, wurde kein Wort vom Hecht gesprochen.

*

Emil Jannings ist gestorben, wie er gelebt hatte. Kurz vor seinem Tode hatte er den katholischen Glauben angenommen. Auf seinem Sterbebett sprach er gemeinsam mit dem katholischen Geistlichen ein Vaterunser. Er konnte es sich nicht verkneifen, den protestantischen Gebetsschluß anzufügen: »Denn Dein ist das Reich und die Kraft und die Herrlichkeit in Ewigkeit, Amen!« – »So habe ich es gelernt«, sagte er zu dem Geistlichen, »Sie werden mir doch erlauben, daß ich fünf Minuten vor meinem Ableben noch einmal so bete.«

Meine Frau Aline, meine Tochter Mares und ich sind hinter seinem Sarge hergegangen. Es war ein stürmischer Tag, der See schäumte. Der Nachen, auf dem der Sarg über den Wolfgangsee (Abersee) geführt wurde, riß sich vom Schiff los. Allen Begräbnisteilnehmern schien es, als ob Emil Jannings auf dem Weg in die dunkle Gruft auszureißen versucht hätte.

*

Wäre ich von Anfang an bei einer Frau geblieben, mir wäre nichts entgangen. Aber ich war eben ein Trottel, immer auf der Suche nach der »Super«frau.

Inzwischen bin ich älter, kälter und ganz gewiß auch müder geworden. Mir genügt es heute zu wissen, daß ich den Frauen noch gefalle, daß es Frauen gibt, die sich von mir noch erobern oder verführen lassen würden, wenn ich mich in Positur setzte.

Frauen lieben nur den Mann, der ihnen aufrichtig sagt: »Du bist die Schönste! Du bist die Liebste! So eine Frau wie dich gibt es nicht ein zweites Mal, und – ich werde immer nur dich lieben, dich allein!«
Wer diese Worte aufrichtigen Tones bei Tag und bei Nacht sagt, kommt zum Ziel. Ob dieses Ziel erstrebenswert ist, steht auf einem anderen Blatt. Schließlich wird dieses »Jede Frau besitzen wollen« ganz schön strapaziös. Ich habe immer geglaubt, was ich den Frauen und Mädchen versprochen habe. Darin lag der Erfolg.

*

Im Hotel Herzoghof in Baden bei Wien habe ich Aline geborene Steinle kennengelernt. Sie begleitete als Krankenschwester einen älteren Herrn.

Aline saß in der Hotelhalle, »Die große Liebe«, ein Buch aus meiner Feder, in der Hand. Ich plusterte mich wie ein Puter auf und fragte, wie ihr das Buch gefalle.

»Überhaupt nicht«, sagte sie, »eine hysterische Geschichte.«

Ich zog sehr gekränkt ab.

Am Spätnachmittag begegnete ich der Dame Aline wieder.

Ich ging stracks auf sie zu: »Ich weiß nicht, ob Sie Frau oder Fräulein sind, wollen Sie meine Frau werden?«

Dieses Angebot war durchaus nicht ernstzunehmen, sondern bloß ein oft geglückter Annäherungstrick.

Aline Steinle, die eine wirkliche Schönheit war, sagte: »Sie werden lachen . . . ja!«

Natürlich hätte ich sie nicht zu heiraten brauchen. Aber ich wußte, daß ich zu den Soldaten in den Krieg ziehen würde. Ich wollte einfach eine Frau haben, die um mich bangte und mir Feldpostbriefe schrieb. Außerdem hatte ich das Gefühl, daß die Dame Aline anständig war.

Wenige Tage darauf eröffnete sie mir, daß sie ihrem Patienten gekündigt hätte. Sie fragte, ob es mir recht wäre, wenn sie nun nach Hause fahren und ihre Aussteuer besorgen würde. Ich sagte ja. Aline fuhr heim nach Sigmaringen.

Drei Wochen später war Hochzeit. Nachher hat sie behauptet, daß sie nicht hätte wiederkommen wollen, aber dann war mein Telegramm bei ihr eingetroffen, das ich damals für schick hielt: »Vergiß nicht, daß du die Hauptperson bist!«

An Alines Feldpostbriefen merkte ich, daß ich mit einer wildfremden Frau verheiratet war. Nichts Abfälliges über Aline! Sowenig wir zueinander paßten, ist sie mir doch nach 1945 ein großer Halt gewesen, und sie hat mir Mares geschenkt, eine liebe und schöne Tochter.

Insgeheim gestehe ich mir ein, daß sie mir eigentlich nur deshalb unvergeßlich geblieben ist und bleiben wird, weil sie sich nach einer Blinddarmoperation von mir gewünscht hat: »Mach mich, bitte, zur Witwe!« Sie muß ganz schön unter mir gelitten haben, die gute Aline, in deren Augen ich kein Herr war. Sie liegt nun schon seit Jahren unter der Erde.

Als ich sie heiratete, habe ich mir fest eingebildet, die Frau fürs Leben gefunden zu haben. Ich hatte das Gefühl, mein privates Leben in Ordnung gebracht zu haben, und rückte frohen Mutes ein.

*

Damals lernte ich den international berühmten Komponisten, den König der Operette, Franz Lehár, kennen. Er war in seiner Jugend Militärkapellmeister im »Schmalspur«-Offiziersrang gewesen. Als solcher durfte er nur silberne Borten an der Mütze statt goldener tragen. Er hat die silbernen Borten nachts ins Wasser gelegt. Sie bekamen davon einen gelblichen Schimmer. Mit den »goldenen« Borten an der Mütze lustwandelte er stolz in Wien über den Rennweg. Als ihm drei Soldaten aus dem Hoch- und Deutschmeister-Regiment, genannt »Wiener Edelknaben«, entgegenkamen, bauten sie Männchen und salutierten. Er dankte herablassend. Nach wenigen Schritten kam ihm einer der »Edelknaben« nachgelaufen: »Entschuldigen der Herr, wir haben uns geirrt, unser Gruß gilt nichts . . . Sie sind ja gar kein Offizier!«

Als ich »Kalkutta, 4. Mai« von Lion Feuchtwanger mit Rudolf Forster in der Hauptrolle gesehen hatte, war mir zumute, als dürfte ich an diesem Abend den wahren König aller Schauspieler erlebt haben, Rudolf Forster, Landsmann und Freund aus der Steiermark.

Er erzählte mir oft von seinem »Mütterchen«, einer ledigen Dienstmagd aus Gröbning in der Obersteiermark, das er tief verehrte und über alles liebte.

Rudolf Forster, der chevalereskeste Schauspieler der Welt, war ein Star und trotzdem kein Star, er war arrogant, ohne arrogant zu sein.

Er war ein Aristokrat, Aristokrat im Gebaren und in der Sprache, ein großer Schauspieler und der beste »Macki Messer« aller Zeiten.

Kurz vor seinem Tode war ich noch bei ihm in Bad Aussee. Im Laufe unseres Kramens in alten Geschichten stand er auf, öffnete einen großen Schrank und nahm mit den Worten: »Weißt du, Gustl, das sind die Requisiten ...« einen Frack, einen Zylinder und einen weißen Seidenschal heraus. »Die haben mich weltbekannt gemacht. Der Frack, der weiße Seidenschal, die Handschuhe, der Zylinder und mein Schnurrbart.«

Unter der Pflege seiner getreuen Frau Carola hauchte er, das Bild seiner Mutter in den Händen, sein Leben aus. Er war ein großer Mann, und er war mein Freund.

*

Im Jahre 1930 war ich in Berlin als Aufnahmeleiter der Ufa-Werbefilm-Abteilung angestellt, zu der auch die Kulturfilm-Abteilung gehörte, deren Produktionschef Dr. Nikolaus Kaufmann, ein Vorkämpfer des Kulturfilms und von Haus aus Mediziner, war.

Wir hatten den Auftrag, einen Werbefilm »Reise um die Welt« zu drehen. Der ganze Film hatte eine Länge von sage und schreibe 80 Metern.

Für diesen Werbefilm wurde das berühmte »Haus Vaterland« der Kempinski-Betriebe benutzt. In diesem »Haus Vaterland« waren in den einzelnen Etagen mehrere, jeweils für eine Landschaft oder ein Land typische Restaurants, z. B. eine Terrasse über dem Rhein. Alle halbe Stunde fuhren auf dem Rhein-Prospekt einige beleuchtete

Dampferchen hin und her, und es erklang dazu das Stimmungslied »Warum ist es am Rhein so schön?«.

Im Restaurant ›Altbayrisch‹ war alle halbe Stunde ein Sonnenuntergang zu bewundern, mit Bergen, Alpenglühen, Gewitter, Blitz und Donner; das alles gemütvoll untermalt von der Weise »So lang der alte Peter . . .«

Eines späten Abends arbeiteten wir in der spanisch ausstaffierten ›Bodega‹. Mein damaliger Assistent war ein ausnehmend gut aussehender, junger Mann namens Theo Grust, von Hause aus eigentlich Zahnarzt, verheiratet mit einer Grazer Landsmännin, der Schauspielerin Renée Sigrist.

Theo Grust hatte von der Zahnschlosserei nichts mehr wissen wollen, die gute Renée drängte es zum Film, und da haben sie sich an mich gewandt, weil sie glaubten, ich hätte im Rahmen der Ufa vielleicht einen gewissen Einfluß, und vor allem, weil ich ein Grazer war. Ich habe von jeher eine Nase für Menschen und Situationen gehabt und deshalb Theo Grust auf alle Fälle als Assistenten angeheuert. Erst unlängst hat er mir geschrieben, daß er vor 40 Jahren durch mich zum Film gekommen und dabei geblieben sei. Heute ist er beim Fernsehen. Er war es auch, der mich an diesen Werbefilm im »Haus Vaterland« erinnert hat.

Als Walter Slezak bei mir auftauchte, dachte ich erst, sein Vater, Leo Slezak, habe ihn dazu ermuntert; aber dem war nicht so. Er war von selber gekommen, weil er erfahren hatte, daß in der Werbefilm-Abteilung der Österreicher Gustl Kernmayr saß. Er lachte viel, erzählte eine Menge jüdischer Witze, und dann rückte er damit heraus: »Kernmayr, die kleinste Rolle wär' mir recht.«

Ich dachte mir, der Name Slezak ist auf alle Fälle ein guter Name. Wir einigten uns über das Honorar; es lautete auf »300,- Reichsmark am Tag«, obwohl wir nicht am Tag, sondern nur nachts drehten. Denn da waren die Lokalitäten im »Haus Vaterland« voller Publikum, und wir wollten ja das Publikum filmen.

Mit Walter Slezak war leider kein ernsthaftes Arbeiten möglich; er hatte nichts als Ulk im Kopf, und die Mädchen waren auf diesen schlanken, schmucken Burschen mit dem Wiener Charme scharf wie Pfefferschoten, was die Arbeit von Walter arg behinderte.

Vater Slezak beschwor mich telefonisch: »Bist du wahnsinnig geworden, den Walter zu engagieren!?« Und dann sagte er das gleiche, was auch mein Vater immer von mir behauptet hat: »Der Bub ist ein Nagel zu meinem Sarg!«

Gänzlich ohne Drehbuch und sozusagen aus dem Stegreif ging an dem eben erwähnten Abend die Dekoration der ›Bodega‹ in Flammen auf. Es brannte lichterloh, alle stoben entsetzt davon, ließen Film Film sein und das Wichtigste, die Kassetten mit dem Filmmaterial – das damals noch brennbar war –, im Stich.

Theo Grust und ich rafften uns zum Heldentum auf, das heißt, wir robbten über den Boden, weil es da am wenigsten rauchte, und retteten die vier Filmkassetten. Des größeren dramatischen Effekts wegen wischten wir uns mit rußgeschwärzten Händen übers Gesicht. Die inzwischen alarmierte Feuerwehr schloß ihren Schlauch an den Hydranten an, aber es war kein Wasser darin. Trotzdem wurde der Brand schnell lokalisiert. Am nächsten Tag bekamen Theo Grust und ich als Belohnung jeder einen Hundertmarkschein.

Leo Slezak raunzte am Telefon: »Ich hab' ja gewußt, daß etwas schiefgeht, wenn der Walter dabei ist!«, obwohl der doch wirklich nichts dafür konne.

In diesem Film »Reise um die Welt« auf 80 Metern Zelluloid hat Paul Hörbiger eine Rolle als Hauptdarsteller gespielt.

Mit Paul Hörbiger habe ich großartige Filme machen dürfen. In einem der Ufa-Kabarettfilme sang er: »Drahn mer auf und drahn mer an, es liegt nix dran, weil mer's Geld auf dieser Welt net fress'n kann . . .« Je eine der vier Strophen dieses Liedes war im Abstand von je einer Stunde zu singen. Und zwischendurch hat Paul Hörbiger getrunken, getrunken und getrunken. Bei der dritten Strophe war er schon so blau, daß wir die Szene ein paarmal wiederholen mußten. Aber sie geriet einmalig. Produktion und Regie dieser Ufa-Kabarettfilme lag übrigens in den Händen von Kurt Geron (Gerson), der immer wieder das gleiche unschuldige Spielchen mit mir spielte; er nahm mich beiseite und fragte: »Mein lieber, guter Goi [das Wort »Goi« kommt aus dem Jiddischen und bedeutet soviel wie »Christ« oder »Nichtjude«], schau mal her, was glaubst du, was die Buchstaben K. G. auf meinem Hemd bedeuten?«

»Kurt Geron!«
»Falsch! Kein Goi!«
Unter Kurt Geron war ich für eine Anzahl von Filmen Aufnahmeleiter, Regieassistent und Mädchen für alles bei einem Tageslohn von fünfunddreißig Mark.

Bei den Ufa-Kabarettfilmen habe ich auch meinen nachmaligen Schwiegersohn Peter Schaeffers kennengelernt. Er war – nun ruht er schon unter der Erde – der Sohn Willi Schaeffers', des geistreichsten aller Conférenciers vom »Kabarett der Komiker« in Berlin. Willi Schaeffers hat als Theaterdirektor über hundert Aufführungen meines Stückes »Was sagen Sie zu diesem Herrn?« mit der Musik von Ludwig Schmidseder und dem Text von Aldo von Pinelli herausgebracht.

Peter Schaeffers stand noch sehr im Schatten seines vielgerühmten Vaters. Aber er war tüchtig und mußte es sein, weil er selber das Geld verdienen mußte, das er brauchte. Der gute Willi Schaeffers konnte nämlich nicht mit Geld umgehen. Wenn er welches hatte, gab er es für ein bibliophiles Werk oder für eine teure Geliebte aus. Peter, immer auf sich angewiesen, ohne ein richtiges Zuhause, war ein sehr wendiges Bürschlein, das Gott und die Welt kannte und bei der Kurt-Geron-Produktion, Aufnahmeleiter H. G. K., eine Menge großer Schauspieler und Musiker anschleppte.

Er hat eine Unmasse von Begabungen aufgespürt, die nachher echte Stars geworden sind.

Ich konnte Peter Schaeffers zuerst überhaupt nicht leiden. Später waren wir jahrzehntelang innig befreundet.

1944 schrieb ich mit dem Komponisten Ludwig Schmidseder die Operette »Linzer Torte«. Vater und Sohn Schaeffers waren damals in Gmunden bei Ludwig Schmidseder zu Gast und besuchten uns bei der Gelegenheit in der Strauß-Villa in Bad Ischl.

Nach einem guten Essen, das wir kräftig mit einem nicht minder guten Tropfen würzten, bewunderten beide Schaeffers unser winziges, liebliches Töchterchen Maria Theresia in seiner schönen steiermärkischen Wiege.

Genau zwei Jahrzehnte später nahm ich diese Tochter Mares mit zu einem Empfang im Hause Schaeffers in München. Unter den etwa fünfzig Gästen waren die berühmtesten Komponisten der leichten Muse, u. a. Peter Kreuder, der am Flügel seine neueste Komposition zum besten gab, und Ralph Maria Siegel, dessen Evergreens um die Welt gegangen waren. Einige Tage später rief Peter Schaeffers an, ob er mit Mares ins Theater gehen dürfe. Aline, die Mutter von Mares, war etliche Monate zuvor verstorben, und so war Mares in München ein wenig einsam. Ich habe gedacht: älterer Herr, junges Mädchen, was kann da schon passieren? – und ja gesagt. Am 15. Juni 1967 teilte meine Tochter Mares telefonisch mit, daß sie und Peter Schaeffers sich soeben standesamtlich für, wie man so schön sagt, das ganze Leben zusammengetan hätten.

»Das Glück ist ein Vogerl, es kommt, setzt sich nieder und fliegt wieder davon.« – Ein Glück von Dauer gibt es nicht. Mares ist nun schon eine junge Witwe, die ich damit zu trösten versuche, daß ich ihr sage: Glücklich verheiratet sein, ist auf die Dauer auch nichts. Wenn die Leute vierzig oder fünfzig Jahre glücklich, wie sie behaupten, verheiratet sind, haben sie vergessen, daß sie neunundvierzig Jahre davon gestritten haben.

\*

Willi Schaeffers hat in seinem Buch »Tingeltangel – Ein Leben für die Kleinkunst«, erschienen 1959 im Broschek-Verlag, geschrieben:

»1944 brannte nach unzähligen Luftangriffen auf Berlin auch unser Haus, das ›Kabarett der Komiker‹, nieder. Es war ein bitterer Tag für mich, als ich vor den rauchenden Trümmern des Hauses stand, das ich sechs Jahre lang mit Glück und Erfolg geleitet hatte.

Aber ich war ja Berliner genug, um nicht müßig die Hände in den Schoß zu legen.

Schon ein paar Tage später spielten wir wieder, und zwar im ersten Stock des im gleichen Komplex liegenden ›Café Leon‹.

Am 31. August 1944 schloß die letzte Spielzeit unter meiner Leitung mit der 125. Aufführung eines musikalischen Lustspiels von Hans Gustl Kernmayr, Musik Ludwig Schmidseder, Texte von Aldo von Pinelli, Regie Rudolf Schündler.

Es war ein historischer Tag. Denn an diesem Tag spielten alle

Theater im Reich zum letztenmal. Dr. Goebbels hatte im Sportpalast unter dem jubelnden Beifall der Massen den ›totalen‹ Krieg verkündet und bald darauf die Schließung aller Theater angeordnet. Sämtliche bisher UK-gestellten Künstler wurden zur Truppe eingezogen oder mußten in Rüstungsbetrieben arbeiten.

Ich hielt eine Abschiedsansprache, zeigte das Modell des einstigen Hauses und ließ zum Schluß eine Schallplatte von mir spielen: ›Ich bin nur ein einfacher Mann‹.

Nach der Pause, während unserer Vorstellung, ging ich noch schnell in die Scala, die, seit sie ausgebrannt war, in einem Kino nebenan spielte. Ich wollte die ausgezeichnete Loni Heuser in einer Neuschöpfung von Günter Neumann hören. Bendow sprach hier als Conférencier. Auch hier Abschiedsstimmung. Alle hatten wohl ein wenig getrunken, auch der zauberhafte, stille Bendow, der schon ohnehin gefährdet genug war. Plötzlich, mir blieb das Herz stehen, sagte Bendow in seiner Conférence mit einem weinerlich klagenden Ton: ›Mein Gott – ich sehe immer braun vor den Augen . . .‹

Er wurde noch in der Nacht verhaftet.«

\*

Oh, diese »Goldenen zwanziger Jahre«! Für mich jedenfalls können sie kaum so golden gewesen sein, denn damals war es mein großer Wunschtraum, es so weit zu bringen, daß ich im Monat dreihundert Reichsmark verdienen würde. Um die Zeit, als ich das endlich geschafft hatte, bin ich an einem Sonntagnachmittag in den Berliner Zoo gegangen. Weniger der exotischen Tiere halber, das will ich gern gestehen, als in der Hoffnung, ein – wie man in Österreich sagt – »Katzerl« oder »Haserl«, das heißt ein junges, hübsches Mädchen einzufangen.

Ich putzte mich also so schick, wie meine Mittel es erlaubten, heraus, nahm ein Spazierstöckchen in die Hand und flanierte durch den Zoo, setzte mich auf eine Kaffeeterrasse und hielt Ausschau.

Kaum hatte ich meine Bestellung aufgegeben, als ein junger Mann in Damenbegleitung herantrat und höflich fragte: »Verzeihung, ist an Ihrem Tisch noch Platz?«

»Selbstverständlich«, antwortete ich.

Der junge Mann hieß Peter Kreuder, von Beruf Komponist. Den Namen der Dame weiß ich nicht mehr. Sie war sehr jung, sehr hübsch und sehr elegant.

Ich habe mich den beiden als Hans René vorgestellt, weil ich mir immer noch einbildete, Kernmayr wäre kein klangvoller Name, aber Hans René, das war für meine Begriffe etwas ganz Internationales.

Von diesem Tage im Berliner Zoo an datiert die Bekanntschaft und Freundschaft mit Peter Kreuder, jetzigem Professor und Träger des schwedischen Wasa-Ordens. Die Frau des ehemaligen argentinischen Diktators, Evita Perón, hat ihn sehr ausgezeichnet und ihm in den Jahren seines Aufenthalts in Südamerika ein Haus zum Geschenk gemacht.

In den letzten Kriegsjahren ist er nach Bad Aussee und nach Grundlsee gezogen, zusammen mit seiner Frau Sophie, von der er sich vor noch nicht langer Zeit unter spektakulären Umständen getrennt hat.

Oft und oft ist Peter Kreuder bei mir in der Johann-Strauß-Villa zu Gast gewesen. Meine freundlichste Erinnerung an ihn aber verbinde ich mit der Matinee, die wir gemeinsam zugunsten eines Johannes-Brahms-Denkmals im Kursaal von Bad Ischl gegeben haben. Peter Kreuder hat am Flügel brilliert, allein und mit seiner Band; ich habe aus meinem Buch »Ländliches Dekameron« gelesen.

Der unbestrittene König der Operette, Franz Lehár, hat mir einmal gesagt, wen er auf dem Gebiet der Musik als Komponisten für Chansons und Lieder für die Größten hielt: Peter Kreuder und Ralph Maria Siegel. – Für die Operette nannte er die Namen Nico Dostal in Bad Aussee, später Salzburg, und Josef Peppöck aus Gmunden.

Als mir einmal im Haus der Kunst ein Kellner in einer großen Gesellschaft ein Glas Bier über den Frack schüttete, da bedauerte man mich nicht, sondern sagte: »Na ja, die Österreicher, kaum da und schon besoffen!« Ein Trost, daß nicht immer ich es war, der sich danebenbenahm.

Japans Botschafter Oshima, ein Freund Deutschlands und außerdem ein ganz großer, genüßlicher Säufer, hat es einmal – ich war dabei – fertiggebracht, vier Liter Himbeergeist zu trinken. Stehen konnte er noch, gehen nicht mehr. Beim ersten Schritt ist er umgefallen wie ein Klotz, und dabei war der doch ein gelernter Diplomat.

Mit Botschafter Oshima fuhr ich von Berlin nach Linz. Als ich ihn in seinem Schlafwagen besuchen wollte und die Tür öffnete, fiel er mir in die Arme. Stocksteif betrunken.

Im Dietl-Gut bei Hinterstoder in Oberösterreich war ich Zeuge einer Unterredung zwischen Oshima, seinen beiden Botschaftsräten und dem türkischen Botschafter in Italien, der bis zum Kriegsausbruch in Moskau gelebt hatte. Dieses Beisammensein wäre deshalb interessant gewesen. Ich hoffte, wenigstens als Zuhörer an tiefgründigen politischen Erkenntnissen teilzuhaben, aber solange ich dabei war, wurde kein Wort über Politik geredet, sondern bloß eine Unmenge getrunken. Der Regierungspräsident von Oberösterreich, Dr. Palten, hatte, obwohl als standfest im Trinken bekannt, aufgeben müssen. Ich desgleichen. Die anderen Gäste becherten weiter. Wenn sie in diesem Zustand Geheimnisse der internationalen Politik ausgetauscht haben, was schließlich möglich wäre, ich habe jedenfalls kein Wort mehr davon begriffen.

Ich frage mich heute, wieso ich überhaupt in diese Gesellschaft gekommen bin. Ich weiß es nicht. Vielleicht stellte ich bloß die Tischdekoration dar, wie mich die nationalsozialistischen Machthaber wohl des öftern sozusagen als »Hofnarr« eingeladen haben.

*

Im zweiten Kriegsjahr war Goebbels mit Frau und Kindern auf der Gugl bei dem Gauleiter von Oberdonau, Eigruber, zu Gast.

Eigruber kam aus kleinen Verhältnissen; er war Arbeiter in den Steyrwerken gewesen und der hausbackene Mann aus dem Volke geblieben.

Wenn hoher Besuch kam, lud der Gauleiter Künstler zu sich ein.

Natürlich hätte man dankend ablehnen können, der Einladung Folge zu leisten, aber wer tat das schon?!

Ich fuhr also mit meiner Frau Aline zum Gauleiter Eigruber nach Linz. Ich weiß noch genau, wie eine der kleinen Goebbels-Töchter ihrem Vater ins Ohr flüsterte, daß es auf dem Klo nur Zeitungspapier gäbe.

Ihr Vater legte diesem Umstand kein Gewicht bei, oder er wollte die Mitteilung nicht zur Kenntnis nehmen. Seine Tochter ließ ihm jedoch keine Ruhe. Nachdem sie zum drittenmal mit dem Klopapier anfing, schrie er so laut, daß alle Anwesenden es hören konnten: »Dann wisch dir gefälligst deinen Arsch mit Zeitungspapier ab!«

Beim Spaziergang im Park fragte Goebbels den Gauleiter Eigruber: »Parteigenosse Eigruber, was halten Sie für richtiger: Schirachs Hofhaltung in Wien, wo alles mit Mobiliar aus der Theresianischen Zeit und mit Geschirr von Kaiser Franz Josef I. aus dem Augarten ausgestattet ist, oder halten Sie es für richtiger, wie Sie leben?«

Eigruber, der sich nicht genierte, wenn es geräuchertes Fleisch, Sauerkraut und Knödel gab, diese mit den Fingern seinem Gast auf den Teller zu legen, bei dem Schnaps, Wein oder Sekt aus ein und demselben Glas getrunken wurde – wenn es zu viele Leute waren, bekam man sogar alte Senfgläser in die Hand gedrückt –, antwortete: »Parteigenosse Goebbels, ich fahre mit dem Fahrrad von meiner Wohnung in die Gauleitung, weil's gesund ist. Außerdem brauchen wir jeden Tropfen Sprit für den Krieg.«

Goebbels wandte sich zu mir: »Parteigenosse Kernmayr, was meinen Sie dazu?«

»Für Wien ist Baldur von Schirachs Stil richtig. Für Linz ist es richtig, wie Gauleiter Eigruber lebt. Die Arbeiter würden ihm einen anderen Stil übelnehmen.«

So war es; er hatte ein Gespür dafür.

\*

In Linz am Landestheater fand die Uraufführung der Operette »Linzer Torte« statt. Wie schon manches Mal hatte Adolf Hitler auch für diese Inszenierung in die eigene Schatulle gegriffen. Denn er liebte Linz, liebte das Linzer Theater.

Die Musik zu dieser Operette schrieb der bekannte Komponist Ludwig Schmidseder, die Songtexte stammten von Aldo von Pinelli. Theaterdirektor Ignatz Brandtner und ich hatten das Libretto geschrieben. Goebbels' Staatssekretär Esser, ehemals Wirt vom Bratwurst-Glöckl München, teilte uns am Tag der Uraufführung mit, diese Operette erhalte einen Staatspreis. Jedem der an der Operette Beteiligten wurde ein Umschlag mit 20000,– Reichsmark ausgehändigt. Steuerfrei. Ich habe das Geld gern genommen. Der Musikverleger, mein späterer und jüngst verstorbener Schwiegersohn Peter Schaeffers, gleichfalls.

Vor der Premierenfeier, die im Gau- und Landeshaus stattfand, sagte Eigruber: »Kernmayr, wir haben einen Zirkus in der Nähe. Wenn Sie einer fragt, woher der Schweinsbraten kommt, ohne Fleischmarken, dann sagen Sie: ›Ein dressiertes Schwein ist gestorben!‹«

Bei der Feier waren auch Staatskommissar Hans Hinkel und viele Künstler zugegen, die durch die Organisation ›Kraft durch Freude‹ groß und populär geworden sind. Ich möchte keine Namen nennen, denn ich weiß ja nicht, ob es ihnen heute recht ist, daß sie beim Gauleiter Eigruber zu Gast waren.

Als die Nachricht eintraf, daß feindliche Luftverbände sich im Anflug auf Linz befänden, mußten die Gäste in den Luftschutzkeller. Die Bomben fielen auf die Panzerwerke Steyr.

Nach dem Alarm hockten wir bei dem Gauleiter in der Küche; es gab Kaffee, Würstl mit Senf, Schwarzbrot und als Zugabe Eigrubers makabre Ermunterung: »Leutl'n, eßt, solange wir noch was zum Essen haben. Wer weiß, wie lange wir noch leben!«

Betretenes Schweigen. Alle, auch Aline und ich, nahmen ihre Mäntel und verließen, wortkarg geworden, das Haus.

\*

Conrad, genannt »Conny«, Veidt war weder besonders gescheit, noch war er ein großer Schauspieler. Aber er sah blendend aus, konnte sich bewegen und war der Schwarm zumindest des weiblichen Kinopublikums. Er war mit Gussy Holl, einer begabten und beliebten Vortragskünstlerin, verheiratet, die sich von ihm hat scheiden lassen und Emil Jannings' Frau wurde. Emil Jannings zuliebe hat sie ihre eigene Karriere an den Nagel gehängt.

Wenn ich an Gussy Holl denke, muß ich auch gleich Loni Heuser nennen, die für alle Kabaretts in »Groß«deutschland und für den Film ein Begriff war.

Wenn ich heute mit ihr telefoniere, brauche ich nur den Namen Ino zu nennen, schon muß sie lachen. Ino war ein schöner Mann und irrsinnig eifersüchtig. Mehr als einmal hat er Loni Heusers Wohnung demoliert, nur um zu zeigen, wie stark er war, und weil es bei uns in der Steiermark heißt: »Bei uns in der Steiermark san d' Buam ja groß und stark . . .« Ino Wimmer kannte ich von der Theaterschule Reinecke in Graz her.

Bei Erwin Piscator im Nollendorf-Theater ging der »Kaufmann von Berlin«, Hauptrolle Reinhold Schünzel, über die Bühne, ein für damalige Begriffe ganz modernes Stück unter dem modernsten aller Regisseure.

Piscator nächtigte in der Vorbereitungszeit einer Aufführung sogar auf der Bühne, um, wie er mir erzählte, die Atmosphäre nicht zu entbehren, die er brauchte.

Reinhold Schünzel war ein großer Schauspieler. Für Frauen hatte er nichts übrig. Es gab damals eine ganze Anzahl großer Schauspieler, die für Frauen nichts übrig hatten. In Gesinnung, Gesittung und Geisteshaltung waren sie bei weitem nicht die schlechtesten. Sie genossen auch im Dritten Reich die Billigung ihrer Schutzherren, die einen von Josef Goebbels, andere von Hermann Göring, dessen Frau Emmy mancher jüdischen Schauspielerin geholfen, ja, wahrscheinlich mittelbar das Leben gerettet hat. Ich selber war dabei, als der damalige Produktionschef der Ufa, Alf Teichs, für seine jüdische Frau, Maria Zimmermann, bat. Sie hat auch in diesem Fall geholfen.

Und dann die herrliche Käthe Dorsch, die einfach alles hinreißend spielen konnte: von der Soubrette bis zu tragischen Rollen. Von 1937 an war sie der Star am Staatstheater Berlin. Dann ging sie nach Wien an die Burg. Sie war die schönste, die beste und bedrängten Kollegen hilfreichste Darstellerin in der deutschen Theaterwelt.

Hans Albers habe ich gekannt, seit er bei James Klein in der

»Komischen Oper« in dem Stück »Tausend nackte Frauen«, am Kronleuchter hängend, über die Bühne schwebte. Ich erinnere mich an eine lange Nacht, in der er, Karl Hartl und ich wacker durchzechten. Es war heller Tag, und wir saßen immer noch da und tranken Champagner mit Pilsner Urquell. Als wir schließlich ins Taxi kletterten, stieg Hans Albers auf der einen Seite ein und an der anderen wieder aus. Es war unbeschreiblich komisch; er wiederholte dieses Spielchen ein paarmal, bis aus dem Kreis früher Passanten, die die Szene beobachteten, plötzlich ein Mädchen sich vor ihn hinkniete und ihn anbettelte, er möge sie doch mitnehmen. Hans Albers hat ihr die Wange gestreichelt, die Nasenspitze geküßt und gesagt: »Es ist besser, mein Mädchen, daß ich dich nicht mitnehme, denn noch bist du ein gutes Mädchen.«

Josef von Sternberg trug immer weiße Handschuhe und einen Spazierstock mit goldener Krücke. Er drehte damals mit Emil Jannings und Marlene Dietrich den unvergessenen Film »Der blaue Engel«. Erich Pommer hat ihn in Hamburg abgeholt, als er von Amerika zurückkam, und ich durfte auf mein Bitten hin mitfahren.

Josef von Sternberg erzählte, daß die Bühnenarbeiter und ein Großteil seiner Mitarbeiter der deutschen Sprache nicht mächtig gewesen seien. Alle hatten sich auf englisch von ihm verabschiedet. Und allen hatte er geantwortet – es sollte ein Witz sein: »Leck mich am Arsch!«

Und was bekam er zur Antwort? Ein lachendes: »Lecken Sie mich auch am Arsch!«

\*

Eines Tages, geradezu über Nacht, gab es eine Grethe Weiser. Sie eroberte Berlin, das Theater, den Film und die Herzen von Millionen Menschen.

Ihr Ehemann, der Rechtsanwalt und Filmproduzent Dr. Hermann Schwerin, hat mich einmal von Norderney aus telefonisch als Drehbuchautor engagiert für den Film »Die verschwundene Frau« mit Lucy Englisch, Hans Moser und Oskar Sima, Regie Emmerich Emo. Er hat mich nicht gekannt und doch ein weiteres Mal engagiert für den Film »Musik nach Noten«, Musik Robert Stolz, Hauptrolle Magda Schneider, Regie Emmerich Emo.

Während der Arbeit an diesem Film vertraute mir Robert Stolz im Parkhotel in Hitzing an: »Gustl, morgen haue ich ab!«

Robert Stolz war, nach den NS-Rassegesetzen, Vollarier, er selbst hätte nicht fortgemußt. Im Gegenteil, Goebbels und Göring haben sich um ihn bemüht. Aber seine Frauen und seine Freunde waren meistens jüdisch. Um dieser jüdischen Frauen und Freunde willen kehrte er Deutschland und einer großen Karriere den Rücken. Über Paris steuerte er sein Lebensschiff nach den Vereinigten Staaten.

Als er nach 1945 von dort zurückkam, sagte er zu mir: »Da drüben in Amerika, das war ein hartes Brot. Ich konnte zuerst mit meinen Melodien überhaupt nichts anfangen. Mein großes Geld habe ich verdient als Dirigent.«

In Amerika hat Robert Stolz auch seine jetzige Frau »Einzi« gefunden, von der er sagt: »Einzi gab mir den Mut, und Einzi verdanke ich alles.«

Wenn ich sehr traurig bin – das kommt bei mir vor, weil ich launisch und föhnempfindlich bin –, lege ich eine Platte von Robert Stolz auf, und mir wird sogleich wohl ums Herz: »Servus, du, flüstert sie ganz leise, Servus, du, ich hatte dich so lieb . . .« Mit diesem Lied habe ich übrigens Marie Louise, meine fünfte Frau, so sagt sie, verführt.

*

Ich saß, etwa um 1934 herum, in einem kleinen Flugzeug, das in tausend Meter Höhe über Wien kreiste mit Theo Habicht, Landesinspekteur Österreich der NSDAP, einem Preußen mit untadelig weißer Weste und dem Charme eines Ladestocks.

Dieser Mann hat es mit den Österreichern nicht leicht gehabt. Seine Religion waren Adolf Hitler und die NSDAP. Als er später auf Wunsch von Ribbentrop Unterstaatssekretär im Auswärtigen Amt wurde, hieß die Begründung: »Ich möchte in meinem Amt wenigstens einen überzeugten Nazi haben.« Und das war Theo Habicht wahrhaftig.

Wir sollten mit dem österreichischen Bundeskanzler Dollfuß, seinem Stellvertreter Major Frey, dem Chef der ›Vaterländler‹ in Österreich, und mit Fürst Starhemberg, dem Idol der ›Vaterländler‹, über die Tausendmark-Sperre verhandeln. Jeder Deutsche, der nach Österreich hinein wollte, mußte tausend Mark bezahlen, was einerseits nahezu den Ruin des österreichischen Fremdenverkehrs bedeutete und andererseits der NSDAP überhaupt nicht in den Kram paßte.

Die österreichischen Weißstrümpfe boykottierten die Regierung; sie schädigten die Österreichische Tabak-Regie, indem sie auf Zigarren, Zigaretten und Pfeifentabak verzichteten. Sie trugen sogar die Postsachen, Pakete, Päckchen und Briefe, selber aus, um die österreichische Bundespost zu schädigen. Und kamen sich noch sehr sportlich dabei vor. Es war auch Sport, ein ›Bomberl‹ zu werfen.

Hier die wahre Geschichte dazu: In der Straßenbahn ruft ein Herr dem anderen, der eben aussteigen will, nach: »Sie, Sie haben Ihr Paket vergessen!«

Der andere (er trägt weiße Strümpfe, ein Zeichen, daß er Mitglied der illegalen NSDAP Österreich ist) dreht sich um und sagt: »Jessas! Mei' Bomberl!«

Wir bekamen Bescheid, daß die Landung nicht ratsam sei; Starhemberg und Frey waren plötzlich inhaftiert worden. Die beiden Kampfhähne hatten sich gegenseitig einsperren lassen!

Guido Zernatto, ein Kärntner Dichter und unter Bundeskanzler Schuschnigg von einem Tag zum andern Unterrichtsminister geworden, sagte von der damaligen Situation in Österreich: »Alles zusammen ist ein großer Sauhaufen!«

»Von Politik verstehe ich einen großen Dreck«, sagte er 1937 zu mir, »aber ich hasse die Nazis bis in den Tod!« Auf meine etwas beklommene Frage: »Wenn ich dich jetzt verlasse, wirst du mich dann verhaften lassen?« sagte er verwundert: »Nein. Warum? Schließlich bist du mein Freund.«

\*

Die Österreicher konnten sich nicht einig werden, ob sie mir zu meinem 65. Geburtstag eine Ehrung zukommen lassen sollten. Der Unterrichtsminister Heinrich Drimmel schrieb: »Die Sozialdemokraten sind dagegen.«

Etliche Tage nach diesem Bescheid traf ich beim Mittagessen Josef Afritsch aus Graz, damals sozialdemokratischer Innenminister. »Warum seid ihr Sozialdemokraten gegen mich? Ich habe euch doch nichts getan«, wollte ich wissen.

Er antwortete wörtlich: »Gustl, politisch bist du für uns ein Verräter, denn schließlich warst du einmal Nazi, und noch dazu in einer Zeit, wo viele andere sich nicht getraut haben, Nazi zu sein.«

»Na ja, aber der Viktor, dein Bruder, der war ja auch ein Nazi.«

»Leider« antwortete Josef Afritsch, »du siehst ja, was aus ihm geworden ist. Er hat sich versoffen.«

»Es gab doch noch mehr Nazis in Österreich. Warum geht ihr ausgerechnet auf mich los?«

»Wir gehen gar net auf dich los. Was willst denn haben? Was ›Sichtbares‹ oder was ›Hörbares‹?«

»Wenn es nach mir geht, würde mich der Titel Hofrat schon arg freuen.«

»Wie stellst du dir das denn vor, Gustl?« fragte Josef Afritsch. »Du warst doch nicht eine Stunde Staatsbeamter. Möchtest du einen Orden haben?«

»Ja, wenn's mit dem Hofrat nix is', dann einen Orden.«

»Also gut«, sagte Josef, »schließlich bist du ein Jugendfreund!«

Josef Afritsch ist für mich eingetreten, aber einen Orden habe ich trotzdem nicht bekommen. Die anderen haben es nicht zugelassen.

Der andere Bruder von Josef Afritsch, Stellvertretender Präsident des Steiermärkischen Landestages, Anton Afritsch, hat mir nach 1945 vierhundert Bücher »Brot und Eisen Steiermark« abgekauft. Ich bin damals zu den Fabrikanten gegangen und habe gesagt, ich wollte ein Buch über Land und Leute, Industrie und Kultur in der Steiermark schreiben. Keiner konnte sich darunter etwas vorstellen. Der einzige, der sich darunter etwas vorstellen konnte, war ich, denn ich mußte Geld verdienen.

Wenn einer 65 wird, dann kriegt er: Orden, Ehrenzeichen, Bankette, ein Viertelstündchen im Fernsehen oder zumindest einen Titel: Professor, Hofrat, Ehrenbürger. Kurzum, die Umwelt strengt sich an. Ich hingegen darf mit ergebenem Diener bestätigen, vom Bundeskanzler Gorbach einen stattlichen Ausseerhut mit Gamsbart und vom Unterrichtsminister Drimmel ein Schabkunstblatt 1790 Blick vom Stephansdom zum Prater empfangen zu haben. Rührung übermannt mich ... Oh, Du mein Österreich.

*

Viele Leute wußten, daß ich Hitler schon aus einer Zeit kannte, als die anderen von seiner Existenz noch keine Ahnung hatten.

1943 war ich zu Besuch auf dem Berghof. Der weltberühmte Illusionist und Zauberer Kalanag – sein bürgerlicher Name war Helmut Schreiber –, bis 1945 Produktionschef der Bavaria Filmkunst AG und nicht Parteimitglied, mußte für Adolf Hitler zaubern. Ich hatte mitkommen dürfen.

Wir mußten uns zuerst bei Reichsleiter Bormann melden. Bormann galt bei den Mitgliedern der NSDAP als der »böse Mensch«. Es hieß, er beeinflusse Hitler schlecht und habe große Macht über ihn.

Es gab 24 gedruckte Fragen und 24 gedruckte Antworten dazu. Die mußte man bei Bormann lesen. Man durfte nicht rauchen, durfte keinen Alkohol trinken.

Bormann sagte: »Hüten Sie sich, Parteigenosse! Ich warne Sie! Wenn Sie etwas anderes beim Chef reden als das, was hier steht ... wenn Sie der Führer fragen sollte, wie die Stimmung in der Bevölkerung ist, dann gibt es nur eine Antwort: Gut! Wenn der Führer fragt, ob er beliebt ist, gibt es nur eine Antwort: Überaus beliebt! Und noch eines: Ein Wort darüber hinaus, und Sie fahren mit drei Rädern vom Berghof.« – Das hieß, daß ein Rad am Auto gelockert wurde. Fein war Bormann nicht. Ich gönne ihm trotzdem seinen Frieden. Gestorben ist gestorben, selbst wenn er noch am Leben sein sollte, wie manche Leute zu wissen vorgeben.

Auf dem Berghof habe ich Eva Braun, ihre Schwester und deren Mann, den SS-Gruppenführer der Reiterstaffel, Fegelein, den Hitler noch kurz vor dem Zusammenbruch hat erschießen lassen, kennengelernt.

Es war eine mühsame Sache, bei Hitler eingeladen zu sein. Es gab nichts Vernünftiges zu essen, und man mußte obendrein, wie bei Goebbels, seine Lebensmittelmarken abgeben. Man durfte nur sprechen, wenn Hitler einen ansprach. Öfters nickte er ein. Das war nicht mehr der Adolf Hitler, den ich von früher her kannte; er war ein müder, kraftloser Mann geworden.

Er rief mich zum Kartentisch und zeigte mir tief in der Sowjetunion eine eingekreiste Stadt: »Hier will ich deutsche Garnisonen errichten.«

Nach einem Nickerchen sagte er etwas, was mir noch heute im Ohr klingt: »Ich wollte die Bolschewiken an der Wolga schlagen. Es ist mir nicht gelungen. Es kann aber auch die Elbe sein.«

An diesem Abend ließ er auch wiederholt seine Lieblingsplatte »Rosmarie« auflegen. Eva Braun saß dabei und schaute ihn zärtlich an. Ich glaube, sie hat ihn richtig geliebt.

Hitler ließ mir vor der Abreise ein Geschenkpaket überreichen, das ihm ein arabischer Fürst geschickt hatte. »Fünf Kilo grüner Kaffee, wo sind die Zeiten?« murmelte Adolf Hitler. Er spielte wohl auf das Jahr 1921 an, als wir uns zum ersten Mal begegnet waren.

\*

Marika Rökk war keine Nationalsozialistin; aber sie lebte in dieser Zeit und nahm als Künstlerin die Sonnen und Gnaden dieser Zeit an, wie es viele Künstler und Künstlerinnen getan haben.

Nach der Vorführung ihres Films »Die Frau meiner Träume« sagte Goebbels: »Ein Mist. Ein widerliches Machwerk!« Als er sich noch weiter über den Film auslassen wollte und begann: »Nicht einen Pfifferling . . .«, fuhr ihm Hitler über den Mund: »Das ist der beste Film, den ich je gesehen habe. Da ist alles drin, was das Volk haben will; nackte Frauenbeine, Schlager und Sex-Appeal. Der Film muß in Dutzenden von Kopien eingesetzt werden. Doktor, ich wette mit Ihnen, der Film wird das größte Geschäft aller Zeiten!«

Goebbels verkniff sich eine bissige Antwort.

Hitler besänftigte ihn. »Sie können ihn auch verbieten, wenn Sie wollen, schließlich sind Sie der Filmminister und nicht ich.«
Hitler behielt recht. Der Film wurde zum Ärger von Goebbels ein Riesenerfolg.

*

Abends hielt Adolf Hitler Tafel im kleinen Kreis, sozusagen mit »Stammgästen«. Wenn jemand etwas Bestimmtes bei ihm erreichen wollte, mußte er sein Anliegen so kurz wie möglich vortragen.
Zum Beispiel: »Mein Führer, ich glaube, Sie sollten den Parteigenossen N. N. abberufen. Es ist nicht tragbar, daß dieser Parteigenosse mit zwei Frauen herumzieht. Er untergräbt das Ansehen der Partei!«
Hitler lachte. »Wäre es Ihnen lieber, wenn er mit zwei Männern herumziehen würde? Solche Fälle gibt es doch auch in der Partei. Oder nicht? Wer es fertigbringt, gleich zwei Frauen zu befriedigen, der zeigt, daß er ein Kerl und ein Diplomat dazu ist. Wenn«, spann Hitler den Gedanken weiter, »nach dem Krieg ein starker Frauenüberschuß herrschen wird, dann müssen wir sowieso daran denken, für Parteigenossen die Vielweiberei einzuführen. Für manche bedeutet es freilich keine Neuerung. Sie leben ja jetzt schon mit Ehefrau und Sekretärin zusammen. Einen Harem im zwanzigsten Jahrhundert, das halte ich übrigens für eine hervorragende und weise Einrichtung. Wer einen Harem regieren kann, kann auch einen Gau regieren.«

*

Hitler, Goebbels, Bormann, Speer und viele andere Funktionäre besichtigen die Parteibauten in Nürnberg. Auf den weit auseinander liegenden Treppenstufen blieb Hitler, atemholend, stehen: »Das ist doch ein wahrer Irrsinn, Speer. Welcher normal gebaute Mensch soll diese Riesenstufen hinaufsteigen? Das hat Ihnen sicher der Reichsheini Himmler eingeredet. In tausend Jahren werden die Leute schreiben: Die Germanen des 20. Jahrhunderts müssen Riesen gewesen sein. Beweis: diese weit auseinander liegenden Treppenstufen. – Ja, wenn der Himmler den Beweis liefert, daß man Germanen nach

Gardemaß züchten kann, dann ja. Aber solange er das nicht kann, verlange ich, daß die Treppenstufen nach meinem Schritt angelegt werden.«

\*

1926 in Passau. Hitler traf sich mit ein paar Parteigenossen. Damals hieß er noch »Der Chef«.

Sechzig junge Leute traten an. Sie waren von weit und breit herangeholt worden.

Hitler trug seinen Trenchcoat, in der Hand eine Nilpferdpeitsche. Vor einem etwa fünfzehnjährigen Buben blieb er stehen. »Seit wann trägst du eine Brille?«

»Seit einem Jahr, Herr Hitler.«

»Wenn das so weitergeht, wird die deutsche Jugend noch zu Japanern! Alle Japsen tragen Brillen. Ihr Buben solltet nicht so viel in die Bücher schauen, sondern euch lieber im Leben umgucken. Die Engländer brauchen keine Brillen. Die spielen Fußball und schauen mit offenen Augen in die Welt. Die Brille ist der Niedergang der Nation!«

Der Junge trat von einem Fuß auf den anderen. »Herr Hitler, ich habe unter der Bettdecke mit der Taschenlampe Karl May gelesen!«

Hitlers Gesicht hellte sich auf. »Das ist was anderes! Jeder muß Karl May gelesen haben. Ich lese ihn immer wieder. Karl May hat schon recht gehabt: Man soll mit der Nilpferdpeitsche ins politische Leben eingreifen. Von hundert Gegnern kann man höchstens zehn mit Worten bekehren, die anderen gehorchen nur der Peitsche.«

Einer der Jungen rief: »Panem et circenses!«

Hitler nickte freundlich. »Jawohl! Merkt euch: Einen Monat Oktoberfest und elf Monate Nilpferdpeitsche. Nur so können wir unseren Gegnern imponieren.«

\*

In Weimar war Hitler im Hotel »Elephant« abgestiegen. Hübsche Mädchen begrüßten ihn.

Hitler setzte sich in Positur. Zum Adjutanten sagte er: »Suchen Sie sich eine aus. Frauen soll man nie schmachten lassen. Wenn ich eine fände, die den Mund halten kann. Keine Frau kann schweigen! Noch in der Nacht würde eine Frau vom Bett aufstehen und herausposaunen: ›Ich habe mit Adolf Hitler geschlafen!‹ – Was wäre die Folge? Alle, bis auf diese eine Frau, würden mich aus Neid, Eifersucht und Mißgunst nicht mehr wählen. Weiber müssen leider wie die Gänse auf dem Capitol ihre Bettgeschichten ausgackern. Kapieren Sie jetzt, auf welche Dinge ich als Führer verzichten muß? Wenn ich nicht der Führer wäre, würde ich mir einen Harem zulegen.«

*

Winter 1932 auf Schloß Vinsebeck, während des Lipper Wahlkampfes. Hitler, Goebbels, Göring, Ley saßen um den Kamin. Die Gräfin reichte Kaffee und Kuchen.

Hitler war abgespannt und wortkarg.

In einer Ecke entdeckte er ein Grammophon. Er fragte den Hausherrn, ob er Wagner-Platten besäße. Der Graf bejahte und legte »Lohengrin« auf.

Hitler lauschte hingegeben der Musik des Bewunderten.

Göring, alsbald gelangweilt, fragte: »Haben Sie denn nichts anderes als Wagner?«

Nach ›Lohengrin‹ kam Marlene Dietrich zu Wort: »Ich bin von Kopf bis Fuß auf Liebe eingestellt . . .«

Hitler wandte sich zu Göring: »Die Garbo, der Chaplin und die Dietrich sind die größten Filmkünstler!«

Und zu Goebbels: »Doktor, es muß Ihnen gelingen. Die drei müssen wir nach Deutschland holen, wenn wir erst an der Macht sind.«

*

Nach den Novemberwahlen 1932. Hitler fuhr, von Westen kommend, mit seinen Leuten in einem Abteil Zweiter Klasse nach Berlin. Er sah müde und verdrossen aus: Goebbels hatte allerlei unerfreuliche Nachrichten für ihn gehabt.

Plötzlich wurde die Abteiltür aufgezogen; ein unbekannter Reisender steckte seinen Kopf herein und sah sich nach einem Sitzplatz um. Er entschuldigte sich ob der Störung und wollte sich zurückziehen. Als er Hitler erkannte, trat er hastig in das Abteil, klopfte ihm burschikos mit der Hand auf die Schulter. »Machen Sie nur so weiter, Herr Hitler! Sie dürfen niemals nachgeben. Nie, nie, nie, verstehen Sie!« – Schon war er draußen.

Hitler sprang vom Sitz auf: »Doktor, das war die Stimme des Volkes! Aus dieser Geschichte können wir Kapital schlagen. Stellen Sie sich vor, da kommt ein unbekannter Mann in mein Zugabteil, klopft mir auf die Schulter und sagt: ›Niemals nachgeben!‹ Das war die Stimme des Schicksals, ich spüre es. Ich werde dem Befehl meines Volkes gehorchen und niemals nachgeben!«

Der Mann wurde – nach der ersten Überraschung – im ganzen Zug gesucht, aber nicht gefunden. Nun war Hitler nicht mehr zu halten: »Ein Wunder, ein Wunder, ich habe es gesagt, ein Wunder ist geschehen. Sie sehen, Doktor, der Mann existiert nicht. Er war eine Erscheinung, ein Sendbote des Schicksals. Damit haben wir den Beweis, daß mich das Schicksal beauftragt hat, nicht nachzugeben und auf meiner Forderung bestehen zu bleiben, daß man mich zum Reichskanzler ernennt. Genauso hat das über uns waltende Schicksal einst die heilige Johanna beauftragt. Nur, mich werden sie nicht verbrennen!«

\*

1933. Hitler hatte die Macht übernommen. Ich saß im Gauhaus der NSDAP Berlin in der Voßstraße im Zimmer von Goebbels.

Es ging darum, welches Amt Goebbels und andere bewährte Parteigenossen, wie Graf Helldorf zum Beispiel, der mit von der Partie war, übernehmen sollten.

Hitler zu Goebbels: »Doktor, ich habe eine gute Idee. Wir machen Ihren Gauleiterstellvertreter Meinshausen zum Kultusminister, da haben Sie ja jeglichen Einfluß auf ihn.«

Goebbels erhob sich, kreidebleich. Kalt sagte er: »In dem Fall bitte ich, mich als Sozialanwalt der alten Garde der NSDAP zurückziehen zu dürfen.«

»Nein, nein«, sagte Hitler, »lieber Doktor, das könnte Ihnen so passen! Die zweite Revolution bestimme ich! Die alte Garde wird sich bescheiden müssen. Ich verbiete Ihnen, daß ausgerechnet Sie die alten Nationalsozialisten das Gegenteil von Treue lehren. Sprechen wir nicht mehr von Meinshausen. Aber wie ich Sie bei Hindenburg durchbringen soll, das muß ich erst einmal mit seinem Sohn Oskar Hindenburg und mit Staatssekretär Meissner aushandeln.«

*

Frühjahr 1934. Die Gauleiter Österreichs wurden zu Hitler befohlen. Landesinspekteur Theodor Habicht, der Preuße, legte sein Terrorprogramm vor: »Fortsetzung der Bölleraktion«.

Der Österreicher Alfred Proksch, der Hitler schon seit 1919 kannte, war dagegen, weil er gern mit Bundeskanzler Dollfuß einen Waffenstillstand geschlossen hätte.

Theodor Habicht redete der »Bölleraktion« das Wort.

Hitler: »Ich will keine Gewaltpolitik. Die Bayern kann man mit einem Maßkrug und die Sachsen mit dem Mutschmann (Gauleiter) erobern. Österreich aber gewinnt man mit der Fiedel und der Ziehharmonika, mit den Schrammeln.«

Im Vorzimmer hielt Martin Bormann die österreichischen Gauleiter zurück. In ihrer Gegenwart sagte er zum Landesinspekteur Habicht: »Lieber Parteigenosse, Sie haben es wohl bemerkt, der Führer hat seinen elegischen Tag. Sie machen selbstverständlich mit der Böllergeschichte weiter. Ich bringe die Angelegenheit beim Chef schon ins reine.«

*

Die Massen drängten sich in Linz an der Donau im Volksgartensaal, wo der Sozialist Karl Seitz, Wiens damaliger im In- und Ausland hochgeschätzter Bürgermeister, sprach. Er war ein »Magier des Wortes«. Mit populären Parolen und zündenden Worten überzeugte er selbst uns, die wir gekommen waren, einen Krawall heraufzubeschwören.

Nach der Versammlung begeisterte sich Hitler im Kreise seiner Anhänger im Café ›Bügeleisen‹: »Herrgott, der Seitz kann reden! Es ist egal, was man in so einer Massenversammlung redet, nur reden muß man. Der Seitz kann reden! Die Massen erobert man nicht mit Argumenten. Man darf seinen Zuhörern keine Zeit zum Nachdenken geben.« Hitler ereiferte sich zusehends: »Ich gehöre keiner Partei an. Ich werde mich auch keiner Partei anschließen. Aber Politik betreibe ich. Andere Politik als der Herr Seitz und der Herr Renner und der Herr Bauer.« Alle, die er genannt hatte, waren profilierte, hochangesehene Sozialdemokraten.

Auf die Frage eines Gastes: »Sind Sie einer von den Christsozialen?« antwortete der unbekannte Hitler: »Mit der schwarzen Bagasch' möchte ich schon gar nichts zu tun haben. Die taugen nichts. Die Roten wissen wenigstens, was sie wollen. Aber ... ich werde alle miteinander schlagen!« Er bebte dabei am ganzen Leibe.

»Wie wollen Sie das anfangen, Herr Hitler?«

»Ich werde reden lernen!«

\*

Im April 1938 nahm mich Hitler als Schreiberling auf seiner Fahrt durch Österreich mit.

In Graz, der »Stadt der Volkserhebung«, wie sie sich damals nannte, versprach er in einer Massenversammlung in der Weitzer Waggonfabrik, Österreich in einen »blühenden Garten« zu verwandeln.

Um ein Uhr in der Nacht führte er mich im Park-Hotel an die zwei langen Tische, auf denen die vielen Geschenke aufgestapelt waren: Pullover, Pulswärmer, Führerbilder, Kinderwagen, Spielsachen, Tischdecken usw. Sie stammten von unbemittelten, kleinen Leuten. Der Anblick dieser Sachen war rührend.

Am folgenden Tag besuchte Hitler das steirische Landeshaus mit der einzigartigen Sammlung von mittelalterlichen Rüstungen. Nachmittags mischte er sich unter die vielen Buben und Mädchen, die auf dem Schloßberg zur Jause eingeladen worden waren.

»Kernmayr«, sagte er, »beschaffen Sie mir von der Statthalterei die Trassenpläne vom Schloßberg. Ich will hier eine Art Akropolis der NSDAP bauen.« Der Schloßberg, das alte Wahrzeichen von Graz mit dem gotischen Schloßbergturm und der alten Festung, die bei jedem

Fremden Entzücken auslösten, ein Bollwerk, das Jahrhunderte gegen die Türken und zuletzt (1809) noch gegen die Franzosen standgehalten hatte, sollte verschwinden! Ich erschrak und stammelte: »Mein Führer, da erschlagen mich meine Landsleute!«
»Vor fünfhundert Jahren ist die Festung noch nicht dagewesen. Besorgen Sie die Pläne!« Mehr hatte er dazu nicht zu sagen.
Ich besorgte die Pläne.
Der Bau ist zum Glück nie in Angriff genommen worden.

*

Hitler ist zeitlebens ein fanatischer Verehrer des Sängers Richard Tauber gewesen.
Wörtlich sagte er: »Tauber ist der größte Mozart-Sänger. Ohne Tauber ist die Staatsoper verwaist. Wir müssen Richard Tauber nach Berlin zurückholen.«
Ein Abgesandter des Führers fuhr im Sommer 1933 nach Wien, wo in Hübners Parkhotel in Hitzing ein Zusammentreffen mit Franz Lehár und Richard Tauber vereinbart war. Es wurde eine lange Nacht.
Richard Tauber wendete immer wieder ein, er werde seit Jahr und Tag in der Nazi-Presse als Jude beschimpft. Er zeigte sein Taufzeugnis, auf dem zu lesen stand, daß er in Linz a. d. Donau in der Herrengasse 19 geboren worden war. Die Angabe des Vaters fehlte.
Als man dies Hitler berichtete, triumphierte er: »Ich hab's gewußt! Ich hab's gewußt, so ein wunderbarer Sänger kann kein Jude sein!« Halblaut fügte er hinzu: »Jude oder nicht, Richard Tauber gehört an die Berliner Staatsoper.« Es erging ein Verbot an die Presse, abfällig über Richard Tauber zu schreiben. Die Schallplattenfirma Lindstroem AG durfte Richard Taubers Schallplattenaufnahmen in den Handel bringen.
Hitler vergaß seine Umwelt, wenn er sich die folgenden englischen Tauber-Platten anhörte:
»In a song there is heaven«, »Blossom Time«, »Nevermore« und »Rosemary«.
Er war vernarrt in diese Stimme.

Hitler und Goebbels unterhielten sich.

»Doktor, wenn wir diesen Krieg gewonnen haben, ziehe ich mich auf den Berghof zurück. Und wenn Sie mich noch so sehr bitten, stelle ich mich der Reichsregierung nicht zur Verfügung.«

Goebbels: »Wir brauchen doch ein Staatsoberhaupt!«

Hitler: »Eine solche Verantwortung, wie ich sie zwangsläufig auf mich nehmen mußte, kann kein anderer tragen. Ein Führer kann seine Macht nicht vererben. Wir brauchen einen Senat und einen Reichstag, denn jedes Volk erträgt eine Diktatur nur eine begrenzte Zeit. Wir müssen zur konstitutionellen Monarchie zurückfinden. Wenn unser Adel nicht so vertrottelt wäre! Wenn der Krieg vorbei ist, werde ich mir einen Prinzen holen und ihn gründlich unter die Lupe nehmen. Vielleicht finde ich einen, der sich abrichten läßt.«

*

Charly Chaplin war Hitlers Lieblingsschauspieler. Auch während des Krieges hatte er sich Filme mit Charly Chaplin beschaffen lassen; der letzte hieß »Der Diktator«.

Hitler: »Wenn dieser Film nur einen Monat lang dem deutschen Volk vorgeführt wird, bin ich unblutig erledigt. Ich habe immer gesagt: Charly Chaplin ist der grandioseste Schauspieler der Gegenwart.«

Goebbels schlug vor, diesen Film mit einem tendenziösen Kommentar versehen in die Kinos zu bringen.

Hitler lehnte ab: »Gegen Charly Chaplin hilft kein Kommentar. Wir können Roosevelt und Churchill besiegen, aber nie Charly Chaplin.« Nach einer kurzen Pause: »Eigentlich waren wir sehr ungeschickt. Wir hätten Charly Chaplin beizeiten für uns gewinnen sollen.«

»Er ist doch Jude!« wehrte Goebbels ab.

Hitler lächelte: »Es ist doch bekannt, daß jeder Deutsche einen Ausnahmejuden hat, ich habe zwei, aber das kann ich mir als Führer doch wohl leisten! Ich möchte zwei Juden hier haben und würde für diese tausend andere Juden freigeben: Richard Tauber und Charly Chaplin!«

Goebbels: »Weder Tauber noch Charly Chaplin würden Ihr Angebot annehmen, mein Führer.«

Hitler schlagfertig: »Das ist Ihre Schuld! Ich habe Ihnen von Anfang an gesagt, ein deutsches Kulturleben ist ohne Tauber, Chaplin, Werner Kraus und Marlene Dietrich nicht denkbar.«

Goebbels hatte 1936 in Paris versuchen lassen, Marlene Dietrich und Erich Maria Remarque für Deutschland zurückzugewinnen, und zwar um den Preis eines Millionenbetrages – vergeblich.

An Remarque war obendrein das Ansinnen gestellt worden, er möge Humor genug haben, die Geschichte mit den Mäusen bei der Uraufführung seines Films »Im Westen nichts Neues« im Nollendorftheater in Berlin zu vergessen.

\*

Die Landesleitung Österreich der NSDAP schickte mich von München mit 40 Pistolen, die ich einem illegalen SA-Führer in Klagenfurt bringen sollte, nach Österreich. Die Pistolen haben ihren Bestimmungsort nie erreicht, weil ich sie auf der Strecke von München nach Salzburg in der Ersten und Zweiten Klasse – damals gab es auch noch eine 3. Klasse – unter den Sitzen versteckte. Als ich sie hinter der Grenze einsammeln wollte, waren sie weg; die Grenzpolizisten hatten sie entdeckt. Immerhin besaß ich noch die 30 000,- Schilling, die ich »Simmerl«, einem der beliebtesten ehemaligen Kärntner Abwehrkämpfer, für die illegale österreichische NSDAP bringen sollte.

Mit 30 000,- Schilling kam ich nach Klagenfurt. Die SA-Führer waren heillos zerstritten. Jeder behauptete vom anderen, er sei ein Gauner, ein Verrückter, ein Verbrecher.

Major Kaibisch, »Simmerl«, nahm das Geld. Er führte mich zu dem höchstdekorierten Offizier der österreichischen k. u. k. Armee, zu Oberst Pittreich.

Wir planten eine nationale Erhebung. Oberst Pittreich sollte sie anführen.

In der Früh wollten wir aufbrechen, aber der Volksschüler und gelernte Fleischhauer- und Metzgergehilfe Hans Gustl Kernmayr sagte für seine Person: »Nein!« In der Nacht hatte ich von Blut und vielen toten Menschen geträumt. Mir grauste.

»GENERAL DIETL WUENSCHT IHREN EINSATZ FUER GEBIRGSKORPS NARVIK EINTREFFEN IN OSLO ZWISCHEN DEM FUENFTEN UND ZEHNTEN JANUAR 1941.«

Das war mein »Marschbefehl« und dies der Willkommensgruß:
»FREUE MICH SIE IN NORWEGEN BEGRUESSEN ZU KOENNEN = DIETL«
Ich hatte dem General mein Buch über den Kärtner Abwehrkampf des Jahres 1922 gesandt, jenes Buch, das mir ein Herzensanliegen gewesen war, weil ich der bösen Geringschätzung einmal begegnen wollte, die den österreichischen Soldaten in Deutschland zuteil wurde. Warum man sie spöttisch »Kamerad Schnürschuh« nennt, ist nicht nur wegen der Schnürschuhe, die sie im Gegensatz zu den Stiefeln der Deutschen tragen. Nein, nicht im Schnürschuh liegt die Beleidigung, sondern daß man damit kränkend ausdrückt, daß die da unten in Österreich weniger gute Deutsche sind als die da oben in Preußen, Bayern, Sachsen oder sonstwo.

\*

Gebirgskorps Norwegen
Der kommandierende General   K. H. Qu., den 6. Sept. 1940
Sehr verehrter Herr Kernmayr!
Für die Übersendung der beiden Bücher »Kamerad Schnürschuh« danke ich Ihnen bestens. Sie haben mir damit große Freude bereitet.
Als Kommandeur einer ostmärkischen Truppe interessiere ich mich für die alte österreichische Armee des Weltkrieges ganz besonders.
Ich kann nur immer wieder versichern, daß ich dem kärntnischen und steirischen Soldaten höchste Achtung zolle und daß nach meiner Ansicht der Erfolg von Narvik vor allem der vorbildlichen Einsatzbereitschaft dieser ostmärkischen Gebirgssoldaten und der hervorragenden Unterstützung der übrigen Wehrmachtteile (Marine und Luftwaffe) zu danken ist.

Gebirgskorps Norwegen
Der kommandierende General   K.H. Qu., den 30. Sept. 1940
Sehr verehrter Herr Kernmayr!
Herzlichst danke ich für Ihren Brief vom 12. September. Ich freue mich, daß Sie bezüglich eines Narvikbuches mit mir übereinstimmen. Vielleicht können wir uns doch noch einmal in dieser Sache aussprechen; ich wäre Ihnen dafür sehr dankbar.

*

Gebirgskorps Norwegen
Der kommandierende General   K.H. Qu., den 11. Nov. 1940
Lieber Herr Kernmayr!
Ich werde versuchen herauszubekommen, wo der Unteroffizier Florian Steiner steckt. Ich werde Ihre Grüße dann ausrichten. Eines muß ich Ihnen zu Ihrer Mitteilung über Ihren Freund Steiner sagen: Die größte Freude und Ehre ist für mich die Kameradschaft und das Vertrauen, das mir meine ostmärkischen Gebirgsjäger entgegenbringen. Nur bei diesem inneren Band zwischen Führer und Truppe läßt sich im Kriege Brauchbares leisten. Ich kann nur immer wieder hervorheben, daß ich den Erfolg von Narvik den prachtvollen deutschen Soldaten der drei Wehrmachtteile verdanke. Ich als verantwortlicher Führer wollte mich nur dieser Soldaten würdig erweisen.

*

Gebirgskorps Norwegen
Der kommandierende General   K.H. Qu., den 4. März 1941
Lieber Herr Kernmayr!
Für das, was Sie mir und meinen Soldaten durch Ihren Bericht gegeben haben, danke ich Ihnen bestens. Ich glaube, daß unsere gemeinsamen ›freien‹ Aussprachen für uns beide Erfolg gehabt haben und uns stets eine schöne Erinnerung bleiben werden. Wenn Sie ein Soldatenbuch ›ohne Schema‹ schreiben wollen, so bin ich Ihnen dankbar. Schreiben Sie die *Wahrheit* und möglichst *wenig über mich*, dann wird das Buch sicher gut.«

General Dietl lud mich ein, auf der »Black Watch«, seinem Korpsschiff, zu übernachten. So sah ich ihn strumpfsockert, mit einer Bluse über dem Arm, durch die schmalen Gänge eilen.

Ich trat zur Seite, nahm Haltung an:
»Guten Morgen, Herr General!«
Er antwortete: »Ein General ohne Uniform ist kein General, Kernmayr!« und lief in die Schneiderei.

Wir saßen oft zusammen, plauderten. Um neun Uhr abends stellte er mir eine Flasche Schnaps hin und sagte: »Trinken Sie, Kernmayr, Sie sind jung. Sie können noch trinken. Aber Kinder und Generäle gehören um neun Uhr ins Bett.«

Ich war mit ihm weit unterwegs, auch in Kirkenes.
Einmal begegnete uns eine Maultierkompanie. Der General hielt einen der Maultierführer an und sagte: »Kennst mich nicht?«
»Na«, beschied ihn verdrossen der Maultierführer, ein Tiroler.
Dietl wies auf seine roten Generals-Biesen: »Weißt nicht, was das ist?«
»Na, woas i net!«
Daraufhin öffnete Dietl seinen Mantel und fragte, auf das Ritterkreuz zeigend: »Weißt du jetzt, wer ich bin?«
»Ach so, a Feldkurat bist!« (Feldkurat ist Feldpfarrer.)
Wir mußten alle mächtig lachen. Dietl förderte aus seiner Manteltasche eine Tafel Schokolade und ein Päckchen Zigaretten zutage und sagte: »Bist ein braver Kerl, bleib so!«

Wir standen noch an einem Raupen-Motorschlitten, da kam der Mann aus Tirol herangelaufen und sagte: »Das, was i früher g'sagt hab', gilt nix. I woas scho', was bist. Du bist der Dietl, unser General!« Dann erst nahm er die Hände an die Hosennaht und Haltung an. Dietl nickte und stiefelte o-beinig davon. Er war keine Schönheit, beileibe nicht. Ein Sportler war er, durch und durch. Vielleicht war er auch gar nicht ein so großer General wie ein großer und guter Mensch, dem niemand einreden konnte, daß er der »Held von Narvik« sei. »Daß wir Narvik halten konnten, verdankten wir nur dem Rückzug der Engländer« – das sind seine eigenen Worte –, »wir waren nämlich ganz schön im Eimer, nachdem sie uns fünfunddreißig Schiffe versenkt hatten.«

Die Soldaten in aller Welt sind keine Banditen. Es gibt kein Land auf dieser Erde, das auf Soldaten, Polizisten, überhaupt auf Gesetzeshüter, verzichten könnte oder gar verzichten wollte.

Man darf die deutschen Soldaten, weil es ihnen nicht beschieden war, aus den Kriegen 1914/18 und 1939/45 als Sieger hervorzugehen, nicht als Banditen bezeichnen. Denn sie, die Soldaten, wollten ja gar keinen Krieg. Sie erleben zwar, wie ein Krieg beginnt, aber Millionen von ihnen erfahren nicht einmal mehr, wie er ausgeht. Und auch ein General ist in den Augen der Welt nur solange ein rühmenswerter General, wie er der Sieger ist. Glück muß ein Soldat haben, viel Glück.

Soldaten kämpfen, weil sie kämpfen müssen, weil sie geschworen haben, für die Republik, für ein Königreich, für eine Demokratie, für eine Religion, eine Weltanschauung oder für den Frieden – letzteres ist heute wohl die eingängigste Formel – zu kämpfen und zu siegen. Und würden doch viel lieber zu Hause sein, an ihrem Arbeitsplatz stehen.

Kein Dank trifft den Soldaten. Den Sieger nicht, geschweige denn den Verlierer.

*

Als ich das Manuskript »Der gläserne Berg« geschrieben hatte, das in einer Auflage von etlichen hunderttausend Stück erschien, bekam ich von der Zeitschrift »Die Wehrmacht« einen Auftrag, an der Afrikafront Material zu einem in Romanform geschriebenen Bericht über die Waffenbrüderschaft der Deutschen und Italiener zu sammeln.

Wie stets, nahm ich auch diesmal die mir übertragene Aufgabe wie ein Bruder Leichtfuß, entschlossen, ihr die besten Seiten abzugewinnen.

Zu Alines, der vierten Kernmayrin, Freude sagte ich: »Erst fahr' ich mit dir nach Capri. Dann fährst du heim, und ich gehe in Neapel an Bord des Schiffes, mit dem ich nach Afrika fahren soll.«

In Capri trafen wir auf meinen Schulfreund und Gefährten der Landstraße Ferdinand Marian. Wir versoffen unser ganzes Geld und telegrafierten der Filmgesellschaft, bei der er engagiert war, eine schöne Filmstory. Wir zerstritten uns am Tage, in der Nacht begossen wir uns die Nase, und am folgenden Tag schickten wir einträchtig noch eine Filmstory nach Berlin.

Dann hieß es Abschied nehmen. Denn ich mußte wohl oder übel nach Afrika. Das Schiff, das mich hinbringen sollte, kam aber nicht, weil es unterwegs von den Engländern versenkt wurde. Über die Waffenbrüderschaft an der Afrikafront zu schreiben, diese Möglichkeit haben mir sozusagen die Engländer vereitelt. Denn noch zwei weitere Schiffe, auf die ich gewartet habe, fielen ihnen zum Opfer. Da sagte ich mir selber, so viel Pech darf der Mensch nicht haben. Mach das Beste daraus und fahr wieder nach Hause. Du kannst das Buch nicht schreiben.

Aber so leicht gab der Verlag »Die Wehrmacht« nicht auf.

Dr. Kolbatzky, Herausgeber einer eigenen Zeitung in Coburg und Druckereibesitzer, setzte mir den Floh ins Ohr, über den Ostfeldzug zu schreiben. Ich fuhr in den Osten. Als das Manuskript fertig war – es trug den Titel »Feuer im Osten« –, lautete das Urteil im Propagandaministerium: »Dieses Buch wird nicht erscheinen. Denn wenn es im deutschen Ostheer Figuren wie den Sonderführer Mayrhofer gibt, geben wir uns dem Gelächter von Freund und Feind preis.«

\*

Hans Hömberg, Tiroler, Schriftsteller, Dramaturg, Humanist, Autor von »Kirschen für Rom« und Vizepräsident der »Ankertonne«, der die Tage der Altersreife daran wendet, sich der Feinschmeckerei noch intensiver als zuvor zu widmen und der als Erfinder des Wortes »Aristophag« für Leute, die nur die allerbesten Häppchen mögen, gilt, hat immer wieder meine Schienen- und Lebenswege gekreuzt. Es ging zwischen uns nicht immer fein, aber im allgemeinen doch zivilisiert zu.

Seine stete heitere Gelassenheit und schöne Seelenruhe habe ich ihn nur ein einziges Mal – und noch dazu in einem Gotteshaus – verlieren sehen. Von Rom kommend, wo mir Seine Heiligkeit Papst Johannes XXIII. eine Spezialaudienz gewährt hatte, trafen wir uns sozusagen zufällig in Venedig, was mit unseren Bemühungen zusammenhing, diese sterbende Stadt durch internationalen Beistand zu retten.

Ich machte ein wenig den Fremdenführer und zeigte Hömberg die bemerkenswert dunkle, nur von einigen Opferkerzen erhellte Kirche S. Portiuncula.

Wie gewohnt, kaufte ich ein geweihtes Wachslicht, zündete es an und war im Begriff, es an einem Seitenaltar darzubringen, als ich gewahrte, daß Hans Hömberg es mir nachtun wollte. In der menschenleeren Kirche fand ich nichts dabei, halblaut zu rufen: »Laß die Lire stecken! Ich lad' dich ein!« Denn ich war wirklich gerührt, daß der alte Spötter meinem frommen Beispiel folgen wollte. Wenn ich nur geahnt hätte, was ich mit meinem Zuruf heraufbeschwören würde!

Hömberg sank, eine brennende Kerze in der Rechten, auf die Knie nieder, breitete die Arme in geradezu gotischem Stil aus und rief mit starker Stimme: »Herr der Heerscharen, hast du das vernommen? Du weißt es, denn du bist allwissend, daß ich wiewohl ein dicker – so doch kein reicher Mann bin! O Herr, welcher Übermut bewegt doch die Seelen deiner erfolgreichen Kinder und Poeten! Was heißt mir das, o Herr: Dieser Hans Gustl Kernmayr, der dem Glück im Schoße sitzt und imstande wäre, die Verleger dieser Erde mit dem kleinen Finger in den Staub zu drücken, will auch dereinst im Himmel die erste Geige spielen! Laß dich, Herr der Heerscharen, nicht bestechen, nimm mein Kerzengeld in Gnade an und verweise den wohltätigen Kernmayr aufs Bänkchen jener argen Sünder, denen die Hybris als Reitpferd dient! Ich danke höflichst, o Herr, wenn du dich in jener Welt an diesen Vorgang erinnerst!«

Sprach's, brachte seine Opferkerze unter, warf sehr auffällig und aufdringlich laut klirrende Münzen in einen Opferstock. Seine Frau zerrte ihn hinaus ans Tageslicht, weil sie sonst vor Lachen erstickt wäre. Und Lachen schickt sich nicht in der Kirche.

Als ich nach einer kleinen Weile des Besinnens hinaus auf die Gasse trat mit den Worten: »Deine Lustspielszene da drinnen war ekelhaft, aber sie sei dir armem Sünder verziehen!«, sagte der Unmensch:

»Das freut mich für dich! Dann wollen wir jetzt ein Gläschen Gattinara aus dem Piemontesischen trinken. Das magst du bezahlen! Es

kostet mehr als die Unschlittkerze und wird mir ein Beweis deiner Reue über deine Hoffart sein!«
Und also wurden aus einem Gläschen drei Flaschen Gattinara und dazu 14 Nösel Grappa!

*

Als ich im Herbst 1942 von der russischen Front zurückkam, wurde ich vom Propagandaministerium freigestellt, um für die Filmfirmen Bavaria, Terra, Tobis und Wien-Film Drehbücher zu schreiben. Das tat ich, und zwar nicht ohne Erfolg.

Es ist nicht so, daß ich in meinem ganzen Leben nur unverdientes Glück gehabt hätte. Oft genug war ich auch von unverdientem Mißgeschick verfolgt. Einmal glaubte ich, das Buch aller Bücher geschrieben zu haben: »Ein Volk kehrt heim«. Es beschrieb den Anschluß Österreichs an Deutschland, und ich war fest überzeugt, daß es das Beste war, was ich je geschrieben hatte. Der »Deutsche Verlag«, ehemals Ullstein, Berlin, druckte es in einer Auflage von hunderttausend Stück, die weggingen wie warme Semmeln, als Grazer SS-Leute sich hinter Himmler steckten und ihn nicht nur auf nachweisliche Fehler, sondern auch auf mein Vorstrafenregister aufmerksam machten. Das Buch wurde eingestampft. Dabei hatte ich es doch auf Hitlers Wunsch geschrieben, der mich eigens deswegen auf seine »Triumphfahrt durch Österreich« mitgenommen hatte.

Der damalige Leiter der Reichsschrifttumskammer war ein Österreicher. Der hatte gesagt: »Lieber Gustl, paß auf, du kannst recht haben, und du kannst auch Recht kriegen. Aber schau, willst du leben oder willst du sterben? Es kann dir passieren, du fährst mit dem Auto, plötzlich geht ein Rad los, und du bist gewesen. Also mach keinen Prozeß gegen die SS-Leute. Das Buch wird eingestampft, und der Fall ist ausgestanden.«

Der Verleger Hofrat Stuhlfeld ließ mich, als er das Manuskript von »Kamerad Schnürschuh« gelesen hatte, zu sich kommen. Er drückte mir ein Bündel Tausender in die Hand.

»So«, sagte er, »das ist der Anfang; ein kleiner Vorschuß. Ich bin kein Prophet, aber ich sage Ihnen ... mit diesem Buch werden Sie eine Menge Geld verdienen!«

Er sollte mit dieser Prophezeiung recht behalten. Ich habe mit »Kamerad Schnürschuh« viel Geld verdient und nichts von den Schatten geahnt, die ein Bestseller auf das Leben eines Autors werfen kann. Wenn wieder ein neues Buch von mir herauskam, hieß es nämlich immer: »Ganz nett, aber kein Vergleich mit ›Kamerad Schnürschuh‹!«

War »Kamerad Schnürschuh« wirklich soviel besser als das, was ich nachher geschrieben habe? Ich glaube es nicht. Ich hatte es damals mit dem Schreiben noch sehr schwer. Nicht mit dem Erzählen, aber mit der Grammatik. Ich wußte nie genau, wo ein Komma oder überhaupt ein Satzzeichen hinkommen mußte. Was tat ich? Ich entschloß mich kurzerhand, überall da, wo nach meinem Gefühl ein Satzzeichen hingehörte, einen Bindestrich zu machen. So kam es, daß »Kamerad Schnürschuh« in seiner ersten Auflage über zwölfhundert Bindestriche enthielt!

Ein Herr Pfeiffer schrieb im »Berliner Tageblatt«: »Kernmayr hat einen neuen Stil gefunden. Den Hammerstil!« – Ich traute meinen Augen nicht. Dieser Kritiker lobte mich wahrhaftig wegen meiner Bindestriche! Aber so ganz sicher bin ich mir doch nie gewesen, daß er meine Verlegenheitslösung für ein bewußtes Stilmittel gehalten hat. Trotzdem habe ich mir, weil es meiner Eitelkeit schmeichelte, von jenem Tage an eingebildet, daß ich einen neuen Stil geboren hatte.

\*

Heute verstehen viele meiner Freunde nicht, warum ich zur NSDAP gegangen bin. Die Leute in der NSDAP haben nicht viel gefragt, woher ich kam, was ich war, wer meine Eltern waren, ob ich das Abitur, Geld oder eine angesehene Stellung hatte; sie haben jeden genommen.

Hitler selbst hat mir gesagt, als die Vorwürfe sich häuften, er dulde Bankrotteure und minderwertige Leute in seiner Umgebung: »Was hätte ich machen sollen? Als ich die Partei gründen wollte, hatten nur Hungerleider und Hasardeure Interesse an meinen Plänen. Ich habe alle nehmen müssen, die zu mir kamen. Die meisten waren gescheiterte Existenzen, Arbeitslose, Abenteurer. Soll ich sie jetzt aus meinen Reihen stoßen? Vielleicht sollte ich es tun! Vielleicht, vielleicht . . .«

Wie hat es denn in Deutschland um 1930 ausgesehen mit seinen über dreißig Parteien, von denen jede die andere mehr oder weniger lauthals beschimpfte, verdächtigte, mit allen Mitteln bekämpfte. Vor den Arbeitsämtern standen lange Schlangen von Männern und Frauen, die stempeln mußten, um nur das Allernotwendigste zum Leben zu haben.

Ich würde lügen, wenn ich behaupten wollte, daß das für mich der Grund gewesen wäre, in die NSDAP einzutreten. Zu vielen Dingen wird man durch die äußeren Umstände gedrängt, vieles geschieht rein zufällig, und meist tut man es, ohne die Folgen zu bedenken. Ich erinnere mich, daß mich 1926, als ich zum erstenmal nach Berlin kam, ein junger Kaufmann mit nach Steglitz in die Freimaurerloge nahm.

Ich hätte aufgenommen werden können, die Logenbrüder waren bereit. Aber mir fehlten damals die sechzig Reichsmark, die ich Jahr um Jahr hätte zahlen müssen.

Im Nachhinein ist es ein Glück gewesen, daß ich aus Geldmangel nicht Freimaurer geworden bin. Die Nationalsozialisten hatten mit den Freimaurern nicht viel im Sinn. Sie wurden verpönt, verboten, verfolgt. Wäre ich Freimaurer gewesen, hätte ich zwölf Jahre »in Ungnade« leben müssen.

Der bekannte österreichische Dichter Josef Friedrich Perkonig, der nie Nationalsozialist war, sah sich um 1938 gezwungen, mich um eine Bestätigung zu bitten, daß er ein guter Nationalsozialist sei. Ich gab ihm diese Bestätigung, weil ich ihm helfen wollte. Sie wäre ihm nach 1945 fast zum Verhängnis geworden. Er konnte sagen, was er wollte, schwarz auf weiß lag meine Bestätigung vor, daß er viel Gutes für die NSDAP getan hätte. Zum Glück tauchte einer seiner alten Freimaurerfreunde in Gestalt eines englischen Majors auf und nahm sich seines Logenbruders an.

Ähnliche Bestätigungen oder sogar vordatierte Parteimitgliedschaft habe ich manchen Leuten ausgestellt bzw. verschafft, von denen ich, teils direkt, teils über Freunde, darum angegangen wurde. So zum Beispiel dem späteren Oberstadtdirektor von Graz Dr. Anton Gratzhofer.

Die Russen und Engländer als Besatzungsmächte konnten oder wollten meine Handlungsweise nicht begreifen. Sie hießen mich einen Lumpen. Ich habe viele Jahre lang, was Adolf Hitler sagte, für bare Münze genommen. Die letzten Jahre von 1939 an habe ich geglaubt. Aber wer hat da nicht an Hitler geglaubt? Als die Deutschen Paris eroberten, als Hitler mit Stalin seinen Pakt schloß, als die Deutschen auf dem Wege nach Rußland waren, sind selbst ungezählte Zweifler ihrem Zweifel abtrünnig geworden, die einen, weil sie nicht abseits stehen wollten, wo es doch um die »nationalen Belange« ging, andere, weil sie dabeisein wollten, wenn es zum Verteilen der Welt, zum Verdienen kam.

Politisch-analytisches Denken ist nicht meine Stärke, und meine Fähigkeit oder Neigung zu Reflexionen ist nicht besonders ausgeprägt. Die Schuld daran mag an meinem Elternhaus, an meinen Lehrern und Lehrherren oder auch nur an mir selber liegen. Wenn hier überhaupt von Schuld und nicht eher von mangelnder Entwicklungshilfe zu sprechen wäre. Heute ist leicht zu behaupten, ich sei ein Narr gewesen. Die Welt war damals voll von Narren. Weit klügere Leute als ich sind dann Narren gewesen. Ich will von den vielen Millionen in Deutschland und Österreich schweigen; selbst im Ausland haben viele, die es gar nicht nötig gehabt hätten, Hitler Vorschub geleistet. Die einen um der Politik, die andern um des Geschäftes, wieder andere schlicht um ihrer Überzeugung willen.

# Nekrolog

für Gustav Johann (Hans Gustl) Kernmayr
Pseudonyme: Thomas Leonhard, A. G. Miller, Hans René,
Katja Holm

Er verläßt sich nicht auf die andern. Ein ganzes Leben lang hat er es so gehalten. Was auch immer er getan hat, in erster Linie hat er es für sich selber getan. Das sieht man am besten daran, daß er sich schon zu Lebzeiten – um genau zu sein, an seinem siebzigsten Geburtstag – in seinem Garten zu Törwang am Samerberg im schönen Oberbayern, das seine zweite Heimat geworden ist, sein eigenes Denkmal in Bronze hat aufstellen lassen – selbstverständlich steuerabzugsfähig.

Nun, wo er gestorben ist und zur rechten oder zur linken Hand Gottes sitzen oder vielleicht in des Teufels Küche garen wird, macht er allen, die ihn gekannt, gemocht oder vielleicht sogar geliebt haben, folgendes Geständnis:

*Ich habe in meinem Leben verdammenswert viel gelogen. Nur so konnte ich mit diesem Leben überhaupt fertig werden. Wer mich beneidet oder sogar für einen glücklichen Menschen gehalten haben sollte, mag wissen: Ich habe ein Leben lang meinen Rücken gebeugt. Ich habe, wie man so abfällig sagt, Buckerln gemacht, indem ich alles, was mir die Leute gesagt haben, für bare Münze genommen habe, selbst wenn es der größte Blödsinn war. Ich habe Ja gesagt, immer wieder Ja gesagt. Vor allem meinen Brotgebern gegenüber. Es ist ja nicht wahr, was Goethe in einem Gedicht gesagt hat und was seitdem ein geflügeltes Wort geworden ist: »Du mußt herrschen und gewinnen oder dienen und verlieren, leiden oder triumphieren,*

*Amboß oder Hammer sein.«* Das mag für Herrn von Goethe passen oder für geborene Helden im positiven wie im negativen Sinne, von denen es nach meiner Lebenserfahrung sowieso nur eine Handvoll gibt. Mein instinktives Streben von Jugend auf war es, weder Hammer noch Amboß zu sein; ich habe lieber versucht, mich dazwischen herauszuhalten.

Es gehörte viel Selbstverleugnung oder – öfter noch – Selbstbetrug dazu, den Rücken zu beugen und die anderen in dem Glauben zu lassen, daß sie es wären, die die Weisheit mit dem Löffel gefressen hatten. Denn: Es ist schwer, jung zu sein. Es ist schwer, für ein bißchen mehr als das tägliche Brot zu sorgen. Es ist schwer, sich dagegen zu sträuben, für mehr gehalten zu werden, als man in Wirklichkeit ist. Es ist schwer, sich der Macht oder den Mächtigen zu entziehen. Es ist schwer, in Anmut alt zu werden. Es ist halt alles schwer auf dieser Welt – auch das Sterben. Wenn man Jahre hindurch gesagt hat, man stürbe gern, dann ist auch das gelogen. Wenn nämlich Gevatter Tod herannaht, der angeblich als Freund daherkommt, dann schwimmt aller Gleichmut davon.

Den Erzengeln, die einen dann am Kragen erwischen und gestreng ausfragen, ob man dies und das und jenes in seinem Erdenleben erfüllt, getan, unterlassen hat, kann ich nur sagen: Ich habe alles Menschlich-Allzumenschliche auf dieser Welt begangen und gegen manches der Zehn Gebote verstoßen, deren Befolgung das Leben erst menschenwürdig machen soll. Ich habe aber nie wissentlich gegen das Gebot der Nächstenliebe verstoßen und kein Menschenleben auf mein Gewissen geladen – auch im Kriege nicht.

Ich will versuchen, nachdem ich zu Lebzeiten ja auch immer alles (zugegeben: mit mehr oder weniger Erfolg) versucht habe, unter dem Titel »Betrifft Gottvater, Sohn und Heiliger Geist« mit diesen Drei dort in der Ewigkeit ein Interview zu machen, um ihnen die Frage zu stellen: Warum laßt Ihr seit Anbeginn der Welt die Menschen so sehr leiden?«

Sollte ich dieses Interview nicht zur Erde senden (als Exklusiv-Interview, versteht sich!), dann weiß ich, daß alles, was uns über den gerechten Ausgleich in der Ewigkeit für alle Mühsal auf Erden gelehrt wurde, eine gute, eine großartige, eine für das Erdenleben ungemein tröstliche Erzählung, aber eben nur eine Erzählung gewesen ist. Doch was hat schon eine gute Geschichte mit der Wahrheit zu tun?

Den nach Millionen zählenden lieben Leserinnen und Lesern meiner vierundfünfzig Romane, sechzehn Kinderbücher und vierhundert Kurzgeschichten möchte ich sagen, daß ich nicht das geschrieben habe, was ich eigentlich gern geschrieben hätte. Ich habe nur Geschichten geschrieben, von denen ich glaubte, daß sie Euch angenehm unterhalten und mir die Brötchen verdienen helfen könnten.

Was meine zahlreichen geschätzten Verleger anbetrifft, so habe ich ihnen längst verziehen, daß sie Erfolge mit meinen Büchern sich selber gutgeschrieben, Mißerfolge aber mir, dem Autor, angekreidet haben.

Ich finde es schön, daß es mich gegeben hat. Ihr aber, die es Euch noch gibt, seid in der üblichen üblen Nachrede gnädig mit mir und laßt mich weiterhin sein Euer

Fleischhauer, Landstreicher, Chefdramaturg,<br/>
Schriftsteller, Präsident der »Ankertonne«,<br/>
Komtur des Souveränen Tempelherrenordens von Jerusalem,<br/>
Bruder des Dritten Ordens der Trinitarier.

# Namensregister

Adam, Regimentskomm. 178
Adler, Egon 36
Afritsch, Anton 26, 240
Afritsch, Joseph 26, 239, 240
Afritsch, Viktor 240
Afritsch, Willi 26, 27, 28
Agel, Willi 88, 89
Albers, Hans 140, 164, 213, 214, 236, 237
Aldringen, Graf von 68, 69, 72
Antel, Franz 155
Arent, Benno von 217, 220

Bachér, Peter 9
Balzac, Honoré de 221
Barth von Wehrenalp, Erwin 13
Bauer, Otto 248
Bauer, Willi 37, 38
Baum, Vicki 200
Beierlein, Oberst 166
Bendow, Fritz 231
Berger, Pol.-Beamter 115
Binder, Franz 83
Bock, Witwe 87
Börner, Stadtphysikus 136, 137, 142, 143
Bogdan, Erich 140
Bolvary, Géza von 67, 155, 198

Bormann, Martin 158, 241, 243, 247
Brandt, Willy 11
Brandtner, Ignaz 235
Braun, Eva 241, 242
Breuer, Siegfried 67
Brunauer, Bernhard 138
Büssing, Oberltnt. 168, 171
Burgstaller, Regim.-Arzt 186

Carol, König 207
Chaplin, Charly 248, 250, 251
Churchill, Winston 184, 250
Corell, Erich 218, 220
Crinis, Max de 76

Dertinger, Georg 187–192
Dietl, Eduard 166, 202, 252–255
Dietrich, Marlene 237, 251
Dollfuß, Engelbert 238, 247
Dorsch, Käthe 236
Dostal, Nico 232
Drimmel, Heinrich 239, 241

Ecker, Fritzi 200
Eggebrecht, Axel 216, 218–220
Eichholzer, Major 171
Eichler-Gehrlein, Käthe 82

Eigruber, Gauleiter 233–235
Einspinner, Dr. 103
Elisabeth, Kaiserin 48, 54
Emo, Emmerich 155, 167, 237, 238
Englisch, Lucy 237
Esser, Staatssekr. 235
Ewert, Heinz 152

Fahsel, Helmut 147
Farendla-Binder, Luise 72, 73
Feuchtwanger, Lion 226
Fischer, Marie-Louise (5. Frau des Autors) 7–10, 159, 160, 199, 238
Forst, Willi 139, 150, 155, 167
Forster, Carola 226
Forster, Rudolf 226
Frank, Schuldirektor 36
Franz Ferdinand, Thronfolger 61
Franz Joseph I., Kaiser 45–50, 79, 80, 116, 234
Frey, Major 238, 239
Fried, Monsignore 136
Friedrich, Josef 138, 140, 141, 144
Fröhlich, Karl 162

Galese, Herzogin de 111–113
Ganster, Helene 28, 97
Garbo, Greta 138, 245
George, Heinrich 200
Gerron, Kurt 228, 229
Gierke, Elsa und Minna 65
Gierke, Rudolf 65
Gierke Rudolf sen. 65
Giesberth, Reichspostmin. 146
Goebbels, Josef 149, 150, 152–156, 162, 163, 180, 202, 220, 231, 233, 234, 236, 238, 242, 243, 245–247, 250, 251

Göring, Emmy 236
Göring, Hermann 236, 238, 245
Gollner, Alois 95
Gorbach, Alfons 241
Gordan, Paulus OSB 15
Gottscheber, Staatsanwalt 194
Grust, Theo 227, 228
Guderian, Heinrich 165–168, 170, 171, 175, 179, 180, 184, 185

Haas, Heinrich 66, 67, 198
Habicht, Theo 238, 247
Haindl, Julius 95
Halls, Margarethe 120, 133, 151
Harell, Marte 67, 198
Hartenstein, Rittmeister 165, 166
Hartl, Karl 67, 150, 152, 155–157, 167, 174, 180, 197, 198, 237
Hartmann, Professor 37
Hauptmann, Gerhart 221
Heckher, Karl 200
Heidinger, Peter 205
Heinemann, Gustav 11
Helldorf, Graf 246
Herzl, Anton 95
Heß, Dr. 82
Heß, Josef 16, 34
Heß, Luise 33, 34
Heß, Rudolf 159
Heuser, Loni 236
Hindenburg, Oskar von 247
Hindenburg, Paul von 214, 247
Hinkel, Hans 235
Himmler, Heinrich 243
Hirt, Fritz 167, 197
Hitler, Adolf 149–151, 157–159, 162–165, 168, 172–175, 184, 217, 218, 234, 241–251, 260, 261
Hochbaum, Werner 202, 203, 208, 220

Hochecker, Luise 59
Hömberg, Annette 257
Hömberg, Hans 256–258
Hörbiger, Attila 198
Hörbiger Paul 67, 228
Holl, Gussy 235, 236
Holzer, Hella-Ruth 133, 134
Hubert, UFA-Budapest 219

InderMaur, Oberst 194
Innerkofler, Pater 141

Jannings, Emil 148–151, 179, 221–223, 236, 237
Jannings-Holl, Gussy 150, 151, 221–223, 235, 236
Jannings, Ruth 150
Javor, Paul 198
Joanelli, Francesco 10
Johann, Erzherzog 67
Johannes XXIII., Papst 10, 257
Jost, Tibor 155, 156
Jugo, Jenny 218
Just, Hans 60, 61

Kästner, Erich 162, 163
Kaibisch, Major 251
Kaltenbrunner, Ernst 164
Karl I., Kaiser 80, 93
Kaufmann, Nikolaus 226
Kernmayr, Aline geb. Steinle (4. Frau des Autors) 165, 186, 196, 199–202, 215, 223–225, 234, 235, 237, 256
Kernmayr, Elsbeth geb. Klinker (2. Frau des Autors) 151, 152
Kernmayr, Erich (Kern) 17, 33, 129
Kernmayr, Florentina Marina 7–10
Kernmayr, Gustav 7, 15–24, 31, 32, 35, 70, 76, 93, 104, 130–132

Kernmayr, Hans 17–19, 31, 32
Kernmayr, Hedwig 17
Kernmayr, Hedwig (1. Frau des Autors) 124, 125
Kernmayr, Käthe 131, 132
Kernmayr, Katharina 31
Kernmayr, Margarethe gen. Mae (3. Frau des Autors) 152, 200, 211
Kernmayr, Maria Theresia (gen. Mares, verehel. Schaeffers) 222, 223, 225, 229, 230
Kernmayr, Marie Louise (siehe Fischer, Marie Louise)
Kernmayr, Ottilie 30–33, 43, 44, 60, 62, 68, 69
Kernmayr, Sebastian 31, 32
Kernmayr, Theresia geb. Heß 7, 16, 19–24, 28, 35, 44, 103, 104, 130
Kernstock, Ottokar 138
Kepler, Johannes 160, 191
Klein, James 140, 236
Kolbatzky, Friedrich 256
Krahl, Hilde 66, 198
Krause, Willi 216, 218, 220
Krauß, Werner 151, 221, 251
Kreuder, Peter 230, 232
Kurzreiter, Professor 36

Landgrebe, Erich 168
Lang, Karl 39, 126
Leander, Zarah 164
Lehár, Franz von 225, 232, 248
Leitner, Karl 139
Leopold, Erzherzog 54, 55
Lernet-Holenia, Alexander 149, 200, 221
Ley, Robert 150, 245
Liebenberg, von, Oberst 166
Liedke, Harry 139

Luckner, Felix Graf 160, 161
Lübke, Heinrich 11
Lupescu, Madame 207

Marian (Haschkowitz), Ferdinand 39, 126, 157–159, 214, 256
Marischka, Ernst 67, 163
Masser, Josef 28
Matherleitner, Grete 61
Matherleitner, Hans 50, 54, 55, 57, 59–62
May, Karl 244
Mayrhofer, Burgschauspieler 212
Meinshausen, Gaul.-Stellv. 246, 247
Meissner, Otto 247
Michaelis, Karin 135
Mölders, Oberst 184
Möslacher, Rudolf 28, 29
Monti, de 203, 208, 209
Moser, Blanca 163
Moser, Hans 67, 163, 164, 237
Münchhof, Anni 88
Mussolini, Benito 159, 162
Mutschmann, Gauleiter 247

Neuhuber, Franz 48
Neuhuber, Franz Xaver 48
Neumann, Günter 231
Neusser, Erich von 152, 156, 167
Nielsen, Asta 65
Nikolaus von der Flü 14, 15
Ninaus, Rudolf 13, 95

Oertl, Rudolph 197
Österreicher, Rudolf 163
Oshima, Botschafter 233
Osterer, Fleischhauermeisterin 89
Ott, Zimmermeister 18

Paar, Graf von 47
Palten, Reg.-Präs. 233
Paul VI., Papst 8–11
Peppöck, Josef 232
Perkonig, Josef Friedrich 260
Perkonig, Josef 171
Perón, Evita 232
Pfeiffer, Kritiker 259
Piffl, Kardinal 138, 141
Pinelli, Aldo von 229, 230, 235
Piscator, Erwin 236
Pittreich, Oberst 251
Pius X., Papst 10
Pius XII., Papst 10, 146
Pivowitz, Franz 35, 36, 81, 99–102, 114
Plochl, Anna 67
Polerus, Bäcker 60, 71
Pommer, Erich 150, 237
Praun, Albert 168, 171, 176, 180, 183
Praun, Frau 200
Preisker, Kaufmann 19
Proksch, Alfred 247

Rader, Anna 27
Rader, Hermann 27
Remarque, Erich Maria 251
Renner, Karl 248
Reuschle 184
Ribbentrop, Joachim von 184, 238
Rilla, Walter 145
Rintelen, Anton 128, 129, 212
Rökk, Marika 219, 220, 242
Rommel, Erwin 166
Roosevelt, Franklin D. 250
Rosegger, Peter 117, 118
Roßnagel, Fähnrich 177
Rotwangel, Bauer 51

Rudolf, Kronprinz 48
Rudolf II., Kaiser 160
Rust, Emmi 131, 142

Sanders, UFA-Presseabt. 237
Sauerbruch, Ferdinand 37
Schaeffers, Peter 229, 230, 235
Schaeffers, Willi 229, 230
Scheck, Raten- 24
Schirach, Baldur von 234
Schloffer, Wirtsleute 16
Schmidseder, Ludwig 229, 232, 235
Schmidt, Karl jun. 50
Schmidt, Karl sen. 44, 45, 48, 50
Schneider, Magda 238
Schöffel, Rittmeister 158
Schratt, Katharina 47
Schreiber, Helmut (Kalanag) 150, 213, 241
Schreyvogl, Friedrich 153
Schündler, Rudolf 230
Schünzel, Reinhold 236
Schürmann, Konkursverw. 123, 124
Schuhofer, Fleischermeisterin 17
Schuschnigg, Bundeskanzler 239
Schuster, Franz 122–124
Schwerin, Hermann von 237
Seemann, Hans 116, 117, 119
Seitz, Karl 94, 135, 247, 248
Seesack, Hilde 214
Shaw, Bernhard 196
Siegel, Ralph Maria 230, 232
Sigrist, Renée 227
Sima, Oskar 237
Slezak, Leo 227, 228
Slezak, Walter 227, 228
Sommerauer, Hans 89–91
Sonnenschein, Karl 146
Speer, Albert 243

Speelmans, Felicitas 196, 197, 201, 202
Speelmans, Hermann 196
Spellucci, Joseph 9
Spiess, Hauptmann 170, 177
Spörri, Method. Pfarrer 128, 134
Stalin, Josef 159, 176
Starhemberg, Rüdiger von 238, 239
Steinhoff, Hans 151
Steinle, Berta und Luise 199
Sternberg, Josef von 237
Stolz, Einzi 238
Stolz, Robert 31, 207, 238
Strathmann, Dominik. Pater 147
Stüber, Fritz 158, 187–193
Stuhlfeld, Hofrat 259
Stumpf, Carolus 136, 138, 144
Suppé, Franz von 217, 220
Svihalek, Professor 36

Tauber, Richard 249–251
Teichert, Ludwig 72
Teichs, Alf und Maria 236
Thianich, Leo von 95
Thiess, Frank 153
Tjaden, Walter 203, 208, 209
Trebitsch, Gyula 219
Tropper, Carl 95

Ucicky, Gustav 155, 167
Ude, Johannes 119, 120, 128, 146
Ullstein, Heinz 145, 174, 217
Ullstein, Katharina 217
Urbanitsch, Gustl 95

Veidt, Conrad 235
Vetsera, Mary von 48
Voggenberger, Gustav 133
Voit, Schulwart 37

Wachtl, Willi 67
Wagner, Richard 245
Weiser, Grethe 237
Werlin, Josef 205
Wiegler, Paul 145, 172–174
Wilde, Oscar 148
Wimmer, Ino 236
Witteck, Prof. Dr. med. 121
Wolf, Industrieller 165

Wolff, Ernst 217
Wolff, Ludwig 200, 217
Wolzogen, Ernst von 216
Wolzogen, Hans von 216, 217, 218, 220

Zernatto, Guido 239
Zimmermann, Maria 236
Zsolnay, Paul von 12, 152–154